A INDISPONIBILIDADE SEXUAL DA MULHER COMO QUEIXA CONJUGAL

A INDISPONIBILIDADE SEXUAL DA MULHER COMO QUEIXA CONJUGAL

A psicanálise de casal, o sexual e o intersubjetivo

Sonia Thorstensen

A indisponibilidade sexual da mulher como queixa conjugal:
a psicanálise de casal, o sexual e o intersubjetivo
© 2017 Sonia Thorstensen
Editora Edgard Blücher Ltda.

Nota: este livro é o resultado de uma tese de doutorado em Psicologia Clínica, sob a orientação do Professor Dr. Renato Mezan, defendida em maio de 2016, na Pontifícia Universidade Católica de São Paulo (PUC-SP). A ele, o meu agradecimento.

Imagem de capa: iStockphoto

Blucher

Rua Pedroso Alvarenga, 1245, 4º andar
04531-934 – São Paulo – SP – Brasil
Tel.: 55 11 3078-5366
contato@blucher.com.br
www.blucher.com.br

Segundo o Novo Acordo Ortográfico, conforme
5. ed. do *Vocabulário Ortográfico da Língua
Portuguesa*, Academia Brasileira de Letras,
março de 2009.

É proibida a reprodução total ou parcial por
quaisquer meios sem autorização escrita da
editora.

Todos os direitos reservados pela
Editora Edgard Blücher Ltda.

Dados Internacionais de Catalogação
na Publicação (CIP)
Angélica Ilacqua CRB-8/7057

Thorstensen, Sonia

A indisponibilidade sexual da mulher como
queixa conjugal: a psicanálise de casal, o sexual e
o intersubjetivo / Sonia Thorstensen. – São Paulo:
Blucher, 2017.

420 p.

Bibliografia
ISBN 978-85-212-1237-9

1. Psicanálise 2. Casais – Comportamento sexual
– Aspectos psicológicos 3. Relação homem-mulher –
Aspectos psicológicos 4. Excitação sexual – Mulher
I. Título.

17-1154 CDD 150.195

Índice para catálogo sistemático:
1. Psicanálise: Casais

Conteúdo

Introdução	7
1. A questão da sexualidade na psicanálise atual	21
2. Uma situação clínica	47
3. Trabalhos psíquicos na conjugalidade: a psicossexualidade	65
4. Trabalhos psíquicos na conjugalidade: a intersubjetividade	219
5. Algumas reflexões sobre a clínica psicanalítica de casais: um diálogo com Spivacow	347
6. Trabalhos psíquicos na conjugalidade: entre a erótica da ligação e a negatividade radical	395
Considerações finais	407
Referências	411

Introdução

Este é um livro sobre o casal e a família a partir da visão psicossexual freudiana. Ele teve sua origem numa tese de doutorado, mas seu formato atual tem por objetivo auxiliar profissionais que atuam nessa área e os estudantes que por ela se interessam e que desejem um conhecimento sobre como a organização conjugal e familiar é vista pela psicanálise. Nesse sentido, alguns princípios básicos da teoria freudiana foram aqui retomados no esforço de dar uma visão coerente do desenvolvimento da vida amorosa, desde os primórdios das erotizações precoces até desembocarem na escolha amorosa adulta, com seus percalços e vicissitudes.

Ao longo dos anos, e na ausência de uma teorização específica sobre o tema, vim pensando a psicanálise de casal e família como a reflexão sobre as formas de encaixes complementares, de conexões, de engates, vitais e criativos, ou repetitivos e mortíferos, de um psiquismo no outro. Nessa perspectiva, o casal surge como um imbricamento[1] de dois inconscientes, cada um deles efeito de

---

1 Do latim *imbricare*: cobrir com telhas, encaixar.

8 INTRODUÇÃO

um percurso único e particular na direção da subjetivação e, inevitavelmente, marcado pelos enredos ancestrais do qual cada um é herdeiro. Seguindo Freud (1932), eu propunha que o alargamento da consciência ("onde havia o *id*, que o ego advenha") interfere na compulsão à repetição conjugal, permitindo que soluções criativas surjam para solucionar os impasses causados pelas diferenças inexoráveis entre os seres.

Na atualidade, vários autores vêm se ocupando do estatuto da intersubjetividade na psicanálise, construindo bases teóricas mais sólidas para a clínica psicanalítica de casais e famílias. Neste trabalho, apresentaremos uma reflexão sobre essa complexa e dinâmica inter-relação entre os fenômenos intrapsíquicos e os interpessoais, e sobre como eles irrompem na vida amorosa.

Em sua dimensão clínica, e dando continuidade ao esforço iniciado, do ponto de vista acadêmico, na dissertação de mestrado (Thorstensen, 2011), mas que tem sido minha preocupação constante, no sentido de devolver a sexualidade ao âmbito da família, do qual ela é comumente excluída na maioria das publicações psicanalíticas sobre a clínica do casal e da família, o tema escolhido foi a queixa masculina sobre a indisponibilidade sexual da mulher no casamento.

De fato, a queixa sobre essa disponibilidade na frequência desejada pelo companheiro é comum na clínica de casais. Ela pode aparecer tanto como uma demanda direta, motivando a busca de ajuda de um casal, como pode desvelar-se no decorrer de um atendimento familiar cuja demanda inicial pode ter sido outra, como dificuldades escolares dos filhos, ficando a queixa sexual como um pano de fundo das demandas aparentemente não relacionadas a ela.

É importante assinalar que a experiência clínica sobre a qual essas reflexões se baseiam não incluiu relações homoafetivas, razão pela qual o termo conjugalidade é aqui referido aos vínculos heterossexuais.

Coloca-se, então, a questão: que fatores poderiam estar envolvidos na queixa sobre a indisponibilidade sexual da mulher no casamento numa época em que, pensa-se, a sexualidade é liberada e as escolhas amorosas são livres?

Apresento a seguir alguns exemplos clínicos que, ao longo dos anos, levaram-me a pensar sobre esse tema e que ajudarão a situá-lo com mais precisão. Como se pode constatar pelos exemplos, trata-se de uma proposta de reflexão sobre a "psicopatologia da vida cotidiana" conjugal, algo que seria, portanto, inerente à vivência amorosa e, como tudo o que se refere ao humano, sujeito a um equilíbrio de forças opostas, sempre instável e conflituoso. As patologias mais graves estão, portanto, excluídas destas considerações.

Vinheta 1

Ela, no início de uma sessão de casal: "Estamos muito melhor! Não temos brigado mais! Tudo está mais calmo em casa!". Dirigindo-se ao marido: "Você também acha isso?".

Ele: "Sim, não temos mais brigado. Mas a questão do sexo, esta ainda não resolvemos".

Ela, irritando-se: "Mas como? A gente transou outro dia e você ficou muito satisfeito! Você mesmo comentou isso!".

Ele: "Seu outro dia faz muito tempo!".

Ela: "Não é verdade! Foi no dia do churrasco do seu tio!".

Ele, voltando-se para a analista: "Sabe há quanto tempo foi esse churrasco? Faz três semanas!".

Ela: "Tudo isso?".

Esse é um diálogo usual na clínica. Ela, aparentemente, está satisfeita com a periodicidade da vida sexual atual do casal. Ele está insatisfeito. A insatisfação masculina quanto à frequência da expressão da sexualidade na relação conjugal dá origem a um sentimento de rejeição e uma irritação latente que aparecem sob a forma de provocações agressivas e cobranças variadas, resultando em desencontros e brigas.

Temos aqui uma questão: qual é o efeito da indisponibilidade sexual feminina, enquanto quebra da promessa edípica ("quando você for grande como papai, terá uma mulher como mamãe só para você"), na autoestima masculina ou, falando freudianamente, em seu narcisismo? Na ausência da "antiga submissão sexual feminina", como fica o posicionamento masculino na conjugalidade atual?

Com o início do processo terapêutico, surge uma esperança no marido de que mudanças ocorrerão, uma vez que sua demanda está bem explicitada e validada pela analista. Daí resulta que as "brigas" decrescem em frequência. Ele está na expectativa de ser compreendido e atendido em suas reivindicações. Ela, por seu lado, está feliz porque as brigas e cobranças sexuais não existem mais. Não lhe passa pela cabeça que ele possa estar insatisfeito porque tem desejos e necessidades diferentes das dela. Ela acredita piamente no discurso vigente de que homens e mulheres são iguais nos papéis, nos desejos e nas necessidades.

Em épocas passadas havia o chamado "dever conjugal" para ambos os cônjuges, o qual, se não fosse cumprido, daria motivo para a anulação do casamento. À mulher cabia "satisfazer sexualmente" seu marido sob a pena de ser formalmente rejeitada. Atualmente não se concebe a ideia de dever, no lugar do que é assumido como prazer. No entanto, é frequente haver um descompasso entre as necessidades sexuais masculinas e femininas, dando origem a conflitos perturbadores e desgastantes. O que do homem "pré-feminismo" permanece no homem contemporâneo, que é tão difícil para as jovens compreenderem? A noção de igualdade entre os sexos encobre um engodo; há a igualdade, e há também diferenças. Há uma igualdade jurídica e moral que vem recobrindo e encobrindo diferenças que, no entanto, permanecem.

Esta é outra questão a ser considerada: como as diferenças entre os sexos e as correspondentes representações que sobre elas cada indivíduo constrói interferem na atual organização da conjugalidade, concebida como uma organização de igualdades?

Vinheta 2

Ele: "Minha mulher não tem o menor interesse em se vestir para me atrair. Adora dormir com o pijamão de moletom exatamente como a mãe dela. Ambas são muito bonitas, mas não têm a menor preocupação em se fazerem atraentes para um homem".

Ela: "Por que eu deveria dormir com algo que não acho confortável, só porque ele gosta? E o que ele faz para me atrair?".

Ele: "E o que você gostaria que eu fizesse?".

Ela, atacando sua masculinidade: "Sei lá! Você é homem, você é quem deveria saber como atrair uma mulher".

Ele se desorienta, se angustia e se cala.

12   INTRODUÇÃO

Analista, dirigindo-se a ela: "Como é a relação entre seus pais?".

Ela: "Ah! Ele é apaixonado por minha mãe, acha-a o máximo, vive como um cachorrinho atrás dela".

Essa acusação ao homem diante de sua própria dificuldade para encontrar os caminhos de seu desejo é frequente nesses casos. Ela delega ao homem, "sujeito-suposto-saber" sobre o desejo, uma das decorrências da resolução edípica (Nominé, 2007), a responsabilidade de despertar o seu desejo. Por outro lado, recusa-se a se colocar no lugar de despertar o dele. Dessa forma, ela inverte a situação e o ataca, agressivamente, em sua masculinidade.

Além das representações propriamente edípicas e pré-edípicas de cada cônjuge derivadas de suas vivências primordiais e que são "transferidas" para a relação amorosa, temos também a sobreposição das representações da relação entre os pais de cada um deles e as identificações daí decorrentes. Nesse exemplo, ela não compreende por que seu marido não se comporta com ela como seu pai em relação à sua mãe. Outra questão a ser considerada, então, é o entrelaçamento das vivências edípicas e pré-edípicas dos dois parceiros e também o entrelaçamento das representações das relações conjugais parentais que cada um carrega para a nova relação. Temos aqui, portanto, e como proposto por Kaës (2011), uma interseção de fenômenos intrapsíquicos, interpsíquicos e intergeracionais.

Vinheta 3

Ela, dirigindo-se à analista: "Fiz uma pesquisa entre minhas amigas, todas casadas, com filhos e profissão, assim como eu. Todas dizem que transam como nós transamos, de vez em quando". (Este casal chega a ficar dois meses sem transar). "Não há energia que aguente muita transa. À noite o que se quer é dormir!".

Ele: "O problema é que todos esses maridos traem suas mulheres; só falam nisso nos papos de homem, ficam trocando telefones de putas entre si. O caso é que amo minha mulher e é com ela que quero transar! Acabo por ter que me masturbar várias vezes por semana (vai enraivecendo-se), isso não é vida! Não está certo!".

A partir dessa vinheta, poder-se-ia fazer uma digressão histórica. Em outras épocas, esse descompasso poderia ser facilmente resolvido com a busca, pelo homem, de relacionamentos fora do casamento. Por outro lado, os costumes atuais, que prescrevem a igualdade entre os sexos, não previram como o envolvimento da mulher no mercado de trabalho afetaria seu posicionamento sexual como mulher e também como mãe. O conflito insolúvel da mulher entre trabalho e maternidade, com a carga de culpa inevitável que acarreta, por seu peso e importância, já contribui para um significativo afastamento representacional de si mesma como mulher sexual. Temos que considerar, ainda seguindo Freud (1955q/1940a), que a energia pulsional não é infinita, e que questões sobre a economia da libido estão aí em jogo. A mulher, dolorosamente dividida entre maternidade, profissão e conjugalidade, apresenta um ressentimento que dirige ao parceiro. Este, a seu ver, não compreende a inviabilidade de sua vida nos moldes que a contemporaneidade lhe impõe; podemos dizer que ele está sendo "cobrado na cama" pelas consequências das mudanças sociais do papel da mulher na sociedade.

As perguntas que aqui se colocam são inúmeras, e convém que seja bem delineado o escopo desta reflexão. Ela não se ocupará das mudanças no papel sociocultural da mulher e suas consequências, que estão implícitas nessas questões, mas tão somente se aterá aos seus reflexos no relacionamento conjugal dos casos específicos que estão em consideração.

Não podemos nos esquecer, no entanto, de que a indisponibilidade sexual da mulher não é um fenômeno atual. Pelo contrário, ela aparece como queixa masculina desde sempre e é motivo de piadas entre os homens (vale lembrar as "enxaquecas" e "tonturas" da geração de nossas avós). No entanto, como a vinhetas evidenciam, ela reaparece com outras roupagens na contemporaneidade e também com novas formas de lidar com ela.

De todo modo, o psíquico e o social intrincam-se de tal maneira que nem sempre é possível diferenciar um do outro e, no contexto clínico, saber como um funciona para encobrir o outro. Vejamos como isso ocorre na vinheta seguinte.

Vinheta 4

Ela, uma profissional bem-sucedida, diz brincando e em tom irônico: "Ele está sempre insatisfeito porque não transo tanto quanto ele gostaria. Às vezes me dá desespero e penso: já terceirizo os cuidados com meus filhos, acho que terei que terceirizar sexo também".

Ele, desesperado: "Mas é você que eu quero! Como quando nos conhecemos, transávamos bastante! E para você engravidar, também! Depois que as crianças nasceram, tudo mudou. Você não tem mais interesse em mim". Dirigindo-se à analista: "Mas tenho certeza de que, se for para engravidar do terceiro filho, ela voltará a transar como antes. E depois, tudo ficará como agora. Por isso, não quero mais filhos. Com dois ela já não me enxerga, imagine com três". E ele quase grita, enfurecido: "Quero de volta a mulher com quem me casei!".

Ela, desafiadora: "Mas hoje eu sustento metade das nossas despesas, trabalho feito uma louca e ainda tenho que dar atenção às crianças. Aí tomo banho e desabo na cama! Você prefere sustentar a casa sozinho? Quem vai pagar a prestação do apartamento novo?".

Ele: "O que tem a ver uma coisa com a outra? Eu também trabalho feito louco e continuo querendo transar!".

Ela: "Quem acorda à noite para atender às crianças, quem as leva aos aniversários dos colegas e vai às reuniões de pais na escola, tudo isso enquanto você vai jogar tênis?".

Ele encolhe-se culpado, desconfirmado e sem palavras. Ela empina-se triunfante, dona da última palavra.

O ressentimento dela e a culpa dele encerram o diálogo, encobrindo, de fato, a verdade, pois, com a progressão da análise, ele passa a assumir com bastante firmeza sua função de pai atuante junto aos filhos e, também, com um afinco maior, as tarefas caseiras que passaram a dividir entre si, e nem por isso ela se coloca mais disponível sexualmente. O fato é que ela está desligada de sua própria sexualidade, seus filhos e sua profissão a preenchem, sensual e falicamente. Não há falta discernível nela. Ele, por seu lado, permanece frustrado, carente e duplamente enganado. Em sua percepção, no passado, ela transava para conquistá-lo e depois para que ele nela fizesse filhos. E atualmente, mesmo ajudando-a em casa, ela não se interessa sexualmente por ele. Entretanto, ela não quer, de forma alguma, separar-se e desconstruir a família.

Situações como essa colocam o homem, de fato, num "beco sem saída", numa espécie de tripé enlouquecedor para ele. Ela não quer ter relações sexuais, não quer se separar e, brincadeiras à parte, como na vinheta anterior, não aceita a infidelidade sexual dele.

16   INTRODUÇÃO

Como pode a mulher diferenciar o "desejo de ter um homem" cuja atração por ela a confirme como mulher e lhe dê filhos e o "desejo sexual por um homem"?

Vinheta 5

Ele: "Temos brigado muito menos depois que começamos a análise. Está muito mais gostoso lá em casa. Mas sinto uma coisa estranha. Continuamos transando pouco e parece que, para manter esse clima bom, eu tenho que me habituar a transar muito menos do que gostaria. É o preço para ter paz em casa. Eu paro de cobrar sexo dela e tudo fica bem. Tenho que me contentar com meus filminhos pornográficos. E fico me perguntando: será assim que tem que ser? Isso é certo?", evidenciando uma melancolização em seu posicionamento masculino.

Temos que considerar que essa dúvida a respeito do "direito" ao sexo, por parte do homem, já seria algo insólito em outras épocas. Por outro lado, do ponto de vista da clínica, por que ele aceita, submete-se e melancoliza? Que feridas e culpas estarão agindo em sua autoestima de homem e que concorrem para a manutenção dessa situação?

Vinheta 6

Ele: "Estou com uma sensação estranha! Esta semana eu a procurei e ela transou comigo só por mim, não quis gozar. Eu penetrei, gozei e, em seguida, dormimos. Fiquei muito frustrado! Por que ela não me deseja como eu a desejo?".

Ela, agressiva: "Você é insaciável! Sempre tem do que reclamar! Por que não pode aceitar que estou me esforçando para te agradar? Não foi isso que conversamos, que vamos transar mais e que eu não preciso gozar sempre?".

Ele: "Reconheço o seu esforço para me agradar, mas mesmo assim fico triste! É como não ser desejado!".

Pode-se pensar que, muitas vezes, psicanálise de casal é a psicanálise da aceitação das diferenças sexuais. Diferenças no desejo, diferenças no gozo. Vejamos outro exemplo na vinheta seguinte.

Vinheta 7

Ela para ele: "Não adianta, depois de toda a correria do dia, trabalho, filhos, ele chegar e querer transar! Tem que criar um clima, ser romântico! Para transar à noite, tem que ter um preparo durante o dia, um trato especial comigo, fazer eu me ligar nele. Não sou um brinquedo que liga e desliga no sexo".

Ele: "Eu tento criar um clima de tesão entre nós, mas ela nem percebe, ou me rejeita. Diz que está muito ocupada, com qualquer coisa! Minha sensação é que, na realidade, nada a deixa mais irritada do que entrar na cama e ver meu pênis duro. É como se, além do trabalho, da casa, das crianças, chega a hora de dormir e ainda tem que fazer algo com meu desejo por ela. Mais uma tarefa exaustiva, um saco para ela. Ela não entende que meu desejo por ela é minha forma de mostrar que a amo".

Há aqui uma dificuldade de comunicação, causada pela própria diferença entre os sexos, no que se refere ao desejo sexual e à forma como ele se apresenta. De um modo direto, o intumescimento do órgão no momento de estar a sós com a companheira já é, para ele, uma prova incontestável de seu amor por ela; é para ele, portanto, incompreensível e extremamente frustrante que ela a receba como uma cobrança a mais e um ato de desamor. Por outro lado, ambos não estão conseguindo sustentar o clima de erotização necessário em suas vidas diárias para que ela chegue mais preparada ao momento de intimidade do casal.

A seguir, apresentamos duas vinhetas em contraponto.

Vinheta 8

Ele, frustrado porque, embora o casal transe regularmente, nem sempre ela quer ter orgasmo: "Queria que ela tivesse o mesmo prazer que eu!".

Ela: "Ele não consegue entender que são prazeres diferentes, transar para gozar e transar para amá-lo".

Vinheta 9

Ela, mais de 70 anos, voltando de uma semana de férias com o marido da mesma idade e achando a maior graça: "Já pensou, eu andando de shortinho o dia inteiro? Ele me falou que com a idade fica mais difícil para ele, que eu preciso ajudar. Aí vesti um shortinho que ele adorou. Não tirei mais a semana inteira! Foi um sucesso!".

Como foi anteriormente colocado, estamos aqui fazendo uma reflexão sobre a "psicopatologia da vida cotidiana conjugal", excluindo-se, portanto, as patologias mais graves. Podemos constatar, nas vinhetas aqui apresentadas, que há uma questão que lhes é subjacente e que se refere a uma pergunta bem atual: como as ideologias dominantes no mundo ocidental sobre a igualdade entre os sexos acaba também por encobrir diferenças sexuais que, no entanto, existem? Diferenças na frequência, no desejo e no gozo?

Colette Soler (1998), interpretando o pensamento de Lacan sobre esse tema, vai direto ao cerne da questão. Ela assinala que o homem intervém na relação sexual como sujeito do desejo, e a mulher se inscreve como objeto complementar do desejo dele. Isso ocorre porque, no que se refere à cópula (não no que se refere ao amor, nem ao desejo platônico) o desejo do homem é soberano, pois é ele quem dispõe do instrumento que condiciona a copulação. Na falta deste, não há cópula. Segundo Soler, esta é uma realidade que deverá ser elaborada psiquicamente por toda mulher.

Trata-se, de fato, de uma busca de sentido para as diferenças sexuais na construção da identidade feminina. Colocar-se como objeto do desejo masculino parece ser algo muito distante no imaginário de algumas mulheres, como os exemplos retratados nas vinhetas indicam. No entanto, a "realidade" apontada por Soler, isto é, o fato de que, sem o desejo masculino, não há ereção e não há cópula, permanece organizando o posicionamento sexual masculino e feminino na contemporaneidade como, aliás, acontece desde tempos imemoriais. Não há, portanto, como esquivar-se da questão das diferenças sexuais e as representações que cada cônjuge constrói sobre elas. Voltaremos a este tema no Capítulo 3.

Como podemos constatar nas vinhetas apresentadas, boa parte dos trabalhos psíquicos inerentes à conjugalidade refere-se ao esforço de acomodação, criativa ou sintomática, diante da inexorabilidade das diferenças nos desejos e nas expectativas que o outro carrega para a relação.

A reflexão sobre a indisponibilidade sexual da mulher como queixa conjugal e os inevitáveis sofrimentos psíquicos que ela engendra para ambos os parceiros é o objetivo deste trabalho. Para atingi-lo, estabeleceu-se como ideia central, organizadora da pesquisa, a busca de subsídios teóricos que auxiliem na elucidação do caso relatado, utilizando-se, para isso, da própria "associação livre teórica" da analista no desenrolar do atendimento. Que noções e conceitos foram surgindo na mente da analista no passo a passo do processo? Quais ficaram como pano de fundo em seu pré-consciente?

No Capítulo 1, apresentarei uma breve introdução à questão do *status* do corpo e da sexualidade na psicanálise contemporânea. No Capítulo 2, será relatada uma situação clínica a respeito da qual, e junto com as vinhetas, surgiram as "associações livres teóricas" da analista na tentativa de compreender o caso. No Capítulo 3, desenvolverei a reflexão a respeito da constituição psicossexual do humano e, no Capítulo 4, sobre sua constituição psicossocial. No Capítulo 5, apresentarei uma articulação entre os conhecimentos da psicanálise individual e grupal e a clínica de casais e famílias. No Capítulo 6, sugiro dois eixos sobre os quais proponho que a vida amorosa se sustenta: a erótica da ligação e a negatividade radical.

1. A questão da sexualidade na psicanálise atual

Natureza/ambiente: uma tensão criadora

"No princípio era o corpo!" Assim escreveu Wrong (1961), sociólogo americano que, insatisfeito com o que chamou de excesso de socialização na concepção do ser humano apresentado pela sociologia, argumentou que o fato de que "interesses materiais, impulsos sexuais e a busca pelo poder tenham sido muitas vezes superestimados como motivações humanas não é razão para negar sua realidade". De fato, não há como negar a realidade do corpo ao se pensar a sexualidade.

Na outra ponta do espectro temos Giddens (1992), filósofo social inglês que propõe o que chamou de *sexualidade plástica*. Diz ele: "a sexualidade plástica... assume seu lugar como uma entre outras formas de autoexploração e de constituição moral" (p. 144). "O reconhecimento de diferentes tendências sexuais corresponde à aceitação de uma pluralidade de estilos de vida possíveis" (p. 179). Giddens chama essa posição de *pluralismo radical* e aponta que este faz parte de um amplo conjunto de mudanças que integram a modernidade. A modernidade, entre outros aspectos, acarreta uma socialização do mundo natural, isto é, uma progressiva substituição de estruturas e eventos naturais – que eram parâmetros externos da atividade humana – por processos socialmente organizados. Dessa forma, não somente a própria vida social, mas o que costumava ser visto como "natureza" torna-se dominada por sistemas socialmente organizados. O autor exemplifica mostrando como, na área da reprodução, anteriormente concebida como parte da natureza, a atividade heterossexual era seu ponto focal. Desde que a sexualidade se tornou um componente integral das relações sociais, a heterossexualidade não é mais um *standard* a partir do qual todo o resto é avaliado. Ele aponta que ainda não alcançamos um estágio no qual a heterossexualidade é aceita somente como um gosto entre outros, mas essa seria a implicação da progressiva socialização da reprodução.

Nessa tradição, a natureza seria, portanto, uma categoria social, sendo a verdade sempre construída, não encontrada, e nossas ideias sobre natureza, incluindo aí a natureza humana, seriam também construídas socialmente.

Convém aí sinalizar que a *sexualidade plástica* e o *pluralismo radical* a que Giddens se refere parecem aludir mais às questões sobre a constituição da identidade sexual, que, como Freud já explicitara (1940), está sujeita aos avatares dos processos de subjetivação.

A reflexão sobre a indisponibilidade sexual da mulher como queixa conjugal nos remeterá, no entanto, inevitavelmente, à dicotomia básica natureza/ambiente, tensão explicativa primeira de uma questão que, esperamos, permaneça sempre em aberto nos domínios da psicologia e da psicanálise. O ser humano, em seu permanente devir, e fugindo de qualquer postulado de cunho determinista e totalitário sobre sua constituição enquanto humano, estará sempre no processo de construir-se, representar-se, projetar-se em seu futuro existencial, no infinito processo de tentativas e erros que caracterizam toda a evolução.

Esse permanente constituir-se, que se origina a partir de um substrato orgânico e genético e sobre o qual o ambiente constrói uma humanidade, será o ponto de apoio em torno do qual circulará todo este trabalho de reflexão.

Como se pode pensar conjuntamente o orgânico e o representacional da tessitura sexual humana? E como pensar as diferenças dos sexos (e as de geração), constituintes do psiquismo, sem incorrer em determinismos aprisionadores?

O impulso sexual, enquanto proveniente do corpo, é "tecido" pelas representações que sobre ele cada indivíduo vai construindo a partir das experiências precoces com seus cuidadores. Temos aí uma inter-relação extremamente complexa entre um substrato orgânico (tanto próprio à espécie quanto decorrente de fatores genéticos e dos eventos do desenvolvimento fetal de cada bebê) e o tecido do erotismo adulto construído sobre ele a partir dos cuidados e das experiências primitivas. Em "Os instintos e suas vicissitudes", Freud (1957/1915) apontou como as pulsões sexuais apoiam-se, inicialmente, nos instintos de autoconservação, dos quais se desligam apenas aos poucos.

Da mesma forma, desde 1905, Freud já nos indicava a ligação direta entre os cuidados primitivos com o bebê e o erotismo adulto, marcando assim a tecelagem do substrato biológico com as representações sobre a sexualidade. Disse ele:

> *O relacionamento de uma criança com quem seja responsável por seu cuidado oferece-lhe uma fonte sem fim*

> *de excitação sexual e satisfação de suas zonas erógenas... Sua mãe o vê com sentimentos derivados de sua própria vida sexual: ela o acaricia, o beija, o embala e muito claramente o trata como um substituto de um objeto sexual completo... Todos seus sinais de afeição despertam o instinto sexual de sua criança e a preparam para sua intensidade posterior... Como sabemos, o instinto sexual não é somente despertado pela excitação direta da zona genital. O que chamamos afeição mostrará infalivelmente seus efeitos um dia nas zonas genitais também... A mãe está somente cumprindo sua tarefa de ensinar a criança a amar. (p. 223)*

Devemos ter em mente que o próprio Freud, ao mesmo tempo que concebeu a psicanálise atribuindo à sexualidade um protagonismo central no funcionamento psíquico, oscilou, ao longo de sua obra, entre posturas mais organicistas ("biologia é destino", 1955m/1924, p. 178) e outras inequivocamente sociais ("o psíquico é social", 1955g/1921, p. 69).

Comentando essa dualidade conceitual de Freud, Breen (1993) atribui à própria complexidade da psicanálise o fato de a teoria freudiana ter sido vista por alguns como atribuindo um inescapável destino biológico para o homem e para a mulher, enquanto outros a entenderam como sustentando a crença revolucionária de que, psicologicamente falando, não nascemos homem ou mulher, que masculinidade e feminilidade são construídos num período de tempo e que são relativamente independentes do sexo biológico. Ela acrescenta:

Acredito que essa dualidade está no trabalho de Freud porque existe uma tensão inerente ao próprio coração desse tema, e é essa a razão pela qual essa oposição não se desfaz e o debate permanece vivo... Acredito que o caminho a seguir é fazer um uso positivo dessa tensão. (p. 1)

Seguindo essa mesma linha de pensamento, utilizei a dualidade conceitual freudiana como modelo de um eixo condutor da reflexão sobre a questão da indisponibilidade sexual conjugal da mulher, tentando, como sugere Breen, fazer um uso positivo dessa tensão. Dessa forma, embora os ângulos mais ancorados no orgânico, como as diferenças anatomofisiológicas sexuais e demais processos vitais que afetam a expressão da sexualidade na mulher (puberdade, gravidez, puerpério, lactação, menopausa, envelhecimento, entre outros), por sua complexidade, escapem ao escopo deste trabalho, sua realidade em momento algum será negada.

Portanto, e retomando o que foi dito, entre as considerações de Wrong de que, de fato, também, "no princípio era o corpo" e as considerações sobre a "sexualidade plástica", deveremos encontrar um caminho que possibilite um olhar eminentemente clínico sobre a questão da indisponibilidade sexual da mulher como queixa conjugal. Trata-se de uma problemática inevitavelmente imersa num amplo espectro de fatores, tanto orgânicos como intrapsíquicos e interacionais. Diante de tal complexidade, a demanda de alívio do desconforto conjugal torna-se a baliza e o objetivo desta reflexão.

O status *da sexualidade na psicanálise atual*

Nas últimas décadas, alguns autores, como Breen (1993), Green (1995, 1997, 2002), Harding (2001), Fonagy (2008) e Clulow (2009), têm se debruçado sobre a questão do papel da sexualidade na psicanálise e na clínica psicanalítica atual. Vamos nos concentrar primeiramente nos questionamentos e aportes que Green deu ao tema.

A contribuição de Green

Num artigo muito citado, Green (1995) comenta sobre o significado e a importância da sexualidade na psicanálise. Ele afirma que, embora não se possa negar que os pressupostos básicos de Freud sustentavam-se no terreno da biologia, seria uma visão acanhada pensar que se tratava de uma mera aplicação de conceitos tomados de sua formação médica. Na verdade, diz Green, Freud inventou a *psicossexualidade*. Se a moralidade sexual do fim do século XIX facilitou-lhe trazer à luz as manifestações da vida sexual que eram então fortemente reprimidas, numa escala maior, ele, no entanto, levantou a hipótese da influência da sexualidade na própria estruturação geral da natureza humana.

Green aponta, por outro lado, que as mudanças nos hábitos sociais que a psicanálise ajudou a implementar, somadas ao progresso no conhecimento sobre a biologia, não trouxeram uma melhora na vida sexual das pessoas que fosse proporcional às modificações ocorridas no âmbito dos costumes. Ele cita o próprio Freud que, em 1964f/1938, escrevera que algo estava faltando, intrinsecamente, na sexualidade, que permitisse descarga e satisfação completas. Freud acrescentara que talvez esse fato decorresse não de uma inibição devido a influências externas, mas da própria natureza insatisfatória da sexualidade. "En attendant toujours quelque chose qui ne venait point", escreveu ele (p. 300). Segundo Green, isso o fez pensar em inibições internas que não permitiriam o prazer total devido a algum conflito antagônico, enraizado, basicamente, no funcionamento da pulsão.

Green (1995) mostra como Freud preocupava-se com a influência de outros fatores, além da repressão, que são igualmente resistentes ao florescimento completo das pulsões eróticas. O próprio Green comenta que os instintos de autopreservação têm menos poder para inibir a sexualidade do que os destrutivos. Ele afirma:

> *Os instintos de autopreservação induzem apenas cautela, sua ação requer apenas uma limitação da satisfação sexual. Com as pulsões destrutivas, o resultado é mais radical. Se, como Freud propõe, a destruição primitiva é primeiro dirigida para o interior, a sexualidade, como tal, é atacada e, se a fusão das pulsões não for consumada em grau suficiente, uma certa quantidade de destrutividade é liberada além das combinações sadomasoquistas, levando a uma alteração profunda da sexualidade, como nos sintomas observados nas desordens fronteiriças, nas psicopatologias do narcisismo e em outras estruturas não neuróticas. (p. 218)*

Green prossegue propondo que se pode até assumir que esses sintomas tenham pouca conexão com a sexualidade e que seriam melhor explicados em termos de relações de objeto. Nesse ponto, ele coloca a questão de qual seria nossa concepção de inconsciente. Para ele, e seguindo Freud, o inconsciente está fundamentado na sexualidade e na destrutividade, e, mesmo que categorias muito distantes da sexualidade e da destrutividade possam desempenhar um papel na atividade psíquica, ele as considera descrições fenomenológicas ou psicológicas semelhantes a formações intermediárias

28   A QUESTÃO DA SEXUALIDADE NA PSICANÁLISE ATUAL

que, quando analisadas, ao fim de tudo, trazem-nos de volta a essas categorias extremas descritas por Freud.

Quando pensamos em vida amorosa, a questão da fusão suficiente dos impulsos sexuais e dos impulsos destrutivos adquire importância central, especialmente levando-se em consideração o grau de acúmulo de frustrações e ressentimentos que a vida conjugal acarreta. Nesta, amor e ódio são, de fato, inseparáveis.

Green passa, então, a apresentar algumas constatações feitas a partir de sua observação sobre a psicanálise contemporânea. Ele aponta:

> *Acontece frequentemente que ao ouvirmos o material apresentado por certos colegas... a presença manifesta de sexualidade... é interpretada de um modo que apenas tangencia a esfera da sexualidade, para dirigir-se a relações objetais de natureza supostamente mais profunda, de uma maneira que recusa, intencionalmente, dar atenção aos aspectos especificamente sexuais, que são, muito frequentemente, considerados mera defesa. (p. 219)*

O autor comenta ainda que, para esses analistas, a sexualidade não é mais considerada fator principal no desenvolvimento infantil, nem determinante etiológico para a compreensão da psicopatologia clínica. E ele prossegue, fazendo um comentário que, parece-nos, tem implicações importantes para a psicanálise de casal e família, pois além de praticamente anular a sexualidade como fundamento sobre o qual se constrói a vida conjugal e familiar, indica também uma lacuna conceitual no trato das questões clínicas que a ela se referem. Diz ele:

> *Como se ela [a sexualidade] fosse considerada um tópico de significação especializada, uma área limitada do mundo interno, entre outras... Temos uma relativa subestimação, até mesmo desprezo e, por vezes, ausência da sexualidade nos instrumentos conceituais que deveriam iluminar nossas ideias. (p. 217)*

Essa observação de Green, curiosamente, remete-nos às visões organicistas sobre a sexualidade, que a nomeiam como um entre outros "sistemas" (respiratório, nervoso, digestivo, reprodutivo etc.), ou comportamentalistas (considerando-a um comportamento entre outros e não a própria constituição psíquica do sujeito).

Em trabalho anterior (Thorstensen, 2011), e justamente questionando essas visões parciais da sexualidade, desenvolvi a argumentação, a partir da teoria freudiana, sobre os caminhos da sexualidade-incestualidade presentes na relação mãe-bebê, constituintes tanto do indivíduo como da família e, obviamente, também do casal; da mesma forma, enfatizei que a sexualidade se institui como um *pathos*, isto é, uma paixão, um sofrimento, um assujeitamento que buscam o equilíbrio, inevitavelmente precário, entre o que é da ordem do constitutivo do ser e o que é da ordem do aprisionador e mortífero.

Voltando a Green (1995), este vai ainda mais longe, afirmando ter concluído que, mesmo diante de estruturas não neuróticas, e depois de décadas trabalhando com esses pacientes, toda estrutura de sintomas em que a sexualidade parecia desempenhar um papel contingente ou pouco importante atuava como se os outros aspectos, não abertamente genitais, destinassem-se a proteger e ocultar o núcleo da patologia. Segundo ele,

30 A QUESTÃO DA SEXUALIDADE NA PSICANÁLISE ATUAL

> *Quando o paciente age desse modo é porque, na maioria dos casos, tem alguma percepção inconsciente de que dar à sexualidade e à genitalidade sua importância verdadeira expô-lo-ia a grandes riscos, tais como a impossibilidade de aceitar a menor frustração, os tormentos da decepção, as torturas do ciúme, as tempestades de ter que admitir que o objeto é diferente da imagem projetada nele, a desorganização da destruição sem limites, seja do objeto, seja do self, em caso de conflito etc. É com a finalidade de evitar todas essas ameaças de colapso que o paciente se desobriga de uma relação total e completa, deixando campo para outras regressões que, felizmente para ele, não envolvem a existência de outro objeto e as insatisfações que este poderia causar. (p. 220)*

Como podemos constatar, Green aponta para a importância central da vida amorosa enquanto organizadora do psiquismo, e em linha direta com as experiências eróticas fundantes.

O autor continua, enfatizando que a natureza regressiva das fixações pré-genitais não pode ocultar o fato de que o centro de seu significado está relacionado a aspirações genitais, com todas as suas conotações conflitantes: a diferença entre os sexos e entre as gerações, a tolerância à alteridade, o conflito entre o desejo e a identificação com o objeto, a aceitação da perda de controle no gozo sexual etc. Ele propõe "que se questione a ideia de que o sexual e o genital sejam superficiais" (p. 220) e acrescenta:

> *O valor da vida é vinculado ao que todos os seres humanos compartilham e almejam: a necessidade de amor, de gozar a vida, ser parte de uma relação em sua expressão*

mais completa etc... Somos confrontados aqui com nossa ideologia sobre para que serve a psicanálise. Qual o seu objetivo? (p. 220)

Ele se posiciona:

Não seria o ser capaz de sentir-se vivo e investir as muitas possibilidades oferecidas pela diversidade da vida, a despeito dos desapontamentos inevitáveis, fontes de infelicidade e de cargas de sofrimento? (p. 220)

Nesse sentido, Green segue diretamente as reflexões de Freud (1955e/1930) a respeito do mesmo tema. Enumerando as formas de buscar a felicidade, e acrescentando que essa seria a forma que mais se aproximaria de seus objetivos, Freud acrescenta:

Estou falando de um modo de vida que coloca o amor no centro de tudo, que busca toda a satisfação em amar e ser amado. Uma atitude psíquica desse tipo surge naturalmente para todos nós; uma das formas nas quais o amor se manifesta, o amor sexual, nos ofereceu nossa experiência mais intensa de uma avassaladora sensação de prazer e assim nos forneceu um padrão para nossa busca de felicidade. O que seria mais natural do que persistirmos em procurar a felicidade na trilha na qual nós primeiramente a encontramos? (p. 82)

Freud aponta, no entanto, que nunca estaremos tão indefesos contra o sofrimento como quando amamos, pois corremos o risco de perder o objeto ou o seu amor. Como Freud, Green também

32 A QUESTÃO DA SEXUALIDADE NA PSICANÁLISE ATUAL

aponta que a psicanálise mostra que são as frustrações da vida sexual que os neuróticos não podem tolerar, criando satisfações substitutas sob a forma de sintomas.

Continuando, Green apresenta a evolução do pensamento de Freud sobre a sexualidade.

Green e a evolução do pensamento de Freud sobre a sexualidade

Era óbvio, diz Green (1995) nesse mesmo artigo, que para Freud o primeiro passo seria diferenciar muito bem a sexualidade da genitalidade, e também distinguir as fixações, as formações reativas, as sublimações etc. Freud estendeu o campo da sexualidade infantil para partes do corpo que não tinham conexão direta com o sexo. Em seguida, num avanço gradual, postulou a infiltração da sexualidade em partes do mundo psíquico que se supunha escaparem à sua influência, ou mesmo opor-se à sua ação. O *eu*, por exemplo, anteriormente era considerado antagônico à sexualidade, ficando do lado dos instintos de autopreservação. Posteriormente, com o conceito de narcisismo, o *eu* passou a ser preenchido por essa mesma libido, contra a qual, pensava-se anteriormente, deveria lutar, e o conflito configurou-se entre a libido narcísica e a libido objetal. Outros atributos da sexualidade também se evidenciaram, como sua possibilidade de combinação com tendências que pareciam opostas a ela, como no caso da agressão fundida à libido, originando o sadismo e o masoquismo, ou a reversão em seu contrário, como no caso amor-ódio, além da sublimação e da repressão.

Para Green, ao construir a teoria das pulsões, Freud (1957/1915) foi além do que estava sendo reprimido na vida humana civilizada. Mais importante foi sua descrição das transformações da sexualidade. Se tomarmos sua definição de pulsão "como uma medida de demanda de trabalho feita à mente, em consequência de suas conexões com o corpo" (p. 223), é essa referência ao "trabalho" que explica as transformações que ocorrem, mudando os conteúdos de sua expressão inicial. Ele continua afirmando que podemos observar que a sexualidade, com todas as suas manifestações, ao longo de toda a vida, é um estímulo extraordinário para o pensamento, e dá origem a toda sorte de construções imaginárias e míticas. Seu potencial de transformação constrói um pensamento complexo, e é o incitamento mais poderoso para o trabalho psíquico.

Cabe assinalar aqui que "a demanda de trabalho feita à mente em consequência de suas conexões com o corpo" postulada por Freud adquire toda uma intensidade e amplitude se considerada no contexto da relação amorosa, na qual surge o outro em sua alteridade, outro existencial e, especialmente, outro do outro sexo. Sem dúvida, a relação conjugal implica uma extraordinária demanda de trabalho psíquico para poder se viabilizar.

Voltando ao texto de Green, ele enfatiza:

> *O lugar e a influência da sexualidade não podem ser reduzidos, a despeito da obscuridade de suas manifestações, muitas delas ocultas... Estamos, de fato, questionando as raízes da mente vinculadas ao corpo, e ligada a objetos, imersas numa cultura. E quando, finalmente, consideramos suas expressões muito distantes de seus conteúdos manifestos, dirigimo-nos para uma relação entre sexo e vida. (p. 224)*

Em 1955d/1920, acrescenta Green, Freud introduz a ideia de Eros. Em vez de falar em pulsões sexuais, ele fala agora de pulsões de vida, uma mudança que se tornou evidente e justificada por sua antítese, a pulsão de morte. A sexualidade aparece aqui equiparada com a vida, do mesmo modo que as pulsões não sexuais deveriam avançar em direção à meta final da vida, a morte. Mas ele iria fazer também outro acréscimo, posteriormente, ao falar, indistintamente, de pulsões de vida ou amorosas.

Green aponta que Freud (1955d/1920), ao escrever que "a maior parte do que conhecemos sobre Eros, ou seja, sobre sua expressão, a libido, foi adquirida pelo estudo da função sexual" (p. 151), está fazendo uma distinção entre Eros (pulsões amorosas e de vida) e a sexualidade, que passa a ser apenas uma função, e que a libido é a representante de Eros. Temos aí, então, um encadeamento: *o conceito* (Eros enquanto pulsões amorosas e de vida), *seu representante*, a libido, e *sua função,* a sexualidade.

Freud sublinhou que a sexualidade não deve ser confundida com Eros, e Green argumenta que, se tomamos a relação entre vida e amor, chegamos à conclusão de que Eros, exprimindo-se como uma pulsão de vida, funciona como um vinculador psíquico, aquele que busca unir-se a um objeto. Com referência à sexualidade, sublinha, também, que o objeto de amor é principalmente prazeroso. A ligação entre amor, vida e prazer é, portanto, muito poderosa em Freud. Essa conexão implica a existência, mais cedo ou mais tarde, da consciência do outro como separado do *eu* inicial, com todas as suas consequências em relação às ansiedades que daí podem surgir.

Ao concluir esse seu trabalho, o autor lembra que Freud colocava a sexualidade no centro do desenvolvimento psíquico, da teoria psicanalítica e do trabalho clínico. Rever as ideias de Freud, portanto, seria recolocar a importância da sexualidade genital e do complexo de Édipo no seu lugar central.

Numa publicação posterior, e enfatizando a relação entre sexualidade e prazer, Green (1997) assinala que atualmente, "mais do que nunca, a sexualidade é definida pela separação entre a função reprodutiva... e a busca humana do prazer propiciado por sua prática, ou, mais ainda, pela independência mútua desses dois aspectos". Temos aí, diz ele, a "distinção entre a sexualidade biológica e a psicossexualidade, o que constitui uma dualidade fundamental" (p. 345).

Seguindo o pensamento freudiano, Green propõe, portanto, que, no centro do amplo espectro das manifestações da sexualidade, está o princípio do prazer-desprazer. Por um lado, o princípio de realidade surge como um princípio do prazer modificado, que preserva e serve como salvaguarda do prazer, provendo proteção contra dois perigos: a desorganização do *eu* devido à indulgência descontrolada diante de várias formas de prazer (o uso de drogas é o exemplo mais dramático, fora da área da sexualidade) e a transgressão da lei (cujas formas mais extremas são o incesto e o parricídio). Por outro lado, o princípio do prazer também pode desdobrar-se na sexualidade criminosa.

Sobre o mesmo tema da relação sexualidade-prazer, no texto de 2002, Green aponta:

> *O vínculo que une sexualidade e prazer é o que forma o fundamento do sexual na psicanálise. A sexualidade é, em suma, o 'prazer dos prazeres', como a proibição do incesto é a 'regra das regras'... Entre as funções corporais é a sexualidade que, visando ao prazer, está em busca de um objeto para se satisfazer. O autoerotismo inicial é obrigado a dar lugar ao objeto de satisfação situado fora dos limites do sujeito... nunca esqueçamos*

que falamos de psicossexualidade, a complexificação da organização psíquica destinada a encontrar o objeto susceptível de prover a satisfação justificando a definição freudiana da pulsão... a sexualidade-prazer desempenha um papel maior no psiquismo, pois a falta, a busca de um objeto susceptível de assegurar a satisfação do prazer não imediatamente acessível, abre a dimensão do desejo. (pp. 85-87)

A relação entre a psicanálise e a sexualidade, segundo Green

Assumindo a importância da sexualidade-prazer ("a sexualidade é, em suma, o prazer dos prazeres"), Green levanta a questão da relativa falta de atenção da psicanálise contemporânea para essa questão. No texto de 1997, assim como no de 2002, Green posiciona-se com firmeza diante das questões sobre a relação da sexualidade com a psicanálise.

No de 1997, ele comenta sobre a importância relativa das pulsões em relação ao objeto, postulando que

Em nossa opinião, a pulsão é a matriz do sujeito. Na teoria freudiana, o eu surge a partir das relações entre as pulsões e o mundo externo. O sujeito-enraizado-nas-pulsões pode ser visto como representando a primeira forma dos requerimentos que implicam em um desejo. No entanto, o aspecto a que estamos nos referindo aqui é menos o de um suporte para a ação do que o que "age" o sujeito, impulsionando, por assim dizer, seus pensamentos, representações, afetos, ações. O eu é "agido" pelas pulsões e tende a se apegar ao objeto como a um seu complemento. (p. 346)

E acrescenta:

De toda forma, a sexualidade humana é caracterizada, principalmente, pela constância da pressão do impulso sexual, o que a torna um fator poderoso na elaboração imaginativa e que não tem nenhum outro equivalente na mente humana. (p. 349)

Comentando a tendência de muitos analistas de minimizar, ou mesmo ignorar, material de conteúdo sexual em suas interpretações, Green aponta:

Trata-se da diferença entre a concepção da sexualidade arcaica [infantil] de um lado e o mascaramento sexual defensivo de outro. No primeiro caso, a sexualidade permanece como o objeto da análise, mas no segundo o analista faz um curto-circuito, voltando-se para o que ele acredita ser mais relevante, algo que a antecederia e que causaria suas manifestações. (p. 347)

No texto de 2002, Green direciona uma abertura para a clínica:

Se admitirmos que a solução do problema não se encontra nem somente do lado da pulsão, nem só do lado do objeto, mas que é justamente a dupla pulsão-objeto que devemos ter presente em nossa mente em todas as etapas,

parece-me que estamos numa posição muito melhor para
dar conta da clínica. (p. 90)

Nesse mesmo texto, Green conclui que a psicanálise moderna corre o risco de tornar-se uma teoria exclusivamente psíquica desmontando o esforço da construção teórica freudiana, baseada no jogo de forças de impulsos contraditórios, a famosa "demanda de trabalho feita à mente, em consequência de suas conexões com o corpo" (p. 122), postulada por Freud (1957/1915). E ele alerta para os riscos de as teorias intersubjetivas enveredarem-se pelos mesmos caminhos. Assim se expressou Green:

> *a preocupação constante de Freud em articular a ordem do psíquico com o somático é deixada de lado na psicanálise moderna, que se torna cada vez mais uma teoria psicológica, ou exclusivamente psíquica, acentuando o hiato entre a participação do soma e a participação do psiquismo. Da mesma maneira, quando se refere ao objeto [ao outro], um movimento complementar finaliza a minimalização do papel pulsional, considerado como uma fonte de erros, tendente a biologizar o psiquismo e ignorar a dimensão relacional... vemos o prolongamento dessas confusões nas teorias ditas intersubjetivistas onde a relação entre dois sujeitos leva ainda mais longe a tendência a fazer prevalecer o polo relacional sobre qualquer outro. (p. 90)*

No Capítulo 5, faremos uma reflexão a respeito das "teorias intersubjetivistas" e "sua tendência a fazer prevalecer o polo relacional sobre qualquer outro", no caso apontado por Green, desconsiderando o pulsional, e no caso da clínica de casal, tendendo a desconsiderar a bagagem "intrapsíquica", aportada por cada parceiro para a relação.

Voltando a Green, este apresenta, então, uma contribuição clínica.

Falando sobre os componentes do campo de Eros, Green (1997) propõe o que chamou de *cadeias eróticas*. Ele indica que se deveria substituir a visão centrada sobre um elemento particular, seja qual for sua importância, pelo conceito de uma cadeia erótica que começa com a pulsão e suas moções, prolonga-se naquilo que se manifesta sob a forma de prazer-desprazer, expande-se no estado de expectativa e busca do desejo, alimentado por representações conscientes e inconscientes, organiza-se sob a forma de fantasias conscientes ou inconscientes e também se ramifica na linguagem erótica ou amorosa das sublimações.

Dessa forma, em termos clínicos, Green sugere que, no lugar de definir a sexualidade em relação a um único centro, ou reduzir uma entidade à outra (exemplos: a pulsão ser equivalente à fantasia inconsciente, ou a ideia de que o desejo é o desejo do outro, eclipsando a pulsão), deveríamos, a cada momento, identificar o elo da cadeia com a qual o analista está confrontado e ir especificando como sua elaboração, junto com a elaboração de suas possibilidades dinâmicas, topográficas e econômicas, seus processos de ligação e desligamento, trabalham para a transformação desse elo. Em vez de manter a ideia de que a excitação se origina em uma ou outra ponta da corrente, trata-se de seguir os movimentos dinâmicos dos processos eróticos por meio do material e da sua conexão com outros aspectos da atividade psíquica.

Ele aponta que, naturalmente, é impossível focalizar esse processo sem, ao mesmo tempo, prestar muita atenção ao seu antagonista, o processo destrutivo (e não somente o processo agressivo ou sádico), como também ao *eu*, ao *supereu* etc.

Só assim, diz Green, "o Eros de Freud cessaria de ser uma entidade mitológica e, em vez disso, poderia ser concebido verdadeiramente como um processo, que utiliza e que se relaciona com as várias formações da psique e com vários tipos de defesa" (p. 349).

E conclui afirmando que, diante de todas as contradições e complexidades que o tema suscita, a teoria freudiana, apesar de suas insuficiências e considerando a necessidade de uma atualização apropriada, ainda é a que melhor dá sustentação a tais contradições e complexidades.

Outros autores que pensaram a relação entre psicanálise e sexualidade

Autores como Harding (2001), Fonagy (2006) e Clulow (2009) também contribuíram para o desenvolvimento da reflexão sobre o tema sexualidade e psicanálise atual.

Clulow, na introdução de seu livro, pergunta-se, jocosamente:

> Do ponto de vista da psicanálise, o que constituem os "fatos da vida"? Quais são as histórias que nossos mentores profissionais nos contam sobre os equivalentes psicológicos dos "pássaros e abelhas"? De fato, essas histórias têm alguma coisa a dizer sobre sexo ou, como as invenções dos pais envergonhados, desviam nossa atenção para longe do que realmente deveríamos saber em relação à vida sexual de nossos pacientes? (p. XXV).

Para ele, essas questões deixam imediatamente aparentes como a metáfora e o simbolismo brotam nas comunicações sobre a sexualidade, toda permeada por ambiguidades e significados. Trata-se, afinal, não somente da interpenetração dos corpos, mas também da interpenetração das mentes e dos estados afetivos. Pode ser difícil manter corpos, mentes e sentimentos unidos ao considerar questões sexuais. Ele dá exemplos: um urologista diante de um problema de ereção pode não dar atenção ao contexto da relação em que o problema ocorre, ou um psicoterapeuta, diante da falta de desejo sexual da mulher, pode desconsiderar as questões bioquímicas envolvidas. Fazer a conexão das dimensões psíquicas e somáticas, homem e mulher, individual e social, no sentido de formar uma compreensão holística da experiência sexual, não é uma tarefa fácil, pois implica trabalhar com fenômenos diferentes, mas interconectados.

Ele continua, no entanto, com uma observação bastante óbvia: a de que a sexualidade, para os terapeutas de casal, é parte inevitável de sua atuação profissional, pois a característica que define casamento e vida em comum adulta é a sexualidade, mesmo quando não há sexo na relação. Sexo permeia cada fibra do casal de namorados, faz parte de sua identidade como casal, define uma fronteira de exclusividade e constitui um poderoso símbolo, público e privado, de intimidade entre os parceiros. É a pré-condição para criarem juntos uma criança. Por meio do sexo, os parceiros têm oportunidades de se conectarem um ao outro e consigo próprios, não só física, mas também emocionalmente, e a partir do mais profundo de seus seres. Também por meio do sexo, eles podem se desconectar um do outro ao testemunhar a traição da intimidade quando um dos parceiros tem um *affair*, ou quando o sexo torna-se despersonalizado e insular. Sexo é uma forma de comunicação tanto quanto um encontro de corpos.

Para o autor, as raízes da sexualidade formaram uma rede complicada que embaralhou o debate psicanalítico desde que Freud (1955m/1924) declarou que anatomia é destino, que o desenvolvimento é direcionado pela presença ou ausência de pênis e que a base da patologia sexual deve ser procurada nas tentativas de bloquear ou desviar a expressão da pulsão libidinal por meio de seus canais oral, anal e genital na direção do objeto. De modo simplificado, o desejo sexual foi concebido por Freud como uma energia instintiva que busca o prazer, a libido, e que procura expressar-se por meio de uma progressão de zonas corporais. Dessa forma, conclui o autor, do ponto de vida freudiano, os "fatos da vida" correspondem à progressão do bebê até a resolução do Édipo.

Esse modelo, no entanto, continua Clulow (2009), suscitou muitas críticas: por ser falocêntrico, pela ênfase no desenvolvimento pulsional linear, desconectado de suas origens relacionais (por exemplo, ignorando o papel que os pais desempenham ao encorajar ou desencorajar a sexualidade de suas crianças); pela afirmação da universalidade do Édipo a partir da análise de adultos que viveram numa cultura que já não existe mais. O Édipo, segundo esses críticos, seria apenas uma de muitas metáforas e complexos, uma constelação de significados que pode contribuir para nossa compreensão da sexualidade.

Por outro lado, a teoria psicanalítica, desde os dias de Freud, vem sofrendo mudanças referentes ao tempo, ao lugar e à cultura. Entre outras, é interessante notar como, à medida que analistas mulheres e não médicas substituíram seus colegas mais velhos, todos médicos e homens, houve uma mudança na teoria: a localização do Édipo mudou dos primeiros anos para os primeiros meses de vida, do casal parental para o seio bom e mal. Essa feminilização da psicanálise por Klein e seus seguidores colocou de lado o significado do pai e, no centro, a relação mãe-bebê.

Para Clulow, a ênfase na relação mãe-bebê, na motivação social em lugar da pulsional para formar e manter relacionamentos, no ódio no lugar do desejo e na capacidade de pensar como a marca maior da maturidade pode ter excluído a sexualidade da psicanálise.

O autor aponta que, atualmente, o debate psicanalítico tem dois polos: de um lado, a perspectiva estritamente freudiana, que explica a sexualidade em termos de impulso instintivo; de outro, a psicanálise relacional, que subordina o papel da biologia aos processos interpessoais na formação e expressão do sentimento sexual. Narrativas relacionais ligam biologia e processos interpessoais em ciclos perpétuos de influências mútuas. Na sua forma mais extrema, sexo seria uma forma de sociabilidade, um meio de contato, um caminho para a intimidade. Aqui, o que pode ser atribuído ao corpo e à pulsão é compreendido como formado pelas interações sociais. Tanto as perspectivas freudianas como as relacionais reconhecem a importância da biologia e do ambiente para formar a sexualidade; suas diferenças são mais em termos de se o significado psicológico deriva de forças pré-formadas ou se é criado e formado por meio dos relacionamentos.

De toda forma, para Clulow, qualquer que seja a perspectiva preferida, permanece o sentimento desconfortável de que a sexualidade "saiu" da psicanálise. Ele cita Fonagy (2006), que, ao constatar a diminuição do interesse da psicanálise pela sexualidade, fornece algumas explicações: a natureza problemática da teoria instintual de Freud e a dificuldade para reconciliá-la com a teoria de relação de objeto; a resistência inconsciente e o excesso de pudor da comunidade psicanalítica; a influência de Klein e a ênfase na díade mãe-bebê; e a frequência com que as patologias *borderlines* se apresentam nos consultórios atualmente e para as quais as interpretações sexuais não são proveitosas. Fonagy propõe que "o sexo deixou

44 A QUESTÃO DA SEXUALIDADE NA PSICANÁLISE ATUAL

a psicanálise porque esta não foi capaz de prover uma explicação forte e intelectualmente satisfatória da experiência psicossexual normal" (p. 6).

Para Clulow, esse fato é um problema para os psicanalistas que trabalham com casais, dado que a característica que define a maioria das relações de casal é a atividade sexual, ou a preocupação com a ausência dessa atividade. É impossível conceber uma psicanálise de casal que não seja minimamente atenta ao componente sexual da relação.

As considerações tecidas por Green e Clulow nos indicam uma situação paradoxal, para não dizer absurda: trabalha-se na clínica de casal e família como se a sexualidade não fosse o elemento fundamental sobre o qual a estrutura do casal e da família se constrói. Esse elemento deve ficar "escondido" no discurso clínico e na teorização. Eles apresentam seus argumentos sobre o porquê dessa situação. A esses argumentos, podemos acrescentar o que o próprio Freud nos ensinou, ou seja, que a curiosidade a respeito da sexualidade dos pais é fortemente reprimida logo nos primeiros anos e que, sobre essa repressão, um processo de subjetivação institui-se. Constatamos que ela assim permanece, mesmo nos dias atuais, em que a exacerbação e a exposição sexual nas *media* e redes sociais poderiam dar a entender que até mesmo essa repressão teria se modificado. Parece não ser isso o que acontece. O fato é que, na posição de analista, este estará, inexoravelmente, colocado diante de sua cena primária e de suas curiosidades sexuais reprimidas. Nesse caso, poderíamos dizer que, em vez do "retorno do recalcado", temos aí um "recalque que retorna", dificultando a escuta na clínica conjugal.

Vejamos, a seguir, como uma situação clínica nos encaminha diretamente para essas questões, além de indicar toda a complexidade do entrelaçamento de fenômenos intrassubjetivos, inter-pessoais e culturais. No decorrer da reflexão e da escrita, constatei que, além do pensamento sobre a intersubjetividade, a contribuição especificamente freudiana se impôs como a que mais oferecia cla-reza e concisão para o objetivo proposto. Alguns aportes lacanianos completavam, a meu ver, o quadro referencial necessário para a mobilização vital e erótica das situações apresentadas. Surgiu aí um desconforto. Certamente outros enfoques psicanalíticos poderiam ter sido considerados, abordando o caso por outros ângulos. No entanto, onde estaria a sexualidade em muitos deles? Nesse sentido, apresentou-se como indispensável buscar em Freud as indicações necessárias para a possibilidade de uma visão sobre a psicossexua-lidade conjugal e familiar.

2. Uma situação clínica

"En attendant toujours quelque chose qui ne venait point."

Freud (1964f/1938)

Teresa e João

Teresa e João, com idades em torno de 38 anos, dois filhos (um menino de oito e uma menina de seis), procuram terapia devido à insatisfação conjugal deflagrada pela baixa frequência com que Teresa se dispõe a ter relações sexuais. De fato, quem decidiu buscar ajuda foi João; Teresa diz que nunca pensou em fazer terapia e que só veio porque foi pressionada por ele. Ambos são formados em administração de empresas e trabalham em empresas diferentes. Conheceram-se na faculdade e casaram-se logo depois de formados. Os filhos estão bem, segundo eles. O problema é que ela sempre se diz muito cansada devido ao trabalho e aos cuidados com as crianças, e quando se encontram, finalmente, à noite, ela quer dormir. É frequente chegarem a ficar mais de um mês sem

48 UMA SITUAÇÃO CLÍNICA

atividade sexual; já chegaram a ficar três meses. No início da relação "transavam" bastante, e também na época de ela engravidar. Com o nascimento dos filhos, no entanto, a frequência foi diminuindo até chegar ao ponto em que está hoje. Teresa relata não apresentar dificuldade para atingir o orgasmo.

João conta que se masturba em torno de uma ou duas vezes por semana, nunca traiu Teresa, mas que agora está decidido a mudar essa situação, ou vai separar-se. Sua voz denota um tremor, ao fazer essa ameaça. Ele continua, acrescentando que não é o que ele gostaria que acontecesse. Diz amar Teresa, que ela tem inúmeras qualidades, acha-a bonita, é excelente mãe para os filhos, supercorreta e companheira nas decisões do casal. João afirma que gostaria de viver a vida toda com ela, mas não tendo que deixar a sexualidade de lado, como se ela não tivesse importância. Diz, ainda, que adora os filhos e quer resolver essa situação na terapia, evitando assim que a situação deteriore de vez.

Teresa defende-se dizendo que, se ele a ajudasse mais em casa e com as crianças, ela estaria mais descansada para "transar". Ele retruca afirmando que procura ajudá-la, mas o problema é que ela nunca fica satisfeita com suas contribuições. Perguntados sobre como são seus fins de semana, Teresa rapidamente intervém, contando que, como trabalha muito, está sempre em atraso com suas tarefas com as crianças, além de ter que levá-las em casa de amigos, aniversários; enfim, dedica-se muito a elas. Além disso, não tem ajuda da empregada nos fins de semana e, por isso, frequentemente, almoçam na casa de seus pais.

Essa resposta de Teresa dá a entender que ela, por um lado, constrói uma "agenda" semanal na qual não há espaço para momentos de intimidade com João e que, por outro, esse assunto faz parte de um núcleo seu bastante defendido, que lhe causa angústia e culpa e cuja aproximação gera forte agressividade defensiva.

De fato, com irritação crescente, ela conta como se sente permanentemente cobrada pelo marido e em dívida com ele. E que, no entanto, ela também tem muitas queixas a fazer sobre ele, especialmente a respeito do desinteresse dele em ajudá-la mais em casa. Fala isso de forma agressiva e ameaçadora e João, momentaneamente, desconserta-se. Teresa é bastante articulada verbalmente e maneja com habilidade os argumentos que imobilizam a capacidade de pensar de João, deixando-o culpado e sem palavras. Mas ele reorganiza-se e retoma sua queixa. Diz que, para ela, sexo não tem a menor importância e que nunca, por exemplo, ela se preocupou em vestir algo que o atraísse mais especificamente. Ele gostaria que ela usasse *lingerie* mais elaborada.

Teresa intervém, raivosamente: "Por que tenho que fazer isso? E ele, o que faz para me atrair?".

João, surpreso: "O que você gostaria que eu fizesse?".

Ela: "Sei lá! Você é que deveria saber!". "Além disso", ela acrescenta, "por que tenho que transar quando ele tem desejo e não quando acontece de nós dois termos desejo juntos?".

Ele, quase gritando, furioso: "Porque isso acontece duas vezes por ano e para mim é impensável viver dessa forma, tendo que me masturbar pelo menos duas vezes por semana".

Esses parágrafos contêm boa parte do impasse conjugal desse casal: Quem atrai quem? Como atrair o "outro do desejo" e o outro do "outro sexo"? Quem sabe os segredos da sexualidade? Se pensarmos em termos da resolução edípica, o detentor dos saberes sobre a sexualidade é o pai, capaz de capturar o desejo da mãe por ele, desviando-a, momentaneamente, do filho (Nominé, 2007). Dessa forma, Teresa supõe que João deva deter os saberes sobre a sua sexualidade e sobre o seu desejo. Além disso, num outro nível, ela se questiona: por que ela, uma mulher moderna, que trabalha e tem condições de se sustentar sozinha, deveria submeter-se a transar quando "ele" quer, como se fosse uma mulher de antigamente, submetida ao homem? Podemos constatar aí como fatores intrapsíquicos, relacionais e culturais mesclam-se, formando o emaranhado conflitual constituinte do impasse sexual desse casal.

João, retomando seu fio de pensamento, diz que não quer viver a vida toda dessa forma. Ele também está muito irritado. Sente-se cobrado por ela, que, segundo ele, parece "se especializar em arrumar defeitos em mim".

Ela concorda que é mesmo muito perfeccionista e que isso a incomoda também. Mas, acrescenta, "ele adora que eu seja uma mulher moderna, que trabalhe e traga dinheiro para casa, mas comporta-se como um homem antigo, que quer roupa lavada e passada e comida na mesa, como a mãe dele faz para o pai dele". Ela conclui: "Isso é uma injustiça sem tamanho!". E acrescenta: "E depois, quer que eu transe numa boa!".

Teresa ressente-se pelo fato de João, a seu ver, não compreender a inviabilidade de sua existência com tantos compromissos incompatíveis; ele, por sua vez, está sendo "cobrado na cama" pelas consequências das mudanças sociais do papel da mulher na sociedade e não se dá conta de que também se faz necessária uma grande mudança em seu funcionamento na família.

Por outro lado, e mais fundamentalmente, percebe-se que esses aspectos "sociais" encobrem, de fato, outras questões. Quando João fala que Teresa se especializa em arrumar defeitos nele, coincide com a sensação que ela transmite de não ter espaço em sua "agenda mental" para incluir os momentos de expressão da sexualidade do casal. Enquanto ela o mantém afastado porque se sente injustiçada na divisão das tarefas, não terá que se voltar para definir o lugar que a sexualidade ocupa em sua vida e o que ela faz com seu próprio desejo.

Teresa, no entanto, aponta para um desequilíbrio verdadeiro resultante das mudanças do papel da mulher na sociedade. Como esse é um aspecto dos conflitos do casal que gera menos resistência, torna-se o caminho pelo qual eles enveredam-se primeiro e, por ser uma queixa de Teresa, ajuda-a a se implicar no processo analítico. João, muito disposto, coloca-se aberto para negociar com ela uma nova organização da vida familiar.

Enquanto esse diálogo se desenrola, outros dados vão surgindo. Contam sobre as angústias dos meses em que ele ficou desempregado e nos quais o casal subsistiu apoiado apenas no salário dela, colocando-o numa posição conjugal "muito humilhante", segundo ele, que acrescenta: "A Teresa foi maravilhosa, me deu apoio; eu me sentia muito agradecido, mas passamos esse tempo todo quase sem transar; nem eu tinha coragem de me aproximar dela, tão mal eu estava". João continua, melancolicamente: "Depois que tudo se resolveu, essa parte não mudou, de fato, está ficando cada vez pior, transa-se cada vez menos".

Ouvindo João, Teresa vai se agitando desconfortável em sua poltrona. Percebe-se que a queixa sexual de João a incomoda muito e sua defesa é o ataque, usando como pretexto sua dupla jornada de trabalho. Que conflito Teresa abriga que a impede de organizar-se sexualmente em relação a João?

Aos poucos, suas histórias de origem vão surgindo. Os pais de Teresa vieram do interior de Minas Gerais, e especialmente o lado materno é muito cioso dos hábitos e tradições mineiras. Teresa é bastante ligada à sua família; ela e seu irmão, dez anos mais novo, preocupam-se muito com a saúde e o bem-estar da mãe, professora primária e figura central em suas vidas. Foi ela quem, de fato, sustentou a família, pois seu pai nunca teve um trabalho fixo por muito tempo; gostava de trabalhar para políticos em campanha e teve alguns cargos públicos em sua cidade no decorrer da vida. Agora está "aposentado" e tende a "beber mais do que deve".

Sua mãe é a filha mais velha de cinco irmãs, muito unidas em torno da avó viúva, atualmente idosa e doente. As cinco filhas revezam-se (e desentendem-se) no cuidado com essa mãe. Teresa sempre sentiu culpa pela vida que a mãe levava, e ela e seu irmão, administrador como ela, procuram ajudá-la financeiramente e ainda têm por hábito almoçar com os pais nos fins de semana, com o objetivo de alegrá-la.

Aos poucos, Teresa vai constatando o quanto sua vida é orientada pela culpa que sente em relação à mãe e a necessidade reparadora de proporcionar-lhe momentos de alegria. Para ela, o relacionamento entre seus pais não existe do ponto de vista amoroso; o pai é visto como uma figura um tanto imatura, a ser cuidada pela mulher e filhos, e sua mãe sempre teve suas energias mais voltadas para sua grande família de origem e suas complicações, além dos dois filhos.

Sua mãe fora muito bonita, e Teresa parece-se muito com ela, mas a mãe nunca se preocupou com seu aspecto físico nem em se fazer atraente para um homem; na casa de sua avó, onde Teresa praticamente crescera e se criara, os valores sobre ser mulher referiam-se a como ser boa mãe e boa dona de casa. Além disso, era assim que se conquistava um homem: pela boca. Seu avô, médico bastante reconhecido na pequena cidade do interior, e falecido antes do nascimento de Teresa, era reverenciado por todas as mulheres da família.

Até hoje, Teresa fica ansiosa temendo que alguma de suas tias venha à sua casa e possa constatar que ela não é uma dona de casa tão perfeita como as mulheres do clã mineiro. Da mesma forma, ser boa mãe nos moldes dos modelos de sua família materna faz parte da identidade de Teresa. O fato de ela ser uma profissional muito solicitada parece não afetar o nível de exigência de perfeição a que ela se obriga como dona de casa e mãe. Em seu íntimo, reconhece que queria provar para sua família materna que é possível ser profissional competente e manter os níveis de exigência em relação aos afazeres domésticos e à função de mãe com os quais foi educada. "É só saber se organizar direito!".

Nas sessões, aos poucos, foi surgindo a mágoa que João lhe causava por, segundo ela, valorizar mais seu trabalho e o quanto ela ganhava do que sua função de mãe e dona de casa. Sentia-se explorada por ele e, às vezes, abrigava fantasias de largar o trabalho e ser uma mulher tradicional. É importante notar como esse é um conflito de Teresa: que tipo de mulher ela quer ser, "moderna ou antiga"? O fato de João ter escolhido para casar uma mulher que trabalhava o fazia culpado, aos olhos dela, de "obrigá-la a trabalhar", como acontecera na vida de sua mãe com seu pai. Teresa tinha dificuldade em assumir que esse era um conflito dela, anterior à chegada de João.

Sua culpa em relação aos filhos a perseguia constantemente, embora eles estivessem se desenvolvendo bem. Para ela, estar em casa e não ficar disponível para eles e, pelo contrário, tirando o tempo deles para ficar com João era muito difícil, praticamente impossível. Só se dispunha a "transar" quando os filhos já estivessem dormindo, o que raramente acontecia em tempo hábil. Eles costumavam ver televisão na cama dos pais até terem sono e depois eram levados para suas camas. Durante a noite era frequente que um ou outro viesse acomodar-se junto com os pais devido a "pesadelos".

54 UMA SITUAÇÃO CLÍNICA

Enfim, o relato das rotinas familiares evidenciava uma invasão importante da privacidade dos pais pelos filhos. As reclamações de João eram recebidas por Teresa como sinais de pouca dedicação e amor a eles por parte de João. Este, como tivera um pai distante e pouco afetivo, em face dessas insinuações, encolhia-se culpado, raivoso e desorientado.

O modelo familiar de João é bem diferente do de Teresa. Seus pais moram numa cidade pequena no sul do país, são de origem alemã, têm um relacionamento de muita dedicação um ao outro, e uma grande dependência da mãe em relação ao pai, o que é visto por Teresa como machismo do sogro e um posicionamento antiquado da sogra em relação a ele. João retruca, no entanto, que seus pais, que ela acha tão antiquados, deviam transar mais que eles. Teresa, enraivecida, ataca: "Claro! Sua mãe é tão submetida a seu pai que deve transar sempre que ele quiser! Ela transa por obrigação conjugal, como antigamente!". João, algo confuso, responde: "Não acho isso! Acho que eles se gostam. Ainda têm vontade de namorar!".

Teresa, bastante irritada, continua, incluindo a analista: "Sabe o que acho? Na nossa geração, que não passou pela repressão sexual que a geração de vocês passou, sexo não é mais tão importante assim. Vejo isso com minhas amigas. Elas não transam mais do que eu; nós somos assim!". João a olha, perplexo.

Enquanto Teresa ia lutando com suas resistências, João, sentindo-se compreendido pela analista em sua reivindicação sexual, despertara para o posicionamento que assumia em casa. Constatou como sua atitude era semelhante à de seu pai, que chegava do trabalho, estendia-se no sofá e ligava a televisão. Sua mãe, no entanto, nunca trabalhou, e seu pai não tinha nenhuma obrigação maior em casa. Ao ser agressivamente cobrado por Teresa, João sentia-se colocado numa posição infantilizada e reagia de forma rebelde e adolescente, quando em seu íntimo estava comportando-se como um homem, como seu pai.

Percebendo que os tempos são outros, que a vida que levavam era diferente da de seus pais e, também, para agradar Teresa, João mudou muito nesse aspecto. Passaram a dividir entre si as tarefas domésticas, desafogando a agenda de Teresa. Foi especialmente criativa a forma como estabeleceram a divisão de seu tempo no acompanhamento dos estudos das crianças e suas lições de casa: cada um dos pais escolheu as matérias de que gostavam mais para acompanhar os filhos nelas. Surgiu um inesperado interesse do pai (que nunca tinha estudado com os filhos antes) pelas matérias da área de humanas, especialmente história, e conversar e estudar com eles sobre esses assuntos tornou-se um *hobby*, no dizer do pai. Também definiu atividades de fim de semana para fazer "coisas de homem" com o filho, como cuidar do carro, ir aos jogos de futebol e cuidarem juntos do pequeno jardim de sua casa. Nesse processo João vai elaborando os efeitos nele da ausência de seu pai em sua própria infância e adolescência. "Eu sempre quis ser diferente do meu pai com as crianças, mas não sabia como agir. E depois, Teresa não me dava espaço, ela dizia: 'Faz isso, faz aquilo!', e eu me sentia um ajudante dela, não um pai de verdade!".

As atividades de lazer da família nos fins de semana intensificaram-se, incluindo prepararem refeições juntos e diminuindo a pressão para os almoços repetitivos de fim de semana na casa dos pais de Teresa. Esta pareceu gostar muito das mudanças, sentindo-se feliz por preparar comidas em casa, com a ajuda da filha, enquanto os homens colocavam a mesa e lavavam a louça. A diminuição da influência da família de Teresa no casal, especialmente a da mãe, permitiu a João exercer com mais liberdade a função de homem da casa, assumindo uma autoridade em relação aos filhos que ele, depois percebeu, era tolhida pela interferência "bem-intencionada" da sogra, o que ele descobriu que o desagradava muito. Também por parte de Teresa houve uma mudança significativa no sentido de aceitar partilhar com João a autoridade sobre os filhos, em contraposição à sua experiência familiar, na qual sua mãe era a figura central.

O clima entre o casal desarmou-se, tornou-se mais amistoso e divertido. Embora esse fato fosse uma evidência que eles mesmos comentavam, nem por isso houve modificações na frequência do relacionamento sexual. Chegava o momento inevitável em que esse aspecto da relação teria de ser enfrentado mais diretamente. Que fatores estariam envolvidos no desencontro sexual desse casal? O ressentimento de Teresa, que não tinha mais como dirigir-se à falta de cooperação de João em casa, embora velado, persistia. Contra o que ela se ressentia? Quando João a pressionava, ela deixava no ar a impressão de não se sentir tão atraída por ele, o que disparava imediatamente a reação dele: "Então, vamos nos separar já!". Teresa, angustiada, retrocedia, procurava acalmá-lo e, eventualmente, até transavam, mas algo a segurava internamente e a impedia de construir uma vida sexual estável com João.

Por outro lado, qual seria o papel de João na construção desse impasse? Como ele se via na possibilidade, ou não, de atrair Teresa para a construção de uma vida íntima do casal? Seus pais tinham um bom relacionamento amoroso, segundo ele e, de fato, esse era o modelo que João gostaria de repetir com Teresa. Mas, na prática, havia certa "cerimônia" ao dirigir-se a ela, uma timidez para se colocar como um homem que deseja uma mulher. Como as representações sobre ser homem e ser mulher que cada um trazia para a relação imbricam-se e imobilizam-se numa cobrança mútua, repetitiva e mortífera?

Aos poucos, ambos vão se aprofundando nos meandros de sua própria constituição de seres sexuais e desejantes.

A figura do homem causava uma grande ambivalência em Teresa. Seu pai ocupava um lugar menor em seu ambiente familiar, especialmente quando começou a beber. Lembrava-se de que, desde pequena, sentia ressentimento do pai por não proporcionar uma vida mais tranquila e segura do ponto de vista material para sua mãe, "trabalhando num emprego direito, como todo homem deveria fazer", segundo a mãe. Por outro lado, guardava boas recordações de sua própria convivência com ele, por ele ser alegre, comunicativo, ter muitos amigos e ser sempre muito empenhado em suas atividades de "fazer política" que, no entanto, o mantinham bastante afastado de casa.

Em sua infância, houve uma época em que Teresa foi muito ligada ao pai; era, então, a filha única; a mãe ia trabalhar muito cedo, ele acordava tarde e a levava para a escola. Também acompanhava suas lições de casa. Era sempre muito divertido e leve, em contraste com a mãe, muito mais exigente. Conforme foi crescendo, no entanto, Teresa passou a compreender melhor o que significava para a família o estilo de vida do pai e via o sofrimento da mãe, que "se matava de trabalhar para nos comprar as coisas". Aos poucos o pai começa a beber, e aí se estabelece uma distância cada vez maior entre ele e seus dois filhos.

Era a idealização da figura do avô materno, mantida por todas as mulheres da família, e especialmente por sua mãe, que fazia o contraponto ao pai e organizava suas representações sobre a figura do homem. Esse avô, médico clínico geral do interior, venerado por seus pacientes ("ele fazia de tudo: partos, cirurgias, cuidava das crianças e dos velhos, era amigo das famílias de seus pacientes"), era a figura "mitológica" masculina em torno da qual se construiu a identidade de sua família materna.

Teresa não o conhecera de fato, somente tinha acesso às representações idealizadas que dele faziam sua mãe e tias. Também não

58 UMA SITUAÇÃO CLÍNICA

conhecera seu avô paterno, de quem se dizia que seu pai era a cópia, física e psiquicamente, inclusive no modo de encarar a vida.

Além de seu pai, o outro homem que teve influência em sua vida foi um dos cunhados da mãe, pai de suas três primas, cuja casa Teresa frequentou bastante na infância e adolescência. Lá ela sentia-se bem, gostava da segurança que seu tio passava para a família, com seu emprego fixo, sua presença em casa, seu interesse pela vida da mulher e das filhas. O tio nunca teve uma relação em especial com ela, mas Teresa sentia-se fazendo parte da família e era tratada como mais uma, na "ninhada" de filhas dele. Sempre sonhou em ter um lar como o desses tios. Quando ela conheceu João, pensou que poderia realizar esse sonho com ele.

Nem sua mãe, nem suas tias, no entanto, transmitiram-lhe um posicionamento feminino mais claro no que se refere à vida sexual de um casal. O que se transmitia, e com muita ênfase, eram os valores sobre ser mãe e dona de casa, tidos como marca registrada das mulheres da família materna. Ficava aí subentendido que essas qualidades a definiriam como mulher para um homem. Uma atividade sexual eventual completava o quadro. Não lhe passava pela cabeça que um homem pudesse ter necessidades sexuais diferentes da dela, que ela tivesse que se organizar a respeito dessa diferença e, menos ainda, corresponder a seus apelos, fora de seu ritmo pessoal. Isso não seria algo como "ele descarregar em mim suas necessidades animais?", perguntava-se ela.

Enquanto Teresa debatia-se com seus questionamentos a respeito das diferenças sexuais, João também ia trazendo suas experiências de vida que propiciaram que ele se encontrasse na situação conjugal em que estava. Seus pais tinham o que ele chamava de um bom relacionamento, embora fossem "muito alemães para meu gosto", no dizer de Teresa. Ela os achava um tanto rígidos em suas colocações sobre como devem ser as coisas da vida, especialmente no que se refere ao papel da mulher em casa e também em suas expressões de afeto, por exemplo, entre si e com os netos. Teresa ficava muito irritada por eles não manifestarem carinho físico para com os netos, em contraposição às manifestações efusivas de sua grande família materna, a ponto de as crianças ficarem pouco à vontade quando esses avós vinham visitá-los em São Paulo.

João, no entanto, esperava construir uma relação com Teresa que, no fundo, tinha muito a ver com a deles, por exemplo, no interesse atento e constante que a mãe tinha para com o pai, no fato de ela se ocupar dos assuntos domésticos, na crença de que cabe ao homem cuidar das finanças da família, entre outros. Poderíamos perguntar como João, tendo tido um pai mais dominador em casa, passou tantos anos submetendo-se à vida sexual que a convivência com Teresa lhe impunha. Algo em sua fala transmitia certa insegurança, uma vacilação em se impor perante Teresa de uma forma mais incisiva.

João era o filho mais novo. Seu irmão, quatro anos mais velho, muito bonito, segundo ele, tinha sido considerado desde sempre uma criança especialmente dotada do ponto de vista esportivo, nisso repetindo a história do pai, que, nos momentos de folga do trabalho como funcionário público, era treinador de basquete, tendo sido muito bom jogador na juventude.

Esse filho mais velho, de estatura elevada como o pai, revelou-se excelente atleta, saía-se bem em vários esportes e competições de atletismo. O pai era o seu treinador. João admirava muito o irmão, estava sempre presente em suas competições junto com o resto da família. Ao contrário dele, João não era nada interessado em esportes e competições, ficando assim mais afastado da convivência com o pai. Esse fato não parecia incomodá-lo. Diz ele: "Meu pai sempre

60   UMA SITUAÇÃO CLÍNICA

foi muito rígido, meu irmão 'penou' com ele! Nós dois conversáva-
mos sobre como lidar com as exigências dele!".

João faz questão de enfatizar, no entanto, que sua mãe sempre
se esforçou para que ele praticasse algum esporte, e era ela quem
o levava para garantir que ele não escapasse dessas atividades que,
como dizia: "É para sua saúde!". João acrescenta que, embora tivesse
menos contato com o pai por conta das viagens e dos treinos do irmão, a quem o pai acompanhava, sua mãe, por seu lado, foi sempre
muito "correta" no que se refere aos cuidados com os dois filhos.
João, de fato, convivia mais com ela e lembra como ela vivia procurando alternativas de atividades físicas que o agradassem para que
ele não ficasse o tempo todo vendo TV. O que João lembra que ele
mais gostava, na verdade, era jogar futebol na rua com os vizinhos,
sem maiores compromissos, ou pescar com os amigos. Seus amigos
da vizinhança, que também eram colegas de escola, formavam um
grupo muito animado que João partilhava com o irmão; este não
era tão sociável quanto João, além de os treinos e competições o
afastarem da turma de sua idade. Quando chegava de suas viagens,
conta João, o irmão ia logo perguntando: "O que vocês vão fazer
hoje, qual é o programa?". João o incluía com prazer, sentia orgulho
das conquistas dele. Até hoje João procura ajudar o irmão a reorganizar a própria vida, depois que ele largou o esporte devido à idade
e às lesões adquiridas. Seu irmão não quer ser treinador como seu
pai, sendo essa a única coisa de que ele tem certeza. João angustia-se
com a situação do irmão e vive sugerindo alternativas para ele.

João sempre foi muito bom aluno, e seu irmão também o era
na infância e no início da adolescência. A partir daí os treinos
muito frequentes do irmão começaram a desorganizar sua vida
acadêmica, mas, surpreende-se ele, ninguém na família parecia se
preocupar com isso. Já o estilo pouco afetivo da mãe chamava a
atenção de João e era motivo de chacotas de Teresa. Da mãe, João

diz: "Ela foi boa mãe, eficiente, dedicada e correta. Mas não foi uma mãe carinhosa, sempre muito contida". Ele lembrava-se de ficar admirado, quando ia dormir em casa de amiguinhos, de como as mães abraçavam e beijavam os filhos antes de dormir e cantavam e contavam histórias para os mais novos. "Nunca tivemos isso", diz ele. Ele relata que gostava de fantasiar que era filho de alguma dessas mães de seus amigos e que elas faziam com ele o que as via fazerem com seus próprios filhos. Especialmente abraçar e beijar, pôr no colo, embalar. E darem muita risada juntos.

João recorda-se de ter tido momentos de rebelião e de armar grandes "barracos" verbais com o irmão na infância. Mas, quando o sucesso esportivo do irmão começou a se firmar, suas vidas se distanciaram muito. Curtia assistir as competições dele, porque aí a família viajava junto. Os treinamentos mantinham o pai e o irmão mais afastados de casa, e ele ficava com a mãe e os amigos da rua. E tinha até certa pena da vida que o irmão levava, sentindo-se mais livre para fazer o que gostava. A seus olhos, seu pai era muito rígido no papel de treinador, e João sentia alívio de não ter nada a ver com essa situação. Às vezes, pensava que era mais feliz que o irmão.

Com o tempo, seus estudos foram ampliando seus horizontes, e ele escolheu fazer cursinho em São Paulo e estudar administração para poder casar e formar família. Logo conheceu Teresa e planejaram ficar juntos. Atualmente ele se sente muito mais bem-sucedido que o irmão que, segundo ele, não conseguiu se encontrar na vida e ainda mora com os pais. Por outro lado, tem uma lembrança muito nítida de uma situação específica em que, na adolescência, num "arranca-rabo" de maiores proporções entre ele e o irmão, por motivos que ele não lembra mais, ouviu seu pai lhe dizer: "Você é tão chato que nenhuma mulher vai te aguentar no futuro!". Essa frase do pai retorna às vezes à sua cabeça, e João comenta como ela foi importante para mantê-lo imobilizado diante das condições desfavoráveis de sua situação conjugal. Especialmente depois que ficou desempregado, o medo de ser rejeitado por Teresa o perseguia.

Ela acrescentou que, de fato, quando ele fora despedido, ficou muito abalada, como se tudo o que acontecera com sua mãe fosse repetir-se com ela, isto é, ter que ser arrimo da família. Mas ela compreendia que "isso não tinha nada a ver, João não era, em nada, semelhante a seu pai".

Uma nova cumplicidade foi se estabelecendo nesse casal, abrindo espaço para uma aceitação maior das diferenças; ajudavam-se um ao outro a decifrar os meandros de suas famílias de origem e como lidar com eles. Especialmente as culpas de Teresa em relação à mãe foram objeto de um razoável trabalho elaborativo nas sessões.

Estas se tornaram cada vez mais lúdicas e divertidas, o que abriu espaço para surgir, agora de modo mais direto, e também mais leve, a questão do lugar que a expressão da sexualidade ocupava na vida de Teresa. Tratava-se de fazer face à inevitabilidade das diferenças de desejos, de necessidades, enfim, das diferenças sexuais. Do lado de Teresa, tratava-se, também, de construir uma nova forma de expressão da sexualidade, agora mais livre do impedimento originado por sua aliança culpada com a mãe sensualmente bloqueada. E, do lado de João, de poder sair de sua posição melancolizada diante de sua própria masculinidade e posicionar-se com maior firmeza na defesa de seus desejos e necessidades sexuais diante da mulher.

Certo dia ele fala, na sessão: "Concluí uma coisa! Tudo isso só aconteceu porque eu deixei. Se, desde o início do nosso relacionamento, eu tivesse me colocado com mais firmeza, já teríamos resolvido isso lá atrás! Mas agora eu não vou ceder!".

Para surpresa da analista, em vez das habituais respostas agressivas de Teresa, esta o observa entre surpreendida e respeitosa. Uma mudança de posicionamento de João que vai causar também todo um reposicionamento de Teresa. Parte dela a proposta de pensarem a forma de incluir em sua "agenda" mais momentos de intimidade com João; começaram por combinar que as crianças ficariam mais frequentemente com a avó nos sábados à tarde e dormiriam lá, enquanto o casal ia ao cinema ou jantar fora. Em seguida, ficariam a sós para aumentar a chance de a "transa pintar". De fato, aos poucos, isso foi acontecendo, a frequência da atividade sexual aumentou significativamente, assim como se instalou um clima lúdico de namoro e cumplicidade, que aparecia inclusive nas sessões. É bom enfatizar, no entanto, que João ainda não estava satisfeito; disse que não se conformava que ela não se interessasse em "gozar" todas as vezes, e que, quando isso acontecia, perdia muito a graça. Queria ser desejado como ele a desejava! Como disse Freud, no amor, espera-se sempre por alguma coisa que nunca vem.

Interrompo aqui o relato dessa situação clínica com a questão: Como pode um casal, juntos e criativamente, enfrentar o inelutável das diferenças entre os seres e encontrar respostas próprias, únicas, a partir de suas histórias de origem e de suas ressignificações? Que trabalhos psíquicos estarão aí envolvidos?

Veremos como a teoria psicanalítica pode oferecer subsídios para a compreensão dessas situações conjugais. Como referido na Introdução, o critério de busca de subsídios teóricos que auxiliem na elucidação desses conflitos será a própria "associação livre teórica" da analista no desenrolar-se do atendimento. Que noções e conceitos foram surgindo na mente da analista no passo a passo do processo? Quais ficaram como pano de fundo em seu pré-consciente?

3. Trabalhos psíquicos na conjugalidade: a psicossexualidade

"O que é um pensamento que se expõe indo e vindo entre dois corpos sexuados?"

Badiou

Alguns filósofos contemporâneos, como Lévinas (2003) e Badiou (2013/2009) têm se ocupado com a ideia de que o amor é um trabalho de construção a partir da aceitação da diferença, em oposição às aspirações fusionais próprias dos estados de apaixonamento.

Badiou propõe:

> *Distingo três concepções principais do amor. Primeiro, a concepção romântica, focada no êxtase do encontro. Depois... a concepção que poderíamos chamar de comercial, ou jurídica, segundo a qual o amor seria um contrato entre dois indivíduos livres declarando que se amam, mas atentos à igualdade da relação, ao sistema de benefícios*

recíprocos etc. Existe, além disso, uma concepção cética, que considera o amor uma ilusão. O que tento dizer em minha própria filosofia é que o amor não se reduz a nenhuma delas, ele é uma construção de verdade..., a saber: o que é o mundo quando o experimentamos a partir do dois, e não do um? O que é o mundo, examinado, praticado e vivenciado a partir da diferença, e não da identidade? (p. 20)

Badiou continua, expressando-se de uma forma muito próxima à dos autores psicanalistas apresentados nesta pesquisa ao enfatizar a importância do trabalho psíquico e da construção envolvidos na experiência amorosa. Discordaríamos dele, no entanto, quando fala na possibilidade de que, então, como recompensa do "labor", encontramos a felicidade. Para a psicanálise, o encontro é sempre pontual e faltante, substituto incompleto das fantasias de plenitude originária. Diz ele:

Alguns filósofos afirmam que a eternidade é o instante. É claro que o instante do encontro milagroso promete a eternidade do amor. Mas tento propor uma concepção de eternidade menos milagrosa e mais laboriosa, ou seja, uma construção persistente, ponto por ponto, da eternidade temporal, da experiência do Dois. Admito o milagre do encontro, mas penso que fica no âmbito da poética surrealista se o isolamos, se não o orientamos para o laborioso vir a ser de uma verdade construída ponto por ponto... existe um trabalho do amor e não apenas um milagre. É preciso estar ativo, tomar cuidado, unir-se consigo mesmo e com o outro. É preciso pensar, agir, transformar. E aí sim, como recompensa imanente do labor, vem a felicidade. (p. 51)

E, a seguir, Badiou aproxima-se de Freud (1957/1915) quando este afirma que devemos tomar a "relação do ego com seu objeto como o caso mais apropriado para utilizar a palavra amor" (p. 137), como veremos logo adiante, ambos diferenciando-se das visões mais correntes do amor-paixão. Badiou fala, também, da violência inerente à relação entre o corpo e a razão e entre estes e a alteridade do outro. Vejamos como ele se expressa. Badiou cita Fernando Pessoa:

> *O poeta português diz, em algum lugar: "O amor é um pensamento". Esse é um enunciado muito paradoxal na aparência, pois sempre se disse que o amor é o corpo, o desejo, o afeto, tudo o que não é, justamente, razão e pensamento. Acho que ele tem razão: o amor é um pensamento e a relação entre esse pensamento e o corpo é absolutamente singular, e sempre marcada... por uma violência inelutável. No teatro o amor está, também, na exploração do abismo que separa os sujeitos e na descrição da fragilidade dessa ponte que o amor lança entre duas solidões... O que é um pensamento que se expõe indo e vindo entre dois corpos sexuados? (pp. 54-55)*

Neste capítulo e no próximo, propomos uma reflexão sobre a articulação entre a noção de trabalho psíquico, como Freud a utilizou, e a sua aplicação na compreensão dos fenômenos que ocorrem na clínica psicanalítica de casais.

A noção de trabalho psíquico

A noção de trabalho psíquico já era usada por psicólogos do século XIX, antes de Freud, e a originalidade deste foi estender essa noção de trabalho para o trabalho inconsciente do psiquismo, sem o qual a psicanálise não existiria.

Para Figueiredo (2014),

> A noção de trabalho psíquico antecede ao uso freudiano e já circulava no campo da Psicologia Geral e Experimental no final do século XIX. Estendendo o âmbito do conceito proveniente da economia, referia-se, assim mesmo, à dimensão econômica dos processos psíquicos: neles, tanto há a produção de efeitos (produtos) dotados de algum valor quanto é preciso levar em consideração os dispêndios e gastos exigidos pelo processo produtivo... Coube a Freud, desde o começo de seus esforços na criação e desenvolvimento da psicanálise, propor o conceito de "trabalho psíquico inconsciente". Não apenas a dimensão econômica, uma das vertentes de suas teorias metapsicológicas, era assim assumida, como se instalava a possibilidade de conceber o psiquismo sob a forma de um "aparelho". O chamado "aparelho psíquico" é o que realiza os trabalhos psíquicos inconscientes e conscientes. (p. 152)

Como sabemos, continua Figueiredo, trata-se de um aparelho que inclui conflitos e problemas internos, e que funciona segundo duas lógicas: a lógica dos processos primários e a dos processos secundários, e que se rege pelo princípio do prazer, embora precise aprender a funcionar sob o regime do prazer adiado, ou seja, princípio de realidade. O aparelho psíquico também funciona no "além do princípio do prazer", na compulsão à repetição. Em todos esses planos e regimes, a noção de aparelho psíquico, com suas plasticidades, mas também com seus automatismos, mantém-se associada à de trabalho psíquico inconsciente e consciente.

Para Figueiredo (2013), portanto, as noções de trabalho psíquico e de aparelho psíquico pertencem à mesma família em Freud e, sendo noções que provêm da economia, nelas, a questão do trabalho é central. Nesse sentido, fala-se em energia que é consumida, poupada, havendo uma perda energética e um gasto inútil de trabalho se o consumo é maior. Busca-se, portanto, um equilíbrio entre o consumo e o dispêndio. Na psicanálise, a noção de trabalho psíquico implica a passagem do campo das forças (pulsionais) para o campo dos sentidos e da simbolização. E leva, também, a pensar em sua dimensão funcional-adaptativa: o trabalho psíquico está a serviço da adaptação, no sentido de produzir condições de vida mais favoráveis.

Figueiredo (2013) cita as várias formas de trabalhos psíquicos propostas por Freud: a pulsão como exigência de trabalho psíquico em "A pulsão e suas vicissitudes", os trabalhos psíquicos do sonho em "A interpretação dos sonhos", dos chistes em "O chiste e suas relações com o inconsciente", do luto em "Luto e melancolia". Ampliando a noção, ele cita, também, os trabalhos de criação, envolvendo sublimações, reparações, idealização e criatividade, o trauma como exigência de trabalho e como obstáculo, os impedimentos aos trabalhos psíquicos, com suas defesas e compulsão à repetição, a aversão ao trabalho psíquico, a inibição do trabalho psíquico, o prazer com o trabalho psíquico, a capacidade de trabalhar. De modo geral, trabalho psíquico engloba todas as elaborações e perlaborações implicadas nos processos de transformação.

Para Fognini (2009), a noção de trabalho psíquico foi usada com certa amplitude na clínica e na teoria psicanalítica; ela se mostra articulada com toda a complexidade do destino das transformações que o aparelho psíquico vai poder, ou não, colocar em funcionamento por meio de um processo de ligação, de não ligação ou de desligamento.

Figueiredo (2014), concordando com Fognini, acrescenta que o processo de ligação é tarefa fundamental de Eros, o que implica a existência de uma *erótica da ligação*. Segundo ele, ligações são operações intrapsíquicas e intersubjetivas as quais, sendo tarefa de Eros, envolvem as pulsões, especialmente a sexualidade no sentido amplo e psicanalítico, isto é, o que procura e produz prazer por diferentes vias e em diferentes modalidades. Trata-se, aqui, não do prazer da descarga, mas do prazer da ligação.

Articulando a noção de trabalho psíquico à clínica de casais, ressaltaremos, a seguir, algumas de suas dimensões: o trabalho psíquico referente à conflituosidade própria ao humano e que deverá ser compreendido também em suas relações intersubjetivas na conjugalidade; os trabalhos psíquicos requeridos pelo esforço de acomodação do impulso sexual em cada sujeito e sua influência na construção da vida a dois; os trabalhos psíquicos referentes aos processos de desenvolvimento da libido, primórdios da vida amorosa.

Vejamos, primeiramente, como Freud nos apresenta a conflituosidade inerente ao humano e seu inter-relacionamento com a conflituosidade do outro na conjugalidade. Veremos, também, como ele nos aponta que, no que se refere ao amor, o ego é protagonista.

A conflituosidade constitutiva do sujeito: id, ego e superego – ou "a vida não é fácil"

Assim Freud (1932) se expressou ao se referir às tarefas do "pobre ego", perenemente dividido entre as requisições a que está sujeito oriundas, simultânea e contraditoriamente, do mundo externo, do *id* e do superego. No que se refere à conjugalidade, trata-se de dois sujeitos assim constituídos que se propõem a harmonizar seus desejos construindo "uma ponte entre duas solidões", no dizer de Badiou (2013/2009).

Freud, ao longo de sua obra, constrói um modelo de aparelho psíquico permanentemente envolvido na tarefa (intrapsíquica) de acomodar tendências opostas, conflitantes, antagônicas e que se originam na própria constituição do humano. Faremos aqui uma breve incursão na forma proposta por ele para, mais adiante, podermos a ele retornar, quando se fizer necessário enfatizar o nível de complexidade com o qual estamos lidando ao falar em trabalhos psíquicos na conjugalidade. Sempre lembrando que o outro sujeito, em sua alteridade, implica um acréscimo significativo do esforço de acomodação dessas tendências opostas dentro da mente.

Freud (1932) apresenta sua teoria estrutural do psiquismo afirmando: "o superego, o ego e o *id* são as três regiões nas quais dividimos o aparato mental do indivíduo" (p. 72).

Sobre o superego

Comecemos por uma vinheta clínica (trata-se de um jovem casal):

Ele: "Temos brigado por coisas bobas! Imagine que ela agora deu de implicar com as fotos de mulher pelada que meus amigos dos tempos da escola ficam mandando uns para os outros! Diz que é pornografia! E quer que eu diga para eles não mandarem mais! Não vou fazer isso, é ridículo! E fico muito irritado com o fato de ela ficar vasculhando meu computador!".

Ela, que vem de um background *bastante religioso: "Me dá nojo! Perco a vontade de transar! Como vou ter filhos com um homem que curte pornografia? Ele vai querer educar nossos filhos achando que isso é normal?".*

Podemos dizer que temos aqui dois *backgrounds* educacionais diferentes e duas "ideologias" do superego em conflito e que, naturalmente, não conflitam somente na área diretamente sexual. Vejamos como Freud (1932) apresenta seu conceito de superego.

Partindo da noção leiga de consciência, ele aponta que "dificilmente existe algo mais em nós, que tão regularmente separamos de nosso ego e que tão facilmente se coloca contra ele, como nossa consciência" (p. 59). Ele deu o nome de superego a essa instância psíquica e acrescentou que esta goza de certo grau de autonomia, segue suas próprias intenções e é independente do ego quanto às suas fontes de energia. Aponta, também, para a severidade e, muitas vezes, quando se trata de patologia, para uma crueldade do superego.

Falando sobre as origens do superego, mostra como essa instância psíquica não está dentro de nós desde o início, em contraste com o impulso sexual que, de fato, está presente desde o início da vida. Como sabemos, diz ele:

crianças pequenas são amorais e não possuem inibições internas contra seus impulsos que lutam pelo prazer. A parte que mais tarde é assumida pelo superego, no início é desempenhada por um poder externo, a autoridade parental. A influência parental governa a criança oferecendo provas de amor e ameaçando punição, que são, para a criança, sinais de perda de amor e, por isso, temidas. Essa ansiedade, em si realista, é a precursora da ansiedade moral que lhe segue. Nessa fase, não estamos falando ainda em superego. É só mais tarde que se desenvolve uma situação secundária na qual o impedimento externo é internalizado e o superego assume o lugar da agência parental e passa a observar, dirigir e ameaçar o ego exatamente do mesmo modo como antes os pais fizeram com a criança. (p. 62)

Freud acrescenta que se trata de um processo de identificação, pelo qual há uma assimilação de um ego por outro, resultando que o primeiro se comporta como o segundo em alguns aspectos, o imita e, em certo sentido, o toma para si. A instalação do superego pode ser descrita, portanto, como um exemplo bem-sucedido de identificação com a agência parental. Essa criação de uma agência superior dentro do ego está intimamente ligada ao destino do complexo de Édipo, de modo que o superego aparece como seu herdeiro. Ao superar o complexo de Édipo, a criança deverá renunciar à intensidade do investimento amoroso que foi depositado em seus pais e, como compensação por essa perda de objetos, surgirá uma forte identificação com eles e que, provavelmente, já estava há longo tempo presente no ego. A experiência mostra, também, que o superego é enfraquecido em sua força e seu desenvolvimento se a transposição do Édipo só acontece parcialmente.

74 A PSICOSSEXUALIDADE

No curso do desenvolvimento, o superego sofrerá as influências daqueles que assumem o lugar dos pais, como educadores, professores, pessoas escolhidas como modelos ideais. É importante notar que o superego é formado pelas imagos parentais da infância, e as influências posteriores afetam somente o ego. O superego é também o veículo do ego ideal, pelo qual o ego mede-se a si mesmo, procura imitar e cuja demanda por uma perfeição cada vez maior ele luta para preencher. Não há dúvida de que esse ego ideal é um precipitado da antiga imagem dos pais, a expressão da admiração pela perfeição que a criança então lhes atribuía.

Convém aqui assinalar que o superego parece assumir somente a severidade dos pais, deixando de lado o seu amor. Se os pais tiverem sido realmente muito severos, pode-se facilmente compreender como a criança desenvolve um superego também severo. A experiência mostra, porém, que o superego pode adquirir características de grande severidade mesmo que a educação da criança tenha sido suave e carinhosa, tendo-se evitado, tanto quanto possível, ameaças e punições.

Referindo-se ao sentimento de inferioridade, Freud aponta que, na maioria das vezes, este deriva da relação do ego com seu superego e, como o sentimento de culpa, é uma expressão da tensão entre os dois, sendo difícil discriminar um do outro.

É importante notar que os pais e as figuras de autoridade análogas a eles seguem os preceitos de seus próprios superegos ao educar as crianças. Assim, o superego, mais do que calcado sobre os ensinamentos e interdições dos pais, herdeiro, portanto, do complexo de Édipo, seria, na realidade, herdeiro do superego dos pais que, por sua vez, também o herdaram de seus próprios pais, passando dessa forma para a geração seguinte todo um conjunto de normas e diretrizes ancestrais.

Freud o elabora da seguinte forma:

> *O superego da criança é, de fato, construído sob o modelo não de seus pais, mas do superego de seus pais; o conteúdo que o preenche é o mesmo e ele torna-se o veículo da tradição e de todos os julgamentos de valor resistentes à passagem do tempo que se propagaram dessa maneira de geração para geração... O passado, a tradição da raça e do povo vivem nas ideologias do superego e cedem lugar muito lentamente para as influências do presente e as novas mudanças; e, enquanto operarem por meio do superego, assumem uma parte poderosa na vida humana. (p. 67)*

Podemos aqui mencionar a observação corriqueira dos analistas de casal de que nesta clínica estamos, de fato, diante de seis, e não de dois indivíduos, pois os pais do casal em atendimento, com suas "ideologias", como disse Freud, estarão inexoravelmente "presentes" (e em atrito entre si) no encontro terapêutico.

Em conexão com o conceito de superego, Freud apresenta o de repressão, ou seja, um conteúdo psíquico incompatível com o ego ou com o superego é reprimido, tornando-se inconsciente e deixando apenas rastros na consciência. Ele acrescenta, no entanto, que

> *Devemos atribuir ao reprimido um forte impulso para cima, uma impulsão para chegar à consciência. A resistência pode ser somente a manifestação do ego, que, originalmente, colocou a repressão para funcionar e agora deseja mantê-la... Pode-se dizer que a repressão é o tra-*

balho do superego e é executada por ele mesmo ou pelo ego em obediência às suas ordens... Em muitas situações importantes o superego e o ego podem operar inconscientemente, ou, ainda mais importante, porções de ambos, do próprio ego e do superego, são inconscientes. (p. 69)

Se pensarmos o quanto a construção do superego se dá em função da repressão da sexualidade (e também da agressividade), fica claro como essa instância psíquica, em cada um dos parceiros, torna-se parte da construção das trocas amorosas (diretamente sexuais ou não) entre eles. Falando de outra forma, se levarmos em consideração a repressão que se instala sobre a sexualidade primitiva, constitutiva do sujeito, podemos compreender como o superego estará presente na construção da sexualidade adulta, e também como os elementos da proibição e da transgressão são aspectos inerentes ao desejo.

Como é fácil constatar, questões diretamente referentes aos aspectos superegoicos, tanto em Teresa como em João, além da inter-relação entre os efeitos "desses dois superegos", estão inerentemente intrincados na problemática sexual desse casal.

Sobre o *id*

Sobre o *id*, Freud (1932) diz que é a parte escura e inacessível de nossa personalidade. Esclarece que se trata de uma instância aberta para as influências somáticas e que toma para si as necessidades pulsionais que, então, encontram nele sua expressão psíquica. Sendo preenchido pela energia que provém das pulsões, não apresenta, no entanto, uma organização, somente uma luta para alcançar a satisfação das necessidades pulsionais, sujeitas que estão aos ditames do princípio do prazer. As leis lógicas do pensamento não se aplicam ao *id*, e isso é verdadeiro, acima de tudo, em relação à lei da contradição. Impulsos contrários existem lado a lado, sem que um cancele o outro, ou o diminua: no máximo eles podem convergir formando compromissos, sob a pressão econômica dominante na direção da descarga de energia. Além disso, não há nada no *id* que possa ser comparado com a negação, assim como também não há nada que corresponda à ideia do tempo. Como não há o reconhecimento da passagem do tempo, nenhuma alteração em seus processos mentais é produzida por ela. Dessa forma, impulsos carregados de desejo que nunca passaram além do *id* ou impressões que foram imersas no *id* pela repressão são virtualmente imortais; após a passagem de décadas, eles se comportam como se tivessem acabado de ocorrer.

Freud conclui:

> Naturalmente o id *não conhece nenhum julgamento de valor: nenhum bem e mal, nenhuma moralidade... O fator quantitativo, que é intimamente ligado ao princípio do prazer, domina todos os seus processos. Investimentos instintivos procurando descarga, isso, em nosso ponto de vista, é tudo o que há no* id. *(pp. 74-75)*

É nesse contexto que Freud (1957/1915) afirmará que o amor se refere ao ego, e não ao *id*. Diz ele que devemos tomar a "relação do ego com seu objeto como o caso mais apropriado para utilizar a palavra amor" (p. 137). Voltaremos a essa questão logo a seguir.

Sobre o ego

Freud (1932) aponta que o ego pode ser diferenciado do *id* e do superego examinando-se suas relações com a porção mais superficial do aparato mental, descrita como o sistema Pcpt.-Cs. (*perceptual-conscious*). Esse sistema é voltado para o mundo externo, e é por meio dele que surgem as percepções e o fenômeno da consciência. É o órgão dos sentidos de todo o aparato; além disso, ele é receptivo não somente às excitações de fora, mas igualmente às que surgem do interior da mente. O ego é a porção do *id* que foi modificada pela proximidade e influência do mundo externo, e que é adaptada tanto para a recepção de estímulos como para formar uma capa protetora contra eles. O ego assume a tarefa de apresentar o mundo externo para o *id*; este não poderia escapar à destruição se, em seus esforços cegos para a satisfação de seus impulsos, não levasse em consideração esse poder externo supremo. No cumprimento dessa função, o ego deve observar o mundo externo, estabelecer um quadro acurado dele nos traços de memória de suas percepções, e, por meio do exercício da função de "teste de realidade", colocar de lado tudo o que nesse quadro do mundo externo deriva de fontes internas de excitação. O ego também controla a motilidade que está sob as ordens do *id*; entre uma necessidade e uma ação, ele interpõe um adiamento na forma de atividades de pensamento, durante as quais faz uso dos resíduos mnêmicos da experiência. Dessa forma, diz ele, "o ego destrona o princípio do prazer que domina o curso dos eventos no *id* sem nenhuma restrição e o substituiu pelo princípio de realidade, que promete mais certezas e maiores sucessos" (p. 76).

Para Freud, o que distingue mais especialmente o ego do *id* é a tendência do ego no sentido de uma síntese de seus conteúdos, de uma combinação e unificação em seus processos mentais. Esse fato sozinho produz o alto grau de organização necessário para o seu funcionamento. O ego se desenvolve ao perceber os impulsos e controlá-los, o que somente é alcançado pelo fato de a representação psíquica do impulso ser colocada em seu devido lugar numa considerável montagem, ou seja, de ela ocupar um lugar num contexto coerente. Freud enfatiza que o ego é, no entanto, apenas uma porção do *id* que foi modificada pela proximidade com o mundo externo e sua ameaça de perigo. Do ponto de vista dinâmico, ele é fraco, emprestando suas energias do *id*. Dessa forma, por exemplo, as relações de objeto brotam das demandas instintivas do *id*. Além disso, há uma porção do *id* constituída pelo material reprimido pelo ego.

Vejamos como Freud apresenta "o pobre ego" que, segundo ele, serve não a dois, mas a três senhores ao mesmo tempo:

> *O [pobre] ego deve servir a três senhores severos e faz o que pode para colocar seus apelos e demandas em harmonia uns com os outros. Esses apelos são sempre divergentes e muitas vezes incompatíveis. Não é de surpreender que o ego frequentemente falhe em sua tarefa. Os três senhores tirânicos são o mundo externo, o superego e o id... O ego esforça-se para satisfazê-los simultaneamente, ou melhor, para obedecer-lhes simultaneamente... ele fica cercado por três lados, ameaçado por três espécies de perigo e, se muito pressionado, ele reage gerando ansiedade. Devido ao fato de ser originado nas experiências do sistema perceptual, ele é marcado para representar as demandas do mundo externo, mas luta, também, para ser um servo leal do id, para permanecer em boas relações com este, colocando-se como seu objeto e atraindo sua libido para si. Em suas tentativas de mediar entre o id e a realidade, ele é frequen-*

80 A PSICOSSEXUALIDADE

temente obrigado a disfarçar as ordens inconscientes do id *com suas próprias racionalizações perceptuais, a encobrir os conflitos do* id *com a realidade, a assumir, com grande diplomacia, que está percebendo a realidade mesmo quando o* id *permanece rígido e não cede. Por outro lado, ele é observado, a cada passo, pelo estrito superego, que estabelece* standards *definidos para sua conduta, sem levar em consideração suas dificuldades com as diretivas do* id *e do mundo externo e que, se esses* standards *não são obedecidos, o pune com fortes sentimentos de inferioridade e culpa. Então, o ego, dirigido pelo* id, *confinado pelo superego, rejeitado pela realidade, luta para desempenhar a contento sua tarefa econômica de conseguir harmonia entre as forças e influências que trabalham dentro e sobre ele. Podemos compreender como, tão frequentemente, não podemos suprimir o grito: "A vida não é fácil!" Se o ego é levado a admitir suas fragilidades, ele rompe em ansiedade, ansiedade realista em relação ao mundo externo, ansiedade moral, em relação ao superego, e ansiedade neurótica em relação à força das paixões do* id. *(pp. 77-78)*

Mais adiante tentaremos refletir sobre como "dois pobres egos" procuram entrar em sintonia para viverem a experiência do Dois, mencionada por Badiou e previamente citada. Como é fácil prever, uma conjugalidade viável dependerá do nível de organização que o ego de cada cônjuge chegou a atingir.

O próprio Freud (1932) nos ensina que "a intenção [da psicanálise] é, de fato, fortalecer o ego, fazê-lo mais independente do superego, alargar o seu campo de percepção e sua organização de modo que ele possa apropriar-se de novas porções do *id*". E arremata com a famosa frase: "Onde era o *id*, lá o ego deve advir. Isto é um trabalho da cultura" (p. 80).

No amor, o ego é protagonista

A partir de uma perspectiva psicanalítica, portanto, a afirmação de que a conjugalidade implica "um árduo trabalho psíquico" não seria objeto de disputa. Já no texto de 1915, Freud (1957/1915) nos indica as dimensões desse trabalho. Falando da pulsão, ele diz que esta "é a medida da exigência de trabalho imposta ao psíquico em consequência de sua relação com o corpo" (p. 122), e que "a palavra amar caminha mais e mais na direção da esfera da pura relação de prazer do ego com o objeto e finalmente torna-se fixada aos objetos sexuais no sentido mais estreito" (p. 137).

Temos aí a psicossexualidade constitutiva da construção teórica freudiana, o jogo de forças de impulsos contraditórios que nos leva, diretamente, à questão do "árduo trabalho psíquico" envolvido na conjugalidade.

Freud nos alerta, como já mencionamos, que não é a pulsão sexual que ama seu objeto, mas que devemos "tomar a relação do ego com seu objeto como o caso mais apropriado para utilizar a palavra amor" (p. 138). Para Spivacow (2011), quando Freud coloca o amor do lado do *eu*, está sinalizando que o amor toma como referência central o consciente-pré-consciente, não o inconsciente, pois, neste, o amor não vai mais além de um formato onipotente e narcisista. Spivacow propõe que, a partir da segunda tópica, seria mais adequado dizer que o amor seria uma relação não do *eu*, mas do sujeito ou do aparato psíquico. O amor compromete o sujeito em sua totalidade e, portanto, é um fenômeno cujas características ocorrem, em parte, na órbita do inconsciente, mas fundamentalmente no terreno da consciência e regido pelo princípio de realidade.

Em "Psicologia do grupo e análise do ego", Freud (1955g/1921) sugere que o amor surge, também, de um "cálculo de conveniência", no qual a necessidade de contar com o desejo satisfeito no momento em que ele volte a surgir pode ter sido o motivo mais imediato para realizar sobre o objeto sexual um investimento permanente e a "amá-lo" também nos intervalos livres de desejo. Ele assim se expressa:

> *Em um tipo de caso, estar apaixonado não é nada mais do que investimento objetal por parte dos instintos sexuais com o objetivo de obter a satisfação sexual direta, um investimento que expira, entretanto, quando esse objetivo foi alcançado; isso é o que comumente se chama amor sensual. Mas, como sabemos, a situação libidinal raramente permanece tão simples. Pode-se calcular com certeza que a necessidade que acabou de expirar renascerá; e isso deve, sem dúvida, ter sido o primeiro motivo para dirigir um investimento permanente sobre o objeto sexual e "amá-lo" também nos intervalos sem paixão. (p. 111)*

Freud (1955e/1930) enfatiza, no entanto, que o embasamento primeiro e primitivo do amor, o núcleo básico do sentimento amoroso, procede do sexual e origina-se no investimento proveniente das pulsões sexuais visando à sua satisfação.

Vamos rever como ele o apresenta:

> *a descoberta do homem de que o amor sexual (genital) lhe oferecia as mais fortes experiências de satisfação, e de fato*

lhe provia do protótipo de toda a felicidade, pode ter-lhe sugerido de que ele deveria continuar a procurar a satisfação da felicidade em sua vida ao longo do caminho das relações sexuais e que ele deveria tornar o erotismo genital o ponto central de sua vida. (p. 101)

Spivacow (2011), concluindo seu pensamento, aponta que o amor seria então resultado de um funcionamento complexo do sujeito que envolve protagonicamente o *eu*, a consciência e o princípio da realidade e em cujo núcleo básico palpitam a sexualidade e o inconsciente.

Como veremos mais adiante, o desejo se constitui como um investimento basicamente inconsciente em cujo cerne pulsam as experiências de satisfação fundantes do psiquismo. Ele pode fazer-se consciente ou não, mas no fundamental é inconsciente, enquanto o amor requer a participação das instâncias conscientes da personalidade. Como disse Freud (1932), e citado anteriormente, "o princípio de realidade promete mais certezas e maiores sucessos" (p. 76).

Estamos aqui considerando como o nível de organização a que as instâncias psíquicas chegaram, num determinado sujeito, interferirão diretamente no tipo de conjugalidade que ele terá condições de construir. Cabe, no entanto, observar que nunca se poderão deixar de lado as considerações sobre os aspectos biológicos, genéticos e os decorrentes das diferenças anatômicas entre os sexos e suas representações psíquicas. Elas constituem um real, cuja inscrição no psíquico estruturam na singularidade de cada caso. Da mesma forma, no que se refere à cultura, esta ocupa um lugar central na vida de um casal e, em termos clínicos, devemos considerar que o que ela propõe a um sujeito é internalizado de formas variadas e pode, ou não, transformar-se em elemento constituinte de sua subjetividade. Para Spivacow (2001), a tarefa analítica é analisar os mandatos da cultura de uma maneira comparável àquela com que se analisam os mandatos do superego; posteriormente o sujeito verá se os faz próprios ou se os descarta.

Certas proposições de nossa contemporaneidade nos habituaram de tal forma à noção do amor-pulsão que pode soar estranha a formulação de que, no amor, o *eu* é o protagonista. Daí a importância da construção mencionada por Badiou (2013/2009) quando diz que o amor é uma construção de verdade.

Harmonizar suficientemente, entre dois indivíduos, o inconsciente e a sexualidade, bem como a consciência e o princípio de realidade, atuantes no jogo de forças dos impulsos contraditórios proposto por Freud: eis a dimensão da tarefa psíquica a que a conjugalidade se propõe.

Dando continuidade à ideia central organizadora desta reflexão, ou seja, a busca de subsídios teóricos que auxiliem na elucidação do caso relatado, utilizando-se, para isso, da própria "associação livre teórica" da analista no desenrolar do atendimento, abordaremos agora outras dimensões de trabalhos psíquicos que são inerentes à constituição psicossexual do humano.

Trabalhos psíquicos requeridos para a acomodação do impulso sexual em cada sujeito e sua influência na construção da vida a dois – ou alguns percalços na organização da sexualidade

Ao longo de toda a sua obra, Freud foi nos indicando as dificuldades para a realização plena da vida amorosa. Se considerarmos como ela se constrói desde seus primórdios, constataremos que ela enfrenta vários percalços que explicam a intensidade dos trabalhos psíquicos necessários para sua viabilização. Poderíamos situar entre os percalços pulsionais mais primordiais a inibição quanto à meta, a ausência de espelhamento materno para as primeiras experiências de excitação sexual do bebê, a impossibilidade de descarga masturbatória da criança e a decorrente sensação de insatisfação e incompletude, o corte entre a herança animal e sua humanização, a ambivalência amor-ódio e o polimorfismo sexual.

A inibição quanto à meta

Freud (1957/1915) propõe que a sexualidade desenvolve-se apoiando-se nas funções de sobrevivência, como a alimentação, na qual, além da saciação da fome, o bebê experimenta uma sensação prazerosa que passa a buscar, a partir daí, independentemente da necessidade do alimento, mas pelo prazer a ela associado.

Como citado anteriormente, Freud, em 1905, já nos indicava a ligação direta entre os cuidados primitivos com o bebê e o erotismo adulto, marcando assim a tecelagem do substrato biológico com as representações sobre a sexualidade.

Vamos rever como Freud (1955e/1930) nos apresenta a característica de inibição quanto à meta dos primeiros amores. Trata-se de uma noção que deve ser bem enfatizada, pois seu desconhecimento, ou má compreensão, propicia uma reação de evitação emocional diante da ideia da sexualidade infantil e dos impulsos incestuais constitutivos do sujeito. Esse tema está bem desenvolvido no livro *Incestualidade* (2011), de minha autoria. Assim se expressou Freud:

O amor que funda a família continua a operar na civilização tanto na sua forma original, na qual não há renúncia à satisfação sexual direta, e em sua forma modificada, como afeição inibida quanto à meta. Em cada uma, ele continua tendo como função manter unidos considerável número de pessoas, e o faz de um modo mais intenso do que poderia ser efetuado por meio do interesse do trabalho em comum. O modo descuidado com que a linguagem usa a palavra "amor" tem sua justificação genética. As pessoas dão o nome de "amor" para o relacionamento entre um homem e uma mulher cujas necessidades genitais os levaram a fundar uma família; mas elas também dão o nome de "amor" aos sentimentos positivos entre pais e filhos, e entre irmãos e irmãs de uma família, embora sejamos obrigados a descrever isso como amor inibido quanto à meta, ou afeição. O amor inibido quanto à meta era, de fato, originalmente, amor plenamente sensual, e ainda é assim no inconsciente do homem. (pp. 102-103)

Como pudemos constatar nas vinhetas clínicas e no caso relatado, para certas mulheres, pode haver uma dificuldade no livre trânsito entre essas duas facetas do amor, o maternal e o conjugal, entre o que deve ser parcialmente reprimido na relação com os filhos e o que deve se expressar livremente na conjugalidade. Frequentemente observamos, nesses casos, como se houvesse uma "contaminação" do amor inibido quanto à meta no âmbito da relação com o parceiro, na qual se preservam a amizade, a ternura e o companheirismo, excluindo-se, porém, a livre expressão do erotismo adulto, como que não havendo espaço emocional para a alternância entre os dois.

Além disso, devemos também levar em consideração que o amor incondicional de uma criança por sua mãe faz com que a troca afetiva entre elas seja muito mais livre de frustrações do que a que ela encontrará na relação com seu parceiro em sua inelutável alteridade. Esta gera frustrações e ressentimentos que podem bloquear o livre fluxo dos movimentos erotizantes entre o casal. A conjugalidade exige, portanto, uma capacidade específica de renúncia a certas expectativas amorosas primitivas, inclusive as de incondicionalidade, o que nem sempre se faz possível, tanto para o homem como para a mulher.

A falta de espelhamento materno da excitação sexual do bebê

Outro percalço na organização da sexualidade foi apontado por Fonagy (2008) a respeito da possível não integração ao *self* das primeiras experiências de excitação sexual do bebê devido à ausência do espelhamento materno em relação a elas. Num levantamento coordenado por ele constatou-se, por exemplo, que mais de 90% das mães relatam responder ao sorriso do bebê com seu próprio sorriso, enquanto a grande maioria das mães responde aos sinais de excitação sexual de seus bebês (ereção no menino e toque genital nas meninas) ignorando ou desviando o olhar. Ele comenta: "o papel fundamental do espelhamento parental é ligar aspectos não integrados de um estado de *self* constitucional em representações coerentes de estados afetivos específicos" (pp. 20-21). O que aconteceria, pergunta-se ele, com sentimentos que não são contidos dessa forma? E continua: "assumimos que a excitação sexual... não é espelhada [de volta para o bebê] e nunca alcança uma representação de segunda ordem" (p. 22).

O autor continua: "a resposta de espelhamento da mãe é incongruente com a experiência atual do bebê"; em consequência, "a excitação sexual nunca é verdadeiramente experienciada como própria". Trata-se de uma "parte alienada do *self* internalizada pelas partes alienantes do objeto-mãe espelhante" (p. 25).

Segundo Fonagy, portanto, a experiência de excitação sexual só poderá ser integrada ao *self* quando for espelhada de volta pela correspondente excitação sexual do parceiro, isto é, na relação amorosa. A busca de integração desses aspectos fragmentados do *self* por meio do espelhamento estaria na base do desejo sexual.

A proposição de Fonagy sobre a necessidade de a excitação sexual ser espelhada de volta pela correspondente excitação do parceiro nos remete à queixa masculina, mencionada em alguns casos aqui relatados, de que a visão pela mulher da excitação sexual de seu companheiro (materializada na ereção) a deixa irritada, pois a toma, compreensivelmente, como uma cobrança de ter relação, num momento em que ela não "está a fim". Podemos pensar que essa reação da mulher remeterá seu companheiro à falta de espelhamento materno mencionada por Fonagy, suscitando não só frustração, mas uma verdadeira desorientação, especialmente quando acompanhada, em outros contextos, da queixa feminina de que "ele não me ama de verdade", como se o desejo "físico" dele por ela não fosse uma prova desse amor (vimos aspectos dessa dinâmica funcionando na Vinheta 7 deste trabalho).

Como acabamos de ver, Fonagy aponta que a maioria das mães responde aos sinais de excitação sexual de seus bebês ignorando ou desviando o olhar, isto é, encaminhando a criança, já desde o início, na direção do amor inibido quanto à meta na relação entre elas e construindo, dessa forma, os alicerces para sua futura escolha do objeto amoroso exogâmico. A compreensível ausência de espelhamento materno das primeiras experiências de excitação sexual da criança faz parte, portanto, das interdições fundamentais que sustentam a família e que vão constituindo o psiquismo da criança.

Devemos considerar, no entanto, que se, por um lado, a mãe não deverá corresponder à excitação sexual da criança com sua própria excitação sexual invasora, por outro, como o caso relatado nesta pesquisa evidencia, se a mãe também não direciona seu próprio desejo sexual para o pai da criança, ficando totalmente envolvida na experiência do amor materno, torna-se mais difícil para a criança "visualizar" os caminhos exogâmicos futuros. Estes terão como disparadores, entre outros fatores, as marcas deixadas na criança pelo espelhamento recíproco do desejo sexual do casal parental um pelo outro. Ao sentir-se excluída dessa relação, além dos sentimentos de competição, raiva, ciúme e inveja, serão lançadas, também, as direções do desejo futuro: "Quando eu crescer...". Sem essa exclusão primordial, que caracteriza a vivência edípica, pode ficar dificultado o encaminhamento da criança no sentido da erotização adulta.

A impossibilidade da descarga pulsional masturbatória da criança

Podemos relacionar a ausência do espelhamento por parte da mãe nas primeiras experiências de excitação sexual do bebê com a dificuldade em representar uma experiência não finalizada por sua impossibilidade de descarga, como o aponta Freud. Em 1964f/1938, Freud levanta uma questão pouco comentada na literatura psicanalítica a respeito da sexualidade: o fato de a ausência da experiência do orgasmo na masturbação na infância poder estar relacionada às

90 A PSICOSSEXUALIDADE

inibições posteriores, e que esse fato é independente de eventuais reações punitivas dos adultos à masturbação da criança.

Assim ele se expressa:

> *O campo principal de todas as inibições intelectuais e de todas as inibições no trabalho parece ser a inibição da masturbação na infância. Mas talvez isso seja ainda mais profundo; talvez não seja sua inibição por influências externas, mas a sua própria natureza insatisfatória. Há sempre algo faltando para a completa descarga e satisfação – "en attendant toujours quelque chose qui ne venait point"–, e essa parte faltante, a reação do orgasmo, manifesta-se em equivalentes em outras esferas, em ausências, ataques de risos, soluços, e talvez outras formas. Mais uma vez, a sexualidade infantil fixou aí um modelo. (p. 300)*

Se juntarmos num mesmo raciocínio as manobras que levam uma criança a redirecionar seus impulsos sexuais no sentido da expressão puramente afetiva, esvaziando-os de sua meta sexual, mais a ausência do espelhamento materno diante da excitação sexual evidente do bebê causada pelos próprios cuidados que ela lhe proporciona, e mais a frustração da descarga masturbatória incompleta devido à imaturidade biológica, podemos facilmente perceber como esses percalços primordiais contribuem para a dificuldade de uma representação minimamente coerente das experiências sexuais na infância. Representações especialmente afetadas no caso da menina devido às características anatomofisiológicas de sua constituição, como veremos a seguir (e retomaremos mais adiante com Jacques André), e que podem conservar-se ao longo da vida.

A herança animal e sua humanização

As diferenças anatomofisiológicas entre os sexos acarretam, para as meninas, uma complicação a mais na construção das representações sobre seu corpo e sua sexualidade, bem como na compreensão do funcionamento do corpo de seu companheiro. De fato, a exposição externa e evidente da excitação sexual masculina, aliada ao desejo masculino comumente encontrado de uma frequência maior de expressão sexual, compõem parte da problemática que estamos analisando nesta pesquisa. Não é incomum a fala da mulher no sentido de perceber a demanda de maior frequência de atividade sexual por parte do companheiro como resultado dos impulsos "animais" deste a serem descarregados nela, que é, afinal, "uma mulher profissionalizada e autônoma, que não tem por que se submeter à frequência do desejo dele, como as mulheres de antigamente". "Por que não podemos transar quando os dois têm desejo juntos?" Nas vinhetas e no caso relatado, o que constatamos é que a frequência do desejo feminino pode ser bem esparsa em relação à de seu companheiro.

Freud enfatiza, ao longo de toda a sua obra, o corte entre as raízes biológicas da sexualidade e sua humanização. Nesse sentido, falando sobre a vida amorosa, Freud (1955k/1912) dizia não acreditar na possibilidade da satisfação nessa área, devido a esse corte ineludível entre o corpo e a mente. Ele assim constrói seu pensamento, oferecendo argumentos desde as origens infantis e bifásicas do amor até chegar aos aspectos mais puramente biológicos, apontando para a proximidade da atividade sexual e suas raízes biológicas:

> *É minha crença, por mais estranho que possa parecer, que devemos contar com a possibilidade de que algo na própria natureza do impulso sexual seja desfavorável à*

92   A PSICOSSEXUALIDADE

> *realização da satisfação completa. Se levarmos em consideração a longa e difícil história do desenvolvimento da pulsão, dois fatores imediatamente vêm à mente e podem ser os responsáveis por essa dificuldade. Primeiro, como resultado do início difásico da escolha de objeto e a interposição da barreira contra o incesto, o objeto final do impulso sexual não é nunca mais o objeto inicial mas, somente, um substituto dele. A psicanálise nos mostrou que, quando o objeto original de um impulso desejante foi perdido em decorrência da repressão, ele é frequentemente representado por uma série sem fim de objetos substitutos, nenhum dos quais, entretanto, traz a satisfação plena. Isso pode explicar a inconstância da escolha de objeto, a necessidade de estimulação que é tão frequentemente uma característica do amor dos adultos. Em segundo lugar, sabemos que o impulso sexual é, originalmente, dividido num grande número de componentes, ou melhor, ele se desenvolve a partir deles, alguns dos quais não podem ser transpostos para o impulso em suas formas finais, mas possuem um estágio anterior que deve ser suprimido ou destinado a outros usos. (p. 189)*

Ele cita como exemplo os componentes coprofílicos do impulso sexual que se tornaram incompatíveis com nossos *standards* estéticos culturais. O mesmo se aplica a uma larga faixa de impulsos sádicos que são parte da vida erótica. Segundo Freud, todos esses processos de adaptação cultural afetam somente as camadas superiores de uma estrutura muito complexa. Diz ele:

*Os processos fundamentais que produzem excitação eró-
tica permanecem inalterados. O excrementício é íntima
e inseparavelmente ligado ao sexual; a posição dos genitais, inter urinas et faeces, permanece o fator decisivo e
imutável... Os próprios genitais não tomaram parte no
desenvolvimento do corpo humano na direção da beleza:
eles permaneceram animais e, portanto, o amor também
permaneceu, em essência, tão animal quanto sempre foi.*
(p. 189)

Nessa direção, veremos mais adiante como Jacques André constrói uma possibilidade de compreensão da sexualidade feminina
precoce a partir da excitação dos movimentos esfincterianos na
mucosa vaginal.

Da mesma forma, vale lembrar como, no caso relatado, Teresa
tendia a interpretar as solicitações de João de uma maior frequência
de atividade sexual como "um descarregar seus impulsos animais
nela", indicando uma dificuldade para "humanizar" os desejos de
expressão sexual de seu companheiro.

Por outro lado, comparemos o trecho anterior de Freud com
algumas observações do neurocientista Panksepp (1998), que diz:

*Atualmente sabemos que não há nenhum outro caminho
para compreender a natureza básica do desejo e paixão
sexual do que através dos intrincamentos da psiconeu-
roendocrinologia e da pesquisa do cérebro... (p. 228) Obviamente, uma multiplicidade de controles (emocionais,
cognitivos, comportamentais e fisiológicos) devem ser sin-*

cronizados para um comportamento sexual competente tanto em homens quanto em mulheres. (p. 239)

E também com as seguintes observações, muito significativas para esta pesquisa:

As sexualidades masculina e feminina estão sujeitas a diferentes controles do cérebro, embora também compartilhem muitas influências... É também conhecido que os impulsos sexuais masculinos e femininos emergem de diferentes sistemas neurológicos... (p. 225) Ter um cérebro masculino ou feminino significa muitas coisas, mas entre os efeitos mais estabelecidos estão a prevalência maior dos circuitos da arginine-vasopressin nos machos e dos circuitos mais extensivos da oxitocina nas fêmeas... A existência desses sistemas no cérebro eventualmente ajudará a explicar algumas das diferenças emocionais e comportamentais das tendências sociossexuais masculinas e femininas... (p. 226) Vasopressin, mais abundante no cérebro masculino, é especialmente importante na mediação de muitos aspectos da persistência sexual masculina (incluindo corte, marcação de território e agressão intermachos). A oxitocina, mais abundante no cérebro feminino, auxilia a mediação de sua responsividade social e sexual... (p. 230) Na área sexual, como em todas as demais, está claro que natureza e ambiente caminham juntos, com a experiência dando oportunidade aos potenciais orgânicos dos sistemas genéticos alcançarem seu potencial completo. A corte humana e os estilos sexuais são, obviamente aprendidos. As paixões que os acompanham não são. (p. 244)

Seguindo Panksepp, a neuropsicanalista Nogueira do Vale (2016) agrega que, em termos culturais, ao entrar no mercado de trabalho, a mulher parece ter caído num engodo fálico, ainda mais no que implica em adotar para si o modelo de trabalho masculino. Essa proposta pretenderia acumular as funções maternas, domésticas e ao mesmo tempo entrar na pressão pela competitividade, pela atualização constante, cursos, pós-estudos etc. Além de ser um impossível do ponto de vista prático, em termos psiconeuroendócrinos equivaleria a dizer que, ao mesmo tempo, precisaria ativar o eixo HPA do estresse constantemente, para entrar no modo luta-ou-fuga, secretando os hormônios do estresse cortisol, noradrenalina e vasopressina. E precisaria igualmente ter uma disponibilidade sexual que implicaria a ativação do sistema de calma-e-bem-estar, produzindo os hormônios oxitocina e endorfina. Ora, isso significaria ativar ao mesmo tempo o sistema nervoso simpático e o sistema nervoso parassimpático, que são, na maior parte das vezes, de funcionamento antagônico.

Evidentemente, como Freud sempre fez questão de afirmar, não se podem negar as bases constitucionais, orgânicas da sexualidade, e a moderna neurociência tem avançado muito nessa área. Panksepp (1998) também explica como, neurologicamente, o circuito neural do apego "pegou carona" no circuito sexual que, evolutivamente, é mais antigo.

Falando da relação entre maternagem e sexualidade, ele diz:

> *Quando a motivação de cuidados emergiu na evolução do cérebro mamífero? Importantes mudanças evolutivas devem ter ocorrido quando animais com uma necessidade de cuidar de suas crias emergiram na face da Terra. Possivelmente isso ocorreu porque os cuidados parentais*

> *ofereciam um aspecto competitivo decisivo para a sobre-vivência de certas espécies. Mas como os cuidados com a cria poderiam ter evoluído a partir de um estado de não cuidados? Não podemos voltar na história evolutiva, mas sabemos que parte do* script *foi escrita com as mesmas químicas antigas que geraram os impulsos sexuais. Nos mamíferos, os circuitos cerebrais de oxitocina se localizam no centro da incipiente intenção materna que se segue ao primeiro nascimento... Essa química é importante para regular tanto a sexualidade masculina quanto feminina. Os circuitos de cuidado no cérebro da mãe e os circuitos que demandam cuidados nos bebês estão intimamente interligados com os que controlam a sexualidade nas áreas límbicas do cérebro. (p. 246)*

E agrega:

> *Essa confluência dá um modesto suporte às noções freu-dianas controversas e amplamente debatidas da sexualidade infantil, e da possível relação entre o amor materno e a sexualidade feminina. (p. 246)*

De fato, como vimos anteriormente, Freud (1905) já nos indicava a ligação direta entre os cuidados maternos e a sexualidade feminina:

> *sua mãe o vê com sentimentos derivados de sua própria vida sexual: ela o acaricia, o beija, o embala e muito claramente o trata como um substituto de um objeto sexual completo... todos seus sinais de afeição despertam o instin-*

to sexual de sua criança e a preparam para sua intensidade posterior. (p. 223)

Poderíamos inferir, a partir dessas proposições concordantes de Freud e Panksepp sobre o amor materno e a sexualidade feminina, algo sobre a dificuldade de muitas jovens mães para retomar a vida sexual com seus companheiros após o nascimento dos filhos? Haveria aí a substituição de um erotismo por outro no próprio cerne neuroendócrino?

Embora sejam questões fundamentais para a compreensão do funcionamento sexual, por sua complexidade e necessidade de conhecimentos em outras áreas, elas fogem à possibilidade de ser abordadas aqui. Devemos, no entanto, mantê-las vivas em nossa mente, como Freud (1955k/1912) o fez ao afirmar, como vimos anteriormente, que "os processos fundamentais que produzem excitação erótica permanecem inalterados", e que "o amor também permaneceu, em essência, tão animal quanto sempre foi" (p. 189). Ou como na citação do sociólogo Wrong (1961), mencionado no Capítulo 2 deste trabalho, que, diante do que ele chamou de um excesso de socialização na concepção do ser humano apresentado pela sociologia, disse em tom de desabafo: "No princípio era o corpo!".

O fato é que não se consegue uma compreensão minimamente coerente das dificuldades sexuais conjugais dos casos trazidos como base de reflexão desta pesquisa se não tivermos bem claros dois aspectos inerentes ao nosso tema: um deles é que, afinal, não existe uma sexualidade "puramente psíquica", mas sim um corpo sexuado sobre o qual se tecem representações. Como disse com tanta beleza Badiou (2013/2009), "o que é um pensamento que se expõe indo e vindo entre dois corpos sexuados" (pp. 54-55)?

O outro aspecto, intimamente relacionado a esse e que deve ser considerado, apesar das resistências que o pensamento contemporâneo sobre a igualdade dos sexos lhe opõe, é a questão das diferenças constitucionais, orgânicas, entre os sexos e as representações que cada homem ou mulher desenvolverão sobre elas (diferenças psiconeuroendócrinas, no dizer de Panksepp). Negar que essas diferenças de constituição orgânicas existem, em prol de uma ideologia da igualdade radical entre os sexos, seria, no mínimo, deslizar para fora do âmbito da psicanálise, viciando-se, ideologicamente, a escuta clínica. O fato é que, no caso a caso da clínica, uma harmonização criativa das diferenças biopsíquicas deverá ocorrer para que Eros possa circular de modo suficiente.

O polimorfismo da pulsão

Outro percalço encontrado no processo de psicossexualização do humano é o que Freud (1957/1915) chamou de polimorfismo da pulsão. Referindo-se às pulsões sexuais, escreve:

> *Elas são numerosas, emanam de uma grande variedade de fontes orgânicas, agem primeiramente independentemente umas das outras e somente alcançam uma síntese mais ou menos completa num estágio posterior. O objetivo para o qual cada uma se dirige é o "prazer do órgão"; somente quando a síntese é alcançada elas entram a serviço da função reprodutiva e, a partir daí, tornam-se geralmente reconhecíveis como pulsões sexuais. Em suas primeiras aparições elas estão ligadas às pulsões de autoconservação das quais só gradualmente se tornam separadas; também em sua escolha de obje-*

to elas seguem as trilhas que lhes são indicadas pelas pulsões do ego. Uma porção delas permanece associada às pulsões do ego ao longo da vida e lhes fornece seus componentes libidinais. Elas distinguem-se por possuir a capacidade de agir vicariamente umas pelas outras em larga escala e serem capazes de mudar seu objeto prontamente... Levando-se em consideração que há forças motivacionais que trabalham contra uma pulsão ser descarregada de uma forma não modificada, podemos também tomar essas vicissitudes como modos de defesa contra as pulsões. (pp. 126-127)

Sendo a sexualidade a base pulsional do amor, e sendo a pulsão sexual formada por múltiplos componentes, estes podem unificar-se ou não no desenvolvimento libidinal e no investimento sobre o outro. A questão da unificação ou da independência entre componentes psíquicos heterogêneos da pulsão é tradicionalmente aludida com o conceito de dissociação.

A dissociação mais sinalizada por Freud (1955k/1912) é entre a corrente da afeição e a sensual, na qual uma se torna independente da outra. Ele propunha como conquista evolutiva que as duas correntes, sensualidade e afeição, confluíssem sobre um mesmo objeto: a unificação era para ele uma meta.

E aponta:

A corrente da afeição é a mais antiga. Brota nos primeiros anos da infância; é formada na base dos interesses do instinto de autopreservação... Desde o início ela carrega consigo contribuições dos impulsos sexuais, compo-

nentes do interesse erótico... Ela corresponde à primeira escolha de objeto da criança. Dessa forma aprendemos que os impulsos sexuais encontram seus primeiros objetos ao se ligarem às avaliações feitas pelos impulsos do ego, precisamente na forma em que as primeiras satisfações sexuais são experimentadas ligadas às funções corporais necessárias para a preservação da vida... (p. 180) Essas fixações da afeição da criança persistem através da infância sempre carregadas de erotismo e desviadas, no entanto, de suas metas sexuais. Na puberdade, elas passam a ser acompanhadas pela poderosa corrente "sensual", já não mais desviada de sua meta. Esta nunca falha, aparentemente, em seguir as trilhas mais antigas e investir os objetos da primeira escolha infantil com cotas de libido que serão agora muito mais fortes. Aqui, entretanto, ela passa a correr contra os obstáculos que foram erigidos, nesse ínterim, pela barreira contra o incesto; consequentemente, ela fará esforços para passar desses objetos, que não são adequados na realidade, e encontrar um caminho, tão logo seja possível, para outro objeto com o qual uma verdadeira vida sexual pode ser mantida. Esses novos objetos serão ainda escolhidos a partir dos modelos (imagos) infantis, mas ao longo do tempo eles atrairão para si a afeição que era ligada aos antigos objetos... A afeição e sensualidade então se unem. A maior intensidade da paixão sensual trará consigo a maior avaliação psíquica do objeto, sendo esta a sobrevalorização normal do objeto sexual da parte de um homem. (p. 181)

Freud aponta, ainda, dois fatores que podem impedir esse desenvolvimento da libido: frustrações na realidade e a intensidade da atração que os objetos infantis a serem renunciados são capazes de exercer e que está na mesma proporção dos investimentos eróticos ligados a eles na infância. Com o resultado sintetizado na famosa frase: "Onde eles amam, não desejam, e onde desejam, não podem amar" (p. 183).

Pensando no caso relatado, Teresa permanece aprisionada no vínculo primitivo com a mãe e seu amor "inibido quanto à meta", ficando impossibilitada de se organizar eroticamente na direção da genitalidade.

No que se refere à questão do desgaste do amor ao longo do tempo, Freud (1955k/1912) pergunta-se por que o viciado volta sempre à mesma droga, enquanto os amantes se sentem atraídos por outro objeto. Há algo na pulsão sexual, diz ele, desfavorável ao alcance da satisfação plena. Isso explica a série interminável de objetos substitutos.

Se pensarmos do ângulo da clínica de casais, e utilizando a analogia da droga, poderíamos também dizer, inversamente, que o amante está, sim, sempre atrás da mesma "droga", e que seu objeto de amor é que não a oferece mais. Esse fato se torna muito evidente com a vinda do primeiro filho e a necessidade da redistribuição dos afetos na família, como veremos logo a seguir.

Da mesma forma, do ponto de vista do funcionamento do desejo como proposto por Freud, uma experiência que seja "prescrita" (as relações sexuais no casamento) tende a promover um declínio do desejo, ao mesmo tempo que a qualidade de "proibida" a valoriza. Na lógica freudiana, portanto, o amor e o desejo não caminham juntos.

Para Spivacow (2001), as dissociações que caracterizam o polimorfismo sexual aparecem na clínica com frequência, enquanto a conveniência da integração em um único objeto, embora evidente, é, de fato, difícil de alcançar e frágil como possibilidade de estender-se no tempo. Se todos os objetos são substitutos de um original perdido na experiência de satisfação, nenhum outro será completamente satisfatório, já que não corresponde ao originalmente desejado e, nesse sentido, só há reencontros falidos.

Como podemos observar, Spivacow segue o pessimismo freudiano no tocante à possibilidade da união do afeto e da sensualidade em relação a um mesmo objeto ao longo do tempo, atribuindo esse fracasso à impossibilidade do reencontro com o objeto primordial fantasiado e para sempre perdido e, nesse sentido, diferenciando-se de Badiou (2013/2009) que, como vimos, propõe a construção, "uma construção persistente, ponto por ponto, da eternidade temporal, da experiência do Dois" (p. 51).

Freud (1955k/1912) aponta para o papel das frustrações na realidade que facilitam a dissociação entre afeto e sensualidade, e aqui podemos mencionar a questão das frustrações do homem com a chegada dos filhos e a necessidade de dividir sua mulher com eles. Pode ocorrer que, nesse momento, o homem passe a reservar seu afeto e respeito pela mãe de seus filhos e dirigir sua sensualidade para outra mulher. É fato corrente na análise de casais que, ao serem perguntados sobre a época em que localizam o começo de seus desentendimentos, frequentemente apontam que a relação caminhava relativamente bem até a chegada dos filhos.

Se tomamos como ponto de partida as vicissitudes do Édipo para o menino e a fantasia delas decorrente em sua resolução ("quando for grande como papai, terei uma mulher como mamãe só para mim"), não é difícil imaginar por quão pouco tempo essa ilusão de fato se realiza, na qual um homem tem uma mulher só para ele, não dividida entre dois amores, companheiro e filhos. Ter uma mulher assim dividida, por si só, constitui uma quebra na sustentação da construção psíquica que permitiu, para ele, a saída do Édipo. Trata-se, verdadeiramente, de uma quebra da promessa edípica. Não causa surpresa, portanto, a sensação que ele transmite de ter sido ludibriado pela vida e pela companheira, a quem ele dirige seu ressentimento. Na Vinheta 4 deste texto, ele desabafa:

"Como quando nos conhecemos, transávamos bastante! E para você engravidar, também! Depois que as crianças nasceram, tudo mudou. Você não tem mais interesse em mim". E ele quase grita, enfurecido: "Quero de volta a mulher com quem me casei!".

Vale aqui lembrar que essa dissociação não ocorre somente do lado do homem e que a mulher também é surpreendida pela intensidade do vínculo que se cria entre ela e seu bebê, um verdadeiro processo de apaixonamento que a toma por completo, ou melhor, que a completa. Como manter, nesse contexto, a mesma intensidade sensual de relacionamento com o companheiro? Não é à toa que ele frequentemente aponta: "Agora viramos irmãos, não somos mais marido e mulher!".

A ambivalência amor-ódio

Continuando a reflexão a respeito dos percalços mais primordiais que estão implicados na constituição da vida amorosa, e em conexão estreita com o que foi anteriormente comentado, devemos lembrar que Freud (1957/1915) também aponta a ambivalência amor-ódio como inerente ao ato de amar. Ele propõe a transformação da pulsão de amor em ódio e que, quando esse fenômeno ocorre em relação a um mesmo indivíduo, temos o que ele chamou de ambivalência de sentimentos. E segue: "É impossível duvidar da existência da mais íntima relação entre esses dois sentimentos opostos e a vida sexual" (p. 133).

Alerta, ainda, para o fato de a ambivalência amorosa ter suas raízes não só nas formas do amor primitivo (próprias dos processos primários) que se perpetuam na relação adulta, como também em conflitos atuais da relação em questão.

Ele propõe:

> *A história das origens das relações de amor nos permite compreender como o amor tão frequentemente manifesta-se como ambivalente, isto é, acompanhado por impulsos de ódio em relação ao mesmo objeto. O ódio que se mistura com o amor deriva em parte das fases preliminares do amor que ainda não foram inteiramente superadas; são, também, baseadas em reações de repúdio pelas pulsões do ego que, tendo em vista os frequentes conflitos entre os interesses do ego e os do amor, encontram bases em motivações reais e contemporâneas. (p. 139)*

Dessa forma, na vida conjugal, os conflitos atuais, inerentes a qualquer relação humana, suscitam, como que automaticamente, os conflitos e anseios primitivos dos primeiros amores, confundindo os processos secundários de apreciação da realidade e tomada de decisão. Aqui, a expressão *trabalhos psíquicos na conjugalidade* adquire todo o seu sentido.

Como seria essa "mistura de ódio com amor" que se perpetua na relação amorosa adulta e que é tão facilmente discernível nos conflitos conjugais?

Um exemplo simples é a necessidade de ter o outro perto e dando uma atenção não dividida, queixa sempre presente nos conflitos conjugais e na qual se constata facilmente o fenômeno "criança no adulto", próprio ao que, nesta pesquisa, estamos chamando de paradoxo da vida amorosa e que abordaremos logo em seguida.

Ele, em tom irritado: "Ela fica inventando coisas para fazer pela casa e não consegue ficar dois minutos sentada junto de mim!".

Ou:

Ela, agressiva: "Que adianta você se esforçar para chegar em casa mais cedo, se mal chega, nem me olha e liga o computador?".

O fato é que as "necessidades" afetivas amorosas são tão exigentes quanto o foram na primeira infância. Quando frustradas, levam a sentimentos de ressentimento e raiva e à ambivalência amorosa. Diz Freud (1957/1915):

> *O ódio, enquanto relação com os objetos, é mais antigo que o amor. Ele deriva do repúdio narcísico primordial do ego ao mundo externo com seu transbordamento de estímulos. Como uma expressão da reação de desprazer*

evocada pelos objetos, ele sempre permanece em íntima relação com os instintos de autopreservação. (p. 139)

Afirma também que:

Se o objeto se torna uma fonte de sentimentos prazerosos, um impulso motor se instala que procura trazer o objeto para mais perto do ego e incorporá-lo ao ego. Falamos, então, da "atração" exercida pelo objeto provedor-de-prazer, e dizemos que amamos o objeto. Inversamente, se o objeto é uma fonte de sentimentos desprazerosos, há um impulso que procura aumentar a distância entre o objeto e o ego e repetir em relação ao objeto a tentativa original de fuga do mundo externo com suas emissões de estímulos. Sentimos "repulsa" pelo objeto, e o odiamos; esse ódio pode posteriormente ser intensificado ao ponto de uma inclinação agressiva contra o objeto, uma intenção de destruí-lo. (p. 137)

E, muito especialmente, Freud fala em angústia e desamparo, e podemos tomá-los como as bases mais essenciais sobre as quais se estabelecem esses anseios imperiosos de "estar junto" e de "controlar" o outro, que aparecem tão frequentemente como causa de conflitos conjugais.

O sentimento de desamparo que nasce junto com o humano e que se manifesta desde as primeiras ansiedades de separação da mãe comparecerá, de forma mais ou menos velada, nas relações amorosas da vida adulta, o que não é de surpreender, dado que esta é uma substituição daquela. O medo da perda do objeto amoroso é parte constituinte do vínculo que se constrói.

Comentando o texto de Freud (1959/1926[1925]) "Inibição, sintoma e angústia", Mezan (2014) observa que, nele, Freud

> *coloca no centro da vida psíquica a vivência do perigo, contra o qual, justamente, o sinal de angústia deve proteger o indivíduo. Ora, as situações de perigo vão evoluindo conforme as fases do desenvolvimento psicossexual e conforme as diversas modalidades da relação com o objeto, mas em termos psicológicos sua essência é sempre a mesma: ver-se sozinho, desamparado e abandonado frente a forças destruidoras. E tanto faz que estas forças venham do* id *pulsional ou do mundo exterior, pois seu sentido é idêntico nos dois casos. (p. 193)*

Dessa forma, ameaças ao "junto" desencadeiam ansiedades primitivas e reações de ódio pelo perigo que representam ao equilíbrio narcísico. Mezan o chamou de *ódio narcísico*.

Diz ele:

> *A partir de* Além do princípio do prazer, *Freud (1920) tomará como base da metapsicologia a antítese do amor e do ódio, numa perspectiva na qual este último, como pulsão de morte, está efetivamente do lado do narcisismo, operando em sentido centrípeto como autoagressão e como tendência ao desinvestimento do objeto. Por sua vez, sob a rubrica das pulsões de vida, sexualidade, autoconservação e pulsões do ego virão confluir no rumo oposto, isto é, na direção da exteriorização e da ligação com o objeto. (p. 164)*

108　A PSICOSSEXUALIDADE

A tarefa de elaborar os ódios primitivos inerentes a toda relação amorosa, na qual as frustrações serão inevitáveis, impedindo dessa forma a destruição do vínculo, é uma parte ponderável do que estamos chamando de trabalhos psíquicos na conjugalidade.

Sabemos, por outro lado, como Freud aponta para o fato de que a agressividade faz parte do humano, tanto quanto a capacidade de amar, e como esses dois sentimentos opostos devem estar fusionados no interesse da manutenção do amor e da vida.

Falando especificamente sobre as pulsões agressivas, Freud (1955e/1930) nos propõe que:

> Os homens não são criaturas gentis que desejam ser amadas e que, no máximo, podem se defender se são atacados; eles são, pelo contrário, criaturas nas quais entre seus dotes instintivos deve ser levada em consideração uma parte poderosa de agressividade... De modo geral essa agressividade cruel espera por alguma provocação ou se põe a serviço de algum outro propósito, cujo objetivo também poderia ser alcançado por medidas mais moderadas. Em circunstâncias favoráveis a ela, quando as contraforças mentais que normalmente a inibem estão fora de ação, ela se manifesta espontaneamente e revela o homem como uma besta selvagem, para quem a consideração para com sua própria espécie é algo desconhecido. (p. 111)

Mais adiante, nessa mesma obra, ele apresenta a dualidade pulsional inerente à vida:

> Partindo de especulações sobre o início da vida e de paralelismos biológicos, cheguei à conclusão de que, além

do instinto para preservar a substância viva e de agrupá-la em unidades cada vez maiores, deve existir um outro instinto contrário que procura dissolver essas unidades e trazê-las de volta para seu estado inorgânico primordial. Isso quer dizer que, assim como Eros, há um instinto de morte. O fenômeno da vida pode ser explicado a partir das ações concorrentes e mutuamente opostas desses dois instintos. (p. 119)

E, a seguir, fala sobre a fusão desses dois impulsos:

pode-se suspeitar... que os dois tipos de instinto raramente, talvez nunca, aparecem isolados um do outro, mas estão fundidos um com o outro em várias e diferentes proporções e dessa forma se tornam irreconhecíveis ao nosso julgamento. (p. 119)

Comentando sobre como o amor pode inibir o ódio, Mezan (2014) acrescenta:

as pulsões de vida, que subsumem a sexualidade e o amor, têm por finalidade exatamente tal inibição, através dos mecanismos da deflexão para o exterior e da intrincação pulsional, isto é, da mistura entre pulsões de vida e de morte. Se o sentido da repetição é o retorno ao estado indiferenciado que precede a vida, as pulsões que visam a tal finalidade atuarão através do desligamento, da separação, da decomposição daquilo que é complexo, no sentido da entropia, para dizer as coisas de modo rápido... a ação do ódio se dá, em princípio em silêncio, e só mediante a fusão com as pulsões de vida é que ele chega a produzir satisfação libidinal, seja na vertente sádica, seja na vertente masoquista. (p. 183)

Mezan aponta, também, para *duas funções da repetição*, e é interessante notar como poderíamos chamar a primeira delas de "repetição de vida", explicitando o movimento de saciação e renovação do desejo, característico do impulso sexual e decorrente de fontes somáticas. Nas situações clínicas mencionadas neste texto, surge uma aparente incompreensão da mulher sobre o funcionamento cíclico desse impulso vital. Vejamos como Mezan o expõe:

[Na primeira] seu funcionamento cíclico é imediatamente evidente: uma vez descarregada a tensão criada pelo "trabalho imposto à psique por sua conexão com o corpo", a mesma conexão suscita novas tensões, que precisam ser novamente eliminadas. Nesta perspectiva, a matriz da pulsão é somática, e é porque ela está sendo constantemente criada pelo simples viver que o ciclo da pulsão se instala: ele é assim expressão do funcionamento pulsional. [Na segunda] o automatismo de repetição introduz uma atração pelo passado e pelo originário que precede o estabelecimento do regime pulsional: exprimindo a inércia psíquica, este automatismo é mais fundamental que a pulsão... dominada pela repetição, a dinâmica pulsional tenderia apenas a reproduzir o passado, quer este fosse doloroso, quer prazenteiro... é aqui que intervém a função de ligação da excitação... A ligação será, portanto, a função essencial das pulsões de vida; ela se exerce desde o nível da excitação intrapsíquica até a relação com o obje-

to, e culmina nos vínculos que se estabelecem no plano das relações sociais. (p. 184)

Pensando na clínica, cabe aqui acrescentar uma observação de Freud sobre a frustração contínua do impulso sexual, tema abordado nesta pesquisa. Comentando sobre as frustrações da pulsão, Freud (1955e/1930) diz:

> *Quando os santos se autodenominam pecadores, eles não estão assim tão errados, considerando as tentações para a satisfação instintiva às quais eles estão expostos num grau especialmente alto, pois, como é bem conhecido, as tentações são meramente aumentadas por frustração constante, enquanto uma satisfação ocasional dela causa sua diminuição, ao menos por algum tempo. (p. 126)*

Vimos nas vinhetas e na situação clínica descrita como a queixa masculina sobre o espaçamento entre os encontros sexuais do casal está relacionada com vários tipos de desentendimentos entre eles, apontando para o papel da frustração pulsional amorosa nas dificuldades conjugais.

Viemos até aqui buscando compreender como Freud concebeu a ambivalência amor-ódio inerente ao humano e, naturalmente, também presente em sua vida amorosa. No contexto deste trabalho, e sempre lembrando que este se refere não às patologias mais graves, mas às "psicopatologias da vida cotidiana conjugal", as ambivalências amorosas constituem o que estamos chamando de percalços, e dos mais significativos, na sustentação do vínculo. Conclui-se, portanto, que na clínica de casais trabalha-se com os conflitos atuais, mergulhados que estão nos conflitos primitivos, de

112 A PSICOSSEXUALIDADE

modo a possibilitar uma fusão suficiente dos impulsos destrutivos com os impulsos de ligação e preservação do vínculo.

Passaremos agora a refletir sobre outros tipos de trabalhos psíquicos, estes já mais ligados aos processos de desenvolvimento da libido: a separação da mãe, o Édipo e a escolha amorosa.

Os processos de desenvolvimento da libido

> *"On revient toujours à ses premières amours."*
>
> Freud (1905)

Acabamos de considerar como a dissociação afeto/sensualidade e a ambivalência amor/ódio são aspectos constituintes da experiência amorosa, objetos, ambos, dos esforços de construção apontados por Badiou.

Percorreremos agora um trajeto que aponta para outro embate entre tendências contraditórias como, aliás, ocorre em tudo o que se refere ao humano, e que está especialmente presente em sua vida amorosa. Trata-se do paradoxo de ter que sustentar aspectos infantis na experiência amorosa adulta, permitindo que o impulso erótico, na busca daquele objeto "originalmente para sempre perdido", dê fundamento para a relação, ao mesmo tempo que, em seu desenrolar, ofereça também suas cotas de um prazer suficiente.

Manter certo equilíbrio na convivência entre os anseios infantis – especialmente os de indiferenciação e completude do *Um*, marcas indeléveis das primeiras experiências de prazer – e as exigências de acomodação diante da inevitável alteridade do outro requer uma capacidade sutil de elaboração de perdas na qual as renúncias ocorrem ao mesmo tempo que se preserva o desejo.

Nessa perspectiva, as questões referentes à escolha amorosa e à sua sustentação no tempo requerem uma reflexão a respeito do esforço do indivíduo para diferenciar-se do outro primordial, o que aqui adquire, então, uma relevância toda especial.

Freud, ao longo de toda sua obra, indica como o sujeito vai se constituindo em sua relação com o outro e no esforço, sempre precário e conflituoso, de se diferenciar dele. Veremos como ele propõe vários tipos de diferenciação: 1º) as primeiras diferenciações da mãe; 2º) as diferenciações entre o amor pelo outro e o amor por si mesmo; 3º) as diferenciações edípicas, sexuais e geracionais. Acrescentaremos a estas últimas as diferenciações fraternas, pouco desenvolvidas por Freud, mas objeto de elaborações posteriores. Trataremos da questão fraterna no Capítulo 4.

As primeiras diferenciações do objeto mãe

Em Freud (1964f/1938), um pequeno trecho das anotações póstumas denominado "Descobertas, ideias, problemas" menciona os primórdios do processo de perdas e substituições constituintes de todo vínculo e que se evidencia na passagem entre o ser e o ter vividos pelo bebê em suas fases mais precoces. Diz ele:

> "Ter" e "ser" na criança. As crianças gostam de expressar uma relação de objeto por meio da identificação: "Eu sou o objeto". "Ter" é o que vem em seguida; depois da perda do objeto, ela retorna ao "ser". Por exemplo: o seio. "O seio é parte de mim, eu sou o seio". Somente mais tarde: "Eu o tenho", isto é, "eu não o sou". (p. 299)

114 A PSICOSSEXUALIDADE

Para sair do narcisismo primordial, é necessário, portanto, que o bebê vá percebendo as diferenças entre ser e ter e, progressivamente, as diferenças sexuais, as geracionais, e também as diferenças entre a vida e a morte. Devemos levar em consideração que o indivíduo atravessa todas as fases de seu ciclo vital repetindo esse modelo de base de instituição das diferenças em seu mundo representacional, incluindo-se aí os trabalhos psíquicos necessários para a manutenção do espaço conjugal. Chegar a aceitar que o outro, em sua alteridade, tenha desejos, opiniões, necessidades, modos de gozo diferentes dos do sujeito implica intensos e laboriosos trabalhos psíquicos de diferenciação e de lutos, além de acesso a mecanismos compensatórios de sublimação para que a relação não seja impulsivamente descartada em atuações incontroláveis – retomando o texto citado de Freud, aceitar que não se é o outro, e que, se o "temos", só o será pontualmente.

Nesse sentido, Freud fala sobre a difícil aceitação das ausências da mãe e sua "elaboração" pelo bebê. No texto de 1955d/1920, Freud descreve a brincadeira inventada por seu neto de um ano e meio nos esforços para lidar emocionalmente com as ausências de sua mãe, sem protestar. Ele desenvolveu o hábito de jogar longe os pequenos objetos a seu alcance, ao mesmo tempo que emitia um som que foi identificado com a palavra *fort* ("foi embora"). Certa vez, brincando com um objeto que tinha uma linha presa a ele, a criança aprendeu, muito habilmente, a jogá-lo dentro de seu berço, onde o objeto desaparecia, sempre emitindo o som de "foi embora". Em seguida, o objeto era puxado de volta pelo fio, sendo recebido com alegria e o som *da* ("aqui está"). O jogo completo incluía, portanto, o desaparecimento e o retorno do objeto e, por meio dele, o bebê alcançava algum tipo de "elaboração" que lhe permitia "comportar-se bem" quando sua mãe se ausentava. Por outro lado, nessa mortificação do puramente pulsional, a criança entrava, pelo uso da palavra, no campo do simbólico e na cultura. Freud assim se expressa:

> *A interpretação do jogo tornou-se óbvia. Ela estava relacionada com a grande conquista cultural da criança, a renúncia instintiva (isto é, a renúncia da satisfação instintiva) que ele fez ao permitir que sua mãe se afastasse sem protestar. Como se ele se compensasse por isso representando por si próprio o desaparecimento e o retorno dos objetos a seu alcance. (p. 15)*

Freud levanta algumas hipóteses a respeito dos motivos pelos quais o neto teria deslocado sua experiência de frustração pulsional para o jogo do *fort-da*. Uma delas seria transformar a vivência de passividade diante do "abandono" da mãe em uma vivência de atividade ao repeti-la como um jogo em que ele, agora, detinha o papel ativo de "abandonar". Também considerou a possibilidade de o fato de jogar para longe seus objetos consistir numa canalização do impulso agressivo suprimido pela frustração de ser "abandonado"; na nova situação, ele se vinga da mãe "abandonando-a", ou seja, rejeitando-a ativamente, antes de ser "rejeitado". Freud assim o expressa:

> *Fica claro que, no brincar, as crianças repetem tudo o que lhes causou uma impressão forte na vida real, e que, ao fazer isso, elas fazem uma abreação da força da impressão e, pode-se dizer, adquirem o domínio da situação. (p. 17)*

A experiência inevitável dos afastamentos periódicos da mãe associada aos sentimentos angustiantes de desamparo permanecem, no entanto, como marcas indeléveis no psiquismo e podem ressurgir em seu estado quase original na vivência amorosa adulta. São estados de ansiedade diante da ausência do objeto de amor que remetem às ansiedades primitivas de desamparo e medo de abandono, anteriores às triangulações edípicas. Muito frequentemente podem aparecer rejeições antecipatórias.

A mãe, a inscrição erógena e a vida amorosa

Além de contrabalançar, com sua presença e cuidados, os aspectos mais angustiantes dos desamparos primordiais, a mãe desempenha também a função de erogenização de seu bebê, processo fundamental para a constituição da psicossexualidade da criança. Trata-se de um fenômeno que se apresenta como necessário e imprescindível para a constituição subjetiva da criança, podendo-se mesmo dizer que é por meio das primeiras trocas entre o bebê e sua mãe que ele de fato se humaniza. Sob esse ponto de vista, somos levados a refletir sobre o quanto as trocas amorosas primitivas entre mãe e bebê são erotizadas *de ambos os lados*. E é imprescindível que assim seja, pois é por meio delas que se faz a inscrição erógena no corpo do bebê, colocando-o no caminho do desejo.

Como vimos anteriormente, em 1905, Freud já nos aponta que o relacionamento de uma criança com quem seja responsável por seu cuidado oferece-lhe uma fonte sem fim de excitação sexual e satisfação de suas zonas erógenas.

O que seria, então, a inscrição erógena?

Nesse mesmo texto, Freud menciona que todos os órgãos são erógenos:

Parece provável que qualquer parte da pele e qualquer órgão dos sentidos – provavelmente, de fato, qualquer órgão – pode funcionar como uma zona erógena, embora haja algumas zonas erógenas especialmente marcadas, cuja excitação parece ser assegurada desde o início por certos dispositivos orgânicos. Além disso, parece que a excitação sexual surge como um produto colateral, por assim dizer, de um grande número de processos que ocorrem no organismo, desde que eles alcancem um certo grau de intensidade e, mais especialmente, de qualquer emoção relativamente poderosa... As excitações de todas essas fontes ainda não estão combinadas; mas cada uma segue separadamente seu próprio objetivo, que é meramente a obtenção de um certo tipo de prazer. (p. 233)

Partindo de Freud, Leclaire (1992/1979) propôs uma distinção entre corpo biológico e corpo erógeno, este sendo concebido como uma superfície que, devido ao fato de também pertencer a um conjunto orgânico, em qualquer ponto em que seja estimulada, gera uma excitação do tipo sexual e transforma-se em zona erógena. Deve-se notar que a zona erógena assim concebida já não estará mais ligada à necessidade, mas ao prazer, configurando-se então como uma janela aberta para o inconsciente. Dessa forma, ele nos aponta:

Na concepção de corpo erógeno que propus, indiquei que deveria ser concebido a partir da superfície do corpo ou do corpo concebido enquanto superfície. Por um lado, qualquer ponto da superfície do corpo entra em um conjunto orgânico, mesmo que se trate de um ponto da pele,

118   A PSICOSSEXUALIDADE

> *mesmo que se trate de uma célula, pois fazem parte de um conjunto orgânico e se inserem em uma determinada ordem, que chamei de ordem biológica... Porém,... insisti paralelamente no fato de que qualquer ponto da superfície do corpo pode originar uma excitação de tipo sexual, ou seja, transformar-se virtualmente em zona erógena... a zona erógena constitui de fato uma porta, uma abertura ao inconsciente, uma abertura estritamente equivalente, na medida em que forneceria acesso a essa ordem que, tomada em seu limite, é a ordem do gozo e não a ordem da sobrevivência. (pp. 57-59)*

O corpo erógeno é estabelecido sob a forma pela qual Freud (1905) concebeu a sexualidade infantil, isto é, como polimorfo e não unificado, embora exiba pontos de especialização a partir de uma função orgânica centrada numa determinada área, por exemplo, a boca.

Partindo do princípio de que toda relação entre dois corpos é erógena, Leclaire (1992/1979) propõe que a função materna de inscrição erógena no corpo do bebê consiste, basicamente, na sustentação que a mãe é capaz de dar para a dupla constituição:

> *A função mãe nada mais é que um corpo, ao mesmo tempo orgânico e erógeno. É ela quem assegura concretamente esta justaposição de funções contraditórias; é preciso que ela seja plenamente essa superfície [erógena] em que consiste o corpo. (p. 69)*

O autor propõe que a separação do corpo da mãe se produz no nível do corpo erógeno. É a entrada do pai, também enquanto corpo erógeno, que produz o corte e instaura a falta. Para que isso ocorra, é necessário que o pai sustente sua posição na economia libidinal da mãe e que a criança não permaneça ocupando esse espaço.

> *É no nível da alteridade do corpo erógeno que devemos buscar o que se refere exatamente à separação do corpo da mãe. Tal corte só pode se operar pela entrada da função pai. Para que isso aconteça, a criança não deve obturar a organização libidinal da mãe; algo da ordem de uma desconexão deve se produzir ou se confirmar, isto é, o pai, enquanto corpo erógeno, deveria continuar o ponto de máximo investimento da economia libidinal da mãe. (p. 61)*

As proposições de Leclaire sobre a estruturação do corpo erógeno do bebê a partir do inter-relacionamento com os corpos erógenos de seus pais remetem à noção da família enquanto lugar sexual por excelência. Deve-se notar, no entanto, que, embora mãe e pai, por ocuparem uma posição privilegiada em relação ao bebê, constituam os pontos centrais no fenômeno da impressão de inscrições erógenas em seu corpo, a família pode envolver mais membros que, em sua relação de atenção com o bebê, também participam desses processos (como as professoras na creche), que são, em si mesmos, constituintes de subjetividade.

Dessa forma, as bases mais primitivas do fenômeno de psicossexualização da criança constituem-se nessa sustentação dada pela mãe à dupla constituição de ambos, mãe e bebê, enquanto seres que são, ao mesmo tempo, orgânicos e psíquicos, isto é, seres de necessidades e seres do prazer, do desejo erógeno, inscrito em seus corpos pelos cuidados maternos.

120   A PSICOSSEXUALIDADE

Essa sustentação da dupla constituição do ser, enquanto biológico e de desejo, será configurada como uma marca que o humano carregará para a vida e que, também, sabemos, transmite-se de uma geração à outra, pela forma como em cada uma delas se expressam os cuidados maternos.

Laplanche (1988) também se ocupou da justaposição entre erotismo e função materna, apresentando-os como indissociáveis:

> Pelo termo sedução originária qualificamos, portanto, esta situação fundamental na qual o adulto propõe à criança significantes não verbais tanto quanto verbais e até comportamentais, impregnados de significações sexuais inconscientes... o próprio seio, órgão aparentemente natural da lactação: podemos negligenciar seu investimento sexual e inconsciente maior pela mãe? Podemos supor que esse investimento "perverso" não é percebido, suspeitado, pelo bebê, como fonte desse obscuro questionamento: o que quer ele de mim? (p. 119)

Laplanche aponta diretamente para o paradoxo que está implícito nesse processo de sexualização precoce evidenciado por duas ações superpostas uma à outra, num curto espaço de tempo, às vezes concomitantemente. Trata-se do fato de que a criança deve ser atraída para estabelecer o vínculo estruturante inicial com a mãe, e em seguida ser interditada ao se lançar nos prolongamentos naturais da atração. "Afinal, o que ela quer?".

Essas inscrições de prazer originárias marcam profundamente o psiquismo de ambos, mãe e bebê, abrindo espaço, a partir daí, tanto para que caminhos vitais e necessários se desenvolvam, cumprindo o seu papel estruturante, como para que uma distorção se instale, já desde esses primórdios, conduzindo o processo para sua vertente aprisionadora da criança.

Vimos como, no caso relatado, João apresentava certa "cerimônia" para fazer valer seu desejo sexual diante de Teresa. Vimos também como ele descreve sua relação com sua mãe, "muito correta, mas pouco afetiva", e como ele fantasiava, quando criança, ser filho das mães de seus amigos e ser acarinhado por elas. No decorrer da análise e na relação transferencial com a analista, foi ficando evidente como essa marca de pouca vitalidade erótica entre mãe e filho contribuiu para a insegurança de João em colocar-se com mais firmeza diante de Teresa.

No caso de Teresa, veremos com maiores detalhes, no Capítulo 4, como sua relação culpada em relação à mãe, por sua vez, "assexuada", influenciou decisivamente seu posicionamento diante de João.

As diferenciações entre o amor pelo outro e o amor por si mesmo

Outro tipo de diferenciação a ser considerado evidencia-se nos embates intrapsíquicos dos direcionamentos do amor, seja para si próprio, seja para o outro. Sabemos o quanto a capacidade de amar do indivíduo elucida-se nesse interjogo de possibilidades.

Em "Introdução ao narcisismo", Freud (1955j/1914) a coloca em evidência ao propor as noções de libido do ego e libido objetal:

> *Assim como a libido objetal, no início, escondeu a libido do ego de nossa observação, também em conexão com a escolha de objeto do bebê (e das crianças), o que primeiro*

122 A PSICOSSEXUALIDADE

notamos foi que eles derivavam os seus objetos sexuais de suas experiências de satisfação. As primeiras satisfações sexuais autoeróticas são experienciadas em conexão com as funções vitais que servem aos propósitos da autoconservação. Os instintos sexuais são, de início, ligados à satisfação dos instintos do ego; só mais tarde eles se tornam independentes destes e mesmo assim temos a indicação dessa ligação original no fato de que as pessoas que alimentam, cuidam e protegem a criança tornam-se seus primeiros objetos sexuais: isto é, primeiramente sua mãe ou sua substituta. No entanto, ao lado desse tipo e dessa fonte de escolha de objeto, que pode ser chamada do tipo "anaclítica" ou de "apego", a pesquisa psicanalítica revelou um segundo tipo que não estávamos preparados para encontrar. Descobrimos, especialmente em pessoas cujo desenvolvimento libidinal sofreu algum distúrbio, como os perversos e homossexuais, que em sua escolha de objeto posterior eles tomavam como modelos não sua mãe, mas seus próprios selves. Eles estavam claramente procurando a si próprios como objetos de amor e estavam apresentando um tipo de escolha de objeto que poderíamos chamar de narcisista. (p. 87)

Mais adiante, diz ele:

Não estamos com isso concluindo que os seres humanos estão divididos em dois grupos claramente diferenciados conforme sua escolha de objeto, seja ela do tipo anaclítico, seja narcisista; em vez disso, assumimos que os dois tipos de escolha de objeto estão abertos para cada in-

divíduo, embora ele possa apresentar uma preferência por um ou outro. Dizemos que o ser humano possui originalmente dois objetos sexuais, ele próprio e a mulher que cuidou dele e, ao fazer isso, estamos postulando um narcisismo primário em todos, o qual pode, em alguns casos, manifestar-se de uma forma dominante na sua escolha de objeto. (p. 88)

Freud conclui que uma pessoa pode amar de acordo com o tipo narcisista: o que ele é (isto é, a si mesmo); o que ele foi; o que ele gostaria de ser; alguém que alguma vez tenha sido parte dele próprio. Ou de acordo com o tipo anaclítico: a mulher que o alimentou; o homem que o protegeu e a sucessão de substitutos que tomaram seu lugar.

Comumente ouvimos dizer de alguém que é muito narcisista em seu modo de amar, que só pensa em si, incapaz de perceber as necessidades do outro a seu lado. Ou, inversamente, falamos de alguém excessivamente devotado ao outro, anulando-se como indivíduo na relação. Obviamente, ambos os posicionamentos trazem complicações para o vínculo, e o equilíbrio entre o amor por si e o amor pelo outro (libido narcísica ou libido objetal) é uma meta em processo de conquista a cada momento, não sendo de se esperar que um dia se estabilize. Por outro lado, esse equilíbrio é fortemente solicitado no dia a dia da relação.

Dando continuidade à ideia central organizadora deste texto, ou seja, a busca de subsídios teóricos que auxiliem na elucidação do caso relatado, utilizando-se, para isso, da própria "associação livre teórica" da analista no desenrolar do atendimento, abordaremos a seguir as diferenciações edípicas, fundamentais para o raciocínio aqui desenvolvido.

124 A PSICOSSEXUALIDADE

As diferenciações edípicas

Em seu trajeto, sempre conflituoso, sofrido e permeado por avanços e recuos na direção da diferenciação, o indivíduo depara-se com a necessidade de acomodar a vivência a três da elaboração edípica, que passará, então, a ser o centro de sua constituição como sujeito desejante e sexuado. Esses desenvolvimentos adquirem especial relevância, dado o fato de seu ressurgimento na vida amorosa adulta. Poderíamos afirmar que o início da vida amorosa inaugura uma nova etapa desse processo, que, por sua vez, vai ser ressignificado na vinda dos filhos, e mais tarde dos netos, constituindo-se, dessa forma, como um desenvolvimento que atravessa todo o ciclo vital.

Utilizaremos como exemplo de travessia edípica de um menino as vicissitudes do trajeto do Pequeno Hans, caso relatado por Freud (1955a/1909) acrescido dos comentários de Lacan, evidenciando assim como se constrói na primeira infância os substratos sobre os quais se apoiam as evoluções da vida amorosa adulta, construção esta inerentemente familiar, intersubjetiva.

No caso clínico analisado neste trabalho, constatamos como o irmão mais velho de João ocupa um lugar especial em sua organização psíquica e em sua evolução edipiana. Por uma questão de clareza, abordaremos os aspectos fraternos desse caso mais adiante, não significando, com isso, que sejam desenvolvimentos separados. Pelo contrário, na maioria dos casos, esses aspectos aparecem e funcionam concomitantemente, dependendo, para isso, do intervalo, no tempo, entre os nascimentos na família. E, pelo lado de Teresa, podemos constatar como sua organização edípica apresentou inflexões determinadas pelo posicionamento mais desvalorizado de seu pai na família e pelo deslocamento do ideal para o avô e o tio. A desvalorização do pai propicia uma concentração do investimento afetivo na mãe "assexuada" e sofredora, aliada à culpa e à necessidade reparadora de proporcionar-lhe alegrias.

Veremos, também, como Redler (1986) apresenta a evolução libidinal da menina nas várias etapas de seu processo de identificação com a feminilidade da mãe. Podemos constatar como essas experiências de erotização familiares primitivas, tanto para a menina como para o menino, são a base sobre a qual uma vida amorosa adulta pode ser construída ou não, e como nessa evolução, concomitantemente, constrói-se uma identidade sexual e uma representação sobre o outro sexo. Dessa forma, a resolução edípica propicia a formação, entre outras, das representações sobre as diferenças sexuais e as diferenças geracionais. No caso relatado, Teresa apresenta certa dificuldade para compreender as demandas de uma maior frequência de expressão sexual de João, ou seja, de apreendê-lo como o outro do outro sexo, com outras necessidades.

Como sabemos pelo próprio Freud (1964e/1932), a primazia fálica como paradigma de compreensão da sexualidade feminina não cobre todas as suas nuances. Após a apresentação do pensamento de Redler sobre a evolução edípica da menina, acompanharemos os questionamentos propostos por Jacques André (1995) sobre a lógica fálica e sua dificuldade na compreensão da erotização precoce da garota.

Voltando às questões edípicas, cabe aqui uma observação. Frequentemente se ouvem questionamentos sobre a utilidade de estudar os desenvolvimentos edípicos descritos em famílias do fim do século XIX, quando no início do século XXI presenciamos a emergência do que tem sido chamado de "novas configurações familiares", com as novas composições e funções das figuras que compõem a família atual.

126 A PSICOSSEXUALIDADE

Como se aplicariam os conceitos do Édipo e da castração simbólica nessas "novas" famílias? A experiência clínica que embasa este trabalho refere-se ao atendimento de famílias nas quais há o envolvimento de ambos os pais, mesmo que vivam separados, ou seus substitutos ou, então, de famílias nas quais as crianças são criadas predominantemente pela mãe, casos estes em que os conceitos aqui trabalhados apresentam-se de fundamental importância. Não há, no entanto, experiência com outros tipos de famílias, razão pela qual elas não serão aqui mencionadas.

Nesse contexto, é importante considerar o que diz Lacan (1995/1956-1957) a respeito do fato de que a função paterna deve ser compreendida dentro do complexo de castração, ou seja, operando as interdições fundamentais constituintes do psiquismo. Dessa forma, seja qual for o formato que a família assuma e seja quem for chamado a desempenhar o papel de mãe ou de pai, a função de interdição permanece, surgindo nesses casos, no entanto, a necessidade de suplências e próteses serem organizadas para suprir os papéis faltantes.

Mesmo na clínica das famílias ditas "tradicionais", trata-se de encontrar o equilíbrio possível, em cada circunstância. Bleichmar (1980), interpretando o conceito de castração simbólica em Lacan, explica que

> *o pai real tem importância tanto maior quanto mais a mãe tenha tendência a conservar o filho no lugar do falo. Nesse caso, o pai real pode contrabalançar essa tendência. Por sua vez, se o pai real é totalmente incapaz de colocar-se à altura que sua função exige, a mãe poderá encontrar um outro elemento real ou imaginado do pai simbólico. Ou seja, o pai real é tão ou mais importante quanto*

maior for a tendência da mãe de excluir o pai simbólico. Há circunstâncias em que o pai real, para poder produzir a castração simbólica, tem que realizar algo semelhante a uma verdadeira violação da dupla mãe-fálica/filho-falo. Trata-se de encontrar um equilíbrio. O elemento terceiro real será tão mais importante quanto maior a tendência da mãe a conservar esse papel e vice-versa. (pp. 73-74)

A busca do equilíbrio, como elaborada por Bleichmar, aponta para uma flexibilização na função de interdição que, como vimos, pode ser exercida até pela própria mãe. Esta encontrará meios de supri-la para seu bebê, seja porque a possui bem instalada dentro de si mesma a partir do que recebeu de seus pais, seja porque uma suplência externa, como um padrasto, um avô ou um tio podem ser chamados, na falta do pai, a cumprir essa função. O importante é estar atento aos dois aspectos envolvidos nessa questão, ou seja, que os impulsos incestuais da criança encontrem um ponto de basta em sua expressão e que a criança seja desalojada de sua posição de ser a que completa o desejo da mãe.

Vamos então acompanhar as peripécias dos impulsos sexuais infantis do pequeno Hans e sua fobia a cavalos no contexto inter-subjetivo de sua família. A partir delas faremos algumas inferências sobre o encaminhamento edípico de Teresa e João.

A evolução libidinal do menino

No caso do Pequeno Hans, descrito por Freud (1955a/1909), e nos comentários de Lacan (1995/1956-1957) sobre ele, construí-ram-se desenvolvimentos teóricos fundamentais a partir das peripécias dos impulsos sexuais infantis de Hans, desenvolvimentos estes que vão ao encontro das questões clínicas que estamos aqui

128 A PSICOSSEXUALIDADE

abordando. Veremos como essas primeiras experiências ressurgem posteriormente na vida amorosa adulta, como constatamos no caso relatado.

Freud descreve o desenrolar das teorias sexuais infantis de Hans, que se esforça para construir representações e sentidos que deem conta, ao mesmo tempo, de como localizar sua inserção na família, desde que seu lugar junto à mãe é ameaçado pela presença do pai e pela chegada da irmãzinha, e de como integrar, nesse mundo familiar que é o seu, as sensações prazerosas emergentes em seu "faz-pipi".

Em outras palavras, trata-se de acompanhar a constituição da psicossexualidade de Hans, imbricada que está no tipo de relação conjugal estabelecido entre seus pais, e em conexão com a constituição psicossexual de Hanna, sua irmã, que, embora não faça parte do relato de Freud, sabemos estar lá presente com suas características específicas. Deve-se notar, também, que não fazem parte do relato as descrições sobre os "lugares psíquicos" que Hans e sua irmã ocupavam, ao nascerem, no imaginário de seus pais.

Voltando a Hans, este deverá encontrar as soluções de compromisso para as várias questões existenciais concomitantes com que se depara nesse momento de sua vida. Primeiramente, a crescente consciência das sensações prazerosas emergentes em seu "faz-pipi", associadas ao amor por sua mãe e ao seu desejo de expandir sua intimidade com ela. Temos aí o impulso incestual primitivo próprio do humano no encontro dos obstáculos que o modelarão enquanto humano.

O primeiro deles é o impedimento à culminação desses anseios em relação à mãe que a presença do pai representa, e o decorrente desejo de livrar-se dele em conflito com o amor que também sente por ele. Em Hans, a solução de compromisso para esse conflito passa pela formação de uma fobia a cavalos, o que evidencia a intensidade das pulsões em jogo.

O segundo obstáculo é a competição com a irmã que, por sua vez, passa por um processo equivalente. No relato de Freud, não temos acesso a essa outra dimensão da realidade familiar, que é a ocorrência, em Hanna, dos mesmos processos em sua versão feminina, e de seus efeitos representacionais em seus pais. De efeitos representacionais só conhecemos os que o nascimento dela ocasionou em Hans. Sabemos, no entanto, que esses processos estarão ocorrendo concomitantemente ao que ocorre com Hans, processos nos quais, da mesma forma, seus pais serão chamados a ocupar os papéis principais.

Pode-se concluir, portanto, que a família de Hans, nessa fase, vive um complexo drama familiar no qual tanto se estabelece a constituição subjetiva de Hans e Hanna como, ao mesmo tempo, reorganiza-se o relacionamento conjugal do casal parental, revolucionado que foi pela chegada dos filhos. Aqui se coloca também uma pergunta para a qual não há resposta no relato de Freud: como era essa relação entre os pais, anterior ao nascimento das crianças?

Freud ocupa-se de Hans e descreve as fantasias e conjeturas por meio das quais ele, referenciando-se nas falas de seus pais, vai criando representações sobre suas experiências do viver. Em suas comunicações singelas, acompanhamos a movimentação, progressiva e regressiva, de seus amores incestuais no caminho da ainda longínqua exogamia.

Hans está no momento de elaborar a consciência de que tem um "faz-pipi", e não consegue conceber que a mãe e a irmã não o tenham. O de sua irmã crescerá junto com ela, e o de sua mãe é grande como o de um cavalo.

Seu "faz-pipi" tem sensações que ele explora, e a mãe lhe diz que, se fizer isso, ela chamará um Dr. X que o cortará. Essa mãe não aproveita sua pergunta ("Mamãe, você tem um 'faz-pipi'?") para esclarecê-lo sobre a diferença anatômica dos sexos e, todo-poderosa, ainda o ameaça de cortar o dele se ele insistir em ali colocar os dedos.

Passando ao largo da discussão sobre as mudanças culturais a respeito da visão sobre a sexualidade que ocorreram de 1909 para cá, ainda assim, podemos pensar: que mãe estranha essa, ataca agressiva e invejosamente a virilidade de seu próprio filho! Como também desconsiderará as tentativas (débeis) do pai de Hans de se interpor entre os dois, podemos deduzir que, na cabeça de Hans, haverá vários motivos para pensar quão fortes são as mulheres: produzem bebês, sua mãe desconsidera as falas de seu pai, a avó paterna é religiosamente visitada pelo filho, seu pai, nos fins de semana. Curiosamente, a mãe de Hans não acompanha o marido nessas visitas, e o que poderia configurar-se como um evento familiar revela-se, de fato, uma relação dual, do filho com a mãe, a ponto de Hans, no decorrer de suas fantasias, acabar por casar o pai com a avó e ele com a mãe. Dessa forma, Hans assiste a seu pai tendo com sua própria mãe um tipo de relação que está se reproduzindo entre ele e sua mãe.

Hans vai vistoriando quem tem e quem não tem "faz-pipi" em seu mundo imediato; sua sede de conhecimento, como nos ensina Freud, é inseparável de sua curiosidade sexual, especialmente sobre o que se passa entre seus pais, embora o expresse de modo indireto: fala sobre os bichos, sobre seus companheiros de brincadeiras, sobre suas trocas com as empregadas da casa.

Sabemos que Hans dormiu no quarto dos pais até os quatro anos. Aqui podemos nos perguntar se Hanna também dormia lá.

Seria essa a forma que a mãe encontrou de se descompromissar de uma vida sexual com o marido? Por outro lado, não dá para supor que Hans nada sabia das relações sexuais do casal como, candidamente, assevera seu pai. Se nada viu e nada ouviu, o que é improvável, certamente intuiu, sentiu-se excluído, enciumou-se e, especialmente, erotizou-se muito. Também queria ir para a cama da mamãe, como papai fazia. Ela o encorajava e se irritava com o marido, que se opunha. Vitória e desorientação de Hans! É curioso como Freud não menciona esse fato, quando fala que é o não saber o que fazer com o acúmulo de excitação que deflagra a angústia e depois a fobia. O acúmulo de excitação inerente ao natural crescimento de Hans podia estar bastante exacerbado pela presença permanente no cenário da cena primária, a fantasia inconsciente do coito dos pais.

A barriga da mamãe cresce, fica imensa e nasce Hanna. O mundo de Hans se complica. Compete pela mãe com o pai e com a irmã. Sobre esta, afirma, de várias formas, que não quer ter uma irmãzinha. Por outro lado, identificando-se com a mãe, fantasia ter suas próprias crianças e cuidar delas com desvelo.

Hans tinha outros objetos de amor em algumas meninas de suas relações, sofria suas primeiras desilusões amorosas e as relatava para os pais; também expressava afeto por seus companheiros de brincadeira. Freud faz uma observação a respeito da necessidade de as crianças terem esses companheiros, como Hans tinha na casa de campo e não tinha em Viena; na cidade, sua libido ficava intensamente direcionada para a mãe, e o conflito com seu pai e sua irmã acentuava-se.

É importante constatar como Freud (1957/1915) assinala em seu texto sobre as vicissitudes das pulsões, que estas necessitam do objeto, mas o objeto não é fixo, por deslocamento de sua função,

132 A PSICOSSEXUALIDADE

podendo ser substituído. Ou seja, a pulsão procura sempre seu objeto, não havendo possibilidade de um vazio de objeto; trocamos de amores, mas há a necessidade da existência de um objeto de amor. É por isso que, na "economia" dos amores familiares, há tanto drama, traições, desilusões e competição. E, muitas vezes, uma confusão desorganizadora entre os amores incestuais (entre pais e filhos e entre irmãos) e os amores sexuais genitais adultos.

Dessa forma, constatamos que, na casa de campo da família, com muitos companheiros de brincadeira, Hans quis que a amiguinha Marie dormisse com ele e, ao ser impedido pela mãe, ele a enfrenta e diz que então ele irá dormir com ela. Temos aí um Hans identificado com o pai que dorme com uma mulher. Na impossibilidade de ter a mãe, ele quer Marie, quer ser homem como papai, em oposição a ter filhos como a mãe. Mas Hans terá que aprender que deverá adiar para mais tarde suas explorações sexuais exogâmicas. Ele é proibido de acompanhar suas amiguinhas ao banheiro; no entanto lhe é permitido (incentivado?) acompanhar sua mãe nessa situação. Em Viena, sem os companheiros de brincadeiras que deslocassem um pouco o foco de seus interesses, o impasse de sua situação entre a mãe e o pai se exacerba, e eclode a fobia. Não trataremos dela aqui, estamos tão somente observando a evolução psicossexual de Hans, que ocorre num contexto sempre familiar, intersubjetivo.

Assim, um dia, quando a mãe o está secando após o banho, ele pede para ela pôr o dedo em seu "faz-pipi", o que ela estava, cuidadosamente, evitando fazer. Ela se recusa e diz que isso seria uma porcaria. Mais uma vez, ela o confunde e ataca sua autoestima de homenzinho em vez de lhe dizer que isso ele deveria adiar para fazer no futuro com sua namorada, apontando, de modo claro, que ela, por ser sua mãe, está impedida de fazê-lo. Essa mãe, ao mesmo tempo que rejeita e ridiculariza os impulsos sexuais de Hans para com ela, também os excita, trazendo-o para sua cama e levando-o para acompanhá-la ao banheiro; e, mais importante que isso, insurge-se irritada contra o pai, que faz objeção a esses seus hábitos. Hans, como vemos, recebe mensagens desorientadoras da mãe. Ela o excita, ela o rejeita, ela é mais forte que o pai; onde Hans poderá "amarrar o barquinho" da sua identidade de homem? Aplica-se muito bem aqui o *"che vuoi?"*. O que quer essa mulher de mim, afinal? (Lacan, 1995/1956-1957).

O pai cede à mãe, não impondo seu lugar de homem a seu lado nem fazendo a interdição à mãe para Hans. Parece intimidado pela mulher. Como mencionamos, talvez também o seja pela sua própria mãe. De fato, a clínica nos mostra que esse tipo de vínculo materno, aprisionador do desenvolvimento dos filhos, passa de geração a geração. Há uma sequência de mães que não permitem que a interdição ocorra e de pais que, por terem tido mães semelhantes e pais inseguros de seu papel, também não conseguem funcionar como pais em sua função essencial de interdição.

Hans confunde-se, não sabe qual seu lugar; oscila entre ser como a mãe, que tem crianças, e o pai, que tem uma mulher na cama e faz crianças nela. Hans não renuncia a essa mãe (que o confunde) nem se identifica com o pai, tão perdido diante da mãe como ele próprio. Seus impulsos sexuais, naturalmente emergentes na busca desorientada de um objeto, intensificam suas ansiedades, e ele encontra na fobia uma solução de compromisso. Hans tentava encontrar um sentido que o lançasse para outra posição na família, identificado ao pai como homem e não como objeto fálico da mãe, manejado por ela a seu bel-prazer.

Estamos acompanhando como os impulsos incestuais primitivos próprios ao humano e que constituirão a base sobre a qual se dará a ligação primordial com a mãe, constitutiva do psiquismo,

134 A PSICOSSEXUALIDADE

deverão encontrar obstáculos que impeçam sua culminação na realidade. O desejo da mãe pelo pai e o fato de ela demonstrar ao filho (com muita delicadeza) sua insuficiência para preencher sua falta existencial, além da possessividade ciumenta do pai em relação a ela, são os caminhos que a psicanálise indica como os mais diretos para a função dessa interdição necessária.

A FUNÇÃO DO PAI É SIMBÓLICA

Lacan (1995/1956-1957), falando do trajeto masculino, como é o caso de Hans, explica, de forma muito clara, do que se trata:

> *Pai é aquele que possui a mãe, que a possui como pai, com seu verdadeiro pênis... É preciso que o verdadeiro pênis, o pênis real, o pênis válido, o pênis do pai funcione, por um lado. É preciso, por outro lado, que o pênis da criança, que se situa comparativamente ao primeiro... reúna-se à sua função, sua realidade, sua dignidade. E para fazer isso é preciso que haja passagem por essa anulação que se chama o complexo de castração. Em outras palavras, é na medida em que seu próprio pênis é momentaneamente aniquilado que à criança é prometido mais tarde ter acesso a uma plena função paterna, isto é, alguém que se sinta legitimamente de posse de sua virilidade. (p. 373)*

Lacan está nos dizendo que pai é quem preenche o desejo da mãe, tendo relações sexuais com ela. E deixa muito claro que a ele pertence o direito e o poder de chegar à culminação de seu desejo de homem com ela, dando a entender que, entre o casal, passa-se algo muito diferente do amor maternal que ela dirige a seus filhos. A estes resta partilhar o afeto maternal dela, dividindo-o com seus irmãos, e projetar para o futuro a possibilidade de ter uma mulher como mamãe só para si (ou um homem como papai, quando tratar-se de uma menina). Pode-se enfatizar aqui o efeito traumático para o jovem pai quando percebe que a mulher, substituta longamente esperada da mãe da infância em seu "acordo" edípico existencial primitivo, não estará lá para ele como "planejou" e desejaria. Trata-se verdadeiramente de uma "traição" do contrato edípico.

Por outro lado, concomitante à postura necessariamente triunfante do pai, no caso do menino, trata-se de saber colocá-lo, ao mesmo tempo, numa posição de "sócio" dessa masculinidade a que ele assiste e prepara-se, com a ajuda do pai, para exercer no futuro. Ele aprende que não há equiparação entre amor materno e amor sensual adulto. A essa constatação a psicanálise chama castração simbólica, isto é, o pequeno pênis do filho é "aniquilado", no dizer de Lacan, mas com a promessa de um pleno exercício da masculinidade quando for grande como papai. Para isso, é necessário que o pai valorize a masculinidade do filho (evidentemente, a mãe também), e que este capte o significado de seu próprio pênis referendado pelo pai. Ou seja, repetindo Lacan, que o pênis da criança reúna-se à função, à realidade, à dignidade do pênis do pai.

Lacan (1995/1956-1957) acrescenta:

> *A experiência nos ensina que, na assunção da função sexual viril, é o pai real cuja presença desempenha um papel essencial. Para que o complexo de castração seja pelo sujeito verdadeiramente vivido, é preciso que o pai real jogue realmente o jogo. É preciso que ele assuma sua função de pai castrador, a função de pai sob sua forma concreta, empírica. (p. 374)*

136   A PSICOSSEXUALIDADE

Nessa conhecida passagem de Lacan, podemos acrescentar que se espera da mãe que jogue seu jogo no mesmo time, e não a favor do "adversário", no sentido de saber e aceitar que um ponto de basta deve ser colocado nas aspirações crescentes da criança em ter a mulher, que é a mãe, para si, integralmente. A aliança da mãe deverá ser, claramente, com o pai e não com o filho, para o bem deste. Trata-se aí de nada menos que o grau de saúde mental futuro da criança.

Nem tudo se passou dessa forma com o pequeno Hans. Nem o pai nem a mãe jogaram o jogo como se deve. O desejo da mãe pelo pai não surge no relato do caso. Só sabemos que esse casal se separou mais tarde. Hans dorme com os pais até os quatro anos e sua mãe se irrita quando o pai tenta, debilmente, interpor-se entre ela e Hans, tirando o filho de sua cama, questionando a pertinência da presença dele no banheiro com ela ou sugerindo que ela fosse mais criteriosa em sua troca de carinhos com ele.

A mãe de Hans passa por cima dessas considerações e vai impondo sua lei. Ao mesmo tempo que sinaliza para Hans que o pai não é para ser levado em conta, confunde-o em sua relação com seu "faz-pipi", ameaçando cortá-lo se nele puser os dedos; chama de porcaria se ela tocar nele; não lhe esclarece a diferença anatômica dos sexos; em suma, coloca-se como poderosa em relação ao pai e desorientadora em relação à masculinidade do filho. Este, sentindo-se incapaz de satisfazê-la, algumas vezes como que "suplica" ao pai que cumpra seu papel, que tenha ciúmes dele com a mãe, que se aposse da mulher como homem, que interdite seus impulsos incestuais em relação a ela. Enfim, que seja pai.

É assim que Lacan (1995/1956-1957) entende seu sonho das duas girafas, do qual Hans conta que havia uma girafa grande (o pai) e outra pequena e amassada (a mãe), e que a grande gritava pela pequena que ele, Hans, havia-lhe tirado e, em seguida, a grande parou de gritar e Hans sentou-se em cima da pequena (Freud, 1955a/1909). Reproduz-se, nesse sonho, as cenas de suas idas para a cama da mãe, apesar dos protestos do pai. Aparentemente, Hans sublinha sua vitória sobre o pai. Lacan, no entanto, aponta aí a necessidade de Hans de que o pai lhe ponha limites, o que nunca acontece, pois o pai sempre "para de gritar", não se encoleriza nem sente ciúmes, deixa-o "sentar-se sobre sua mulher", e a vontade da mãe sempre prevalece. Assim Lacan se expressa:

> *Trata-se com efeito, para a criança, de retomar a posse da mãe, para grande irritação e até mesmo cólera do pai. Ora, essa cólera nunca se produz no real; o pai jamais se entrega à cólera e o pequeno Hans lhe sublinha isso: "Você deve estar com raiva, você deve estar com ciúmes". Explica-lhe o Édipo, em suma. Infelizmente o pai nunca está ali para fazer o papel do deus Trovão. (p. 269)*

A fragilidade do pai de Hans em fazer valer seu desejo de homem perante a mulher, e sua impossibilidade de colocar um ponto de basta explícito nos anseios incestuais de Hans em relação a ela, aliadas à necessidade de Hans de dar, de alguma forma, um sentido para as sensações vitais emergentes de seu "faz-pipi", levam-no a um impasse angustiante, e ele desenvolve a fobia.

Referindo-se ao pai de Hans, Lacan aponta:

> *Porque Vatti é perfeitamente gentil... Se houvesse existido um Vatti de quem realmente se pudesse ter medo, teríamos ficado nas regras do jogo, teríamos podido fazer um verdadeiro Édipo, um Édipo que ajuda a sair das saias da mãe. (p. 354)*

138 A PSICOSSEXUALIDADE

Essa expressão de Lacan, "um pai de que se pudesse ter medo", parece bastante fora do contexto de nossos tempos, nos quais a regra é não frustrar os filhos para não "traumatizá-los", menos ainda causar-lhes medo. Lacan está se referindo, no entanto, à capacidade de colocar um impedimento explícito na busca da culminação da pulsão incestuosa por parte do filho. Este, sem esse impedimento claramente exposto, se angustiará na procura repetitiva de qual é o limite, afinal, disso que ele procura sem saber do que se trata e para o qual é impelido por forças mais fortes do que ele.

No entanto, a função interditadora do pai, ao mesmo tempo que representa um corte, uma frustração constitutiva, é apaziguadora, pois sinaliza para a inutilidade de uma busca repetitiva e empobrecedora pela mãe, abrindo espaço e energia para as alternativas exogâmicas:

> *A intervenção do pai introduz aqui a ordem simbólica com suas defesas, o reino da lei, a saber, que o assunto, ao mesmo tempo, sai das mãos da criança e é resolvido alhures. O pai é aquele com quem não há mais chance de ganhar, senão aceitando tal e qual a divisão das apostas. (p. 233)*

Há um aspecto aqui a ser levado em conta que é de fundamental importância, e que se refere ao que Lacan chama de ambientalismo – considerações sobre o "ambiente" oferecido à criança ao nascer e em seus primeiros anos, como: teve pai, não teve pai, o pai estava, mas era "ausente", a mãe era dominadora, quem ou o que exerceu a função paterna de corte, podem dar a entender que haveria uma relação direta (automática) entre o tipo de "ambiente" oferecido à criança e a forma como ela elabora sua passagem pela interdição, que a liberará para ser si própria.

De fato, não é disso que se trata. Primeiro porque, mesmo sem pai presente e a criança sendo criada só com a mãe, a interdição pode perfeitamente ser instaurada. Além disso, como vimos no caso Hans, o pai pode estar presente, e mesmo assim Hans teve que recorrer à fobia como forma de neutralizar, sintomaticamente, sua angústia diante do dilema: ser o objeto de desejo da mãe ou ser homem como papai.

De que se trata, então? Segundo Lacan, "é a partir de seu lugar no complexo que podemos compreender melhor o papel do pai" (p. 174).

Em primeiro lugar, o pai interdita a mãe ao filho, instaurando, como se diz, a proibição do incesto. O que o pai interdita? Num plano concreto o pai pode interditar as expressões dos impulsos incestuosos da criança em relação à mãe que, a seu ver, ultrapassem certos limites, o que, obviamente, só ocorre com a conivência dela. O caso Hans aponta para essa situação, e também para o fato de as admoestações do pai terem sido aí inócuas para resolver a questão; a clínica nos oferece inúmeros exemplos semelhantes. Trata-se de situações nas quais a criança encontra, na estrutura da mãe, um apoio para sua rebelião em face da interdição. E aí se confunde e se desorienta, perdendo o rumo.

Por outro lado, a mãe pode, perfeitamente, exercer sozinha a função concreta de interdição. Ocorre, no entanto, que a presença real do pai produz complexos efeitos inconscientes que também participam desse processo e que vão modelar, de forma determinante, a constituição subjetiva da criança. Lacan nos aponta:

É aí que o pai se liga à lei primordial da proibição do incesto. É ele o encarregado de representar essa proibição. Às vezes, tem que manifestá-la de maneira direta, quando a

> criança se deixa levar por suas expansões, manifestações e
> pendores, mas é para além disso que ele exerce seu papel.
> É por toda sua presença, por seus efeitos no inconsciente,
> que ele realiza a interdição da mãe. (p. 174)

Na medida em que a mãe é o objeto primordial para a criança, e o pai interfere entre as duas, surge da parte desta uma reação agressiva contra o pai. É essa agressividade que, projetada imaginariamente no pai, retorna como intenções retaliatórias do pai contra ela. Se a criança é um menino, que começa a estar consciente das manifestações de seu "faz-pipi" e está muito preocupado em não perdê-lo, pois afinal existe quem não o tenha; o medo da castração faz todo sentido.

O caso Hans e a clínica mostram como o pai pode, muitas vezes, ficar com receio de interferir com maior firmeza no relacionamento da dupla mãe-filho, seja por medo de perder o amor deste, seja por causar irritação na mulher, seja por identificar-se com o filho nessa situação ou por, simplesmente, não saber como fazer, provavelmente porque seu pai também não o soube.

Assim, aspectos agressivos inerentes à passagem pela interdição são minimizados, e tenta-se vivê-la somente referenciando-se no afeto; ninguém quer magoar ninguém, como se fosse possível que uma passagem existencial de tal intensidade, ou seja, a frustração e a revolta de ter que renunciar à mãe como objeto do desejo, pudesse se efetivar de forma unicamente amorosa. O que acaba por acontecer, como no caso Hans, é que a mãe permanece todo-poderosa na relação com a criança, o pai se lhe aparece como assujeitado à vontade desta, e a criança fica sem ter onde se "agarrar" para sair do lugar de objeto do desejo da mãe e poder assumir seu próprio desejo.

Evidentemente, há amor envolvido nesse processo, e é por meio dele que a função de interdição se conclui. Se há o medo da retaliação do pai, diante da agressividade que a competição com ele pela mãe suscita, há também o amor, que é o que faz com que a criança possa renunciar à mãe e se identificar com ele. No caso do menino, estabelece-se algo equivalente a: "Quando crescer, serei igual ao papai e terei uma mulher como mamãe". Segundo Lacan, trata-se de

> tornar-se alguém, já com seus títulos de propriedade no bolso, com a coisa guardada e, quando chegar o momento... ele terá seu pênis prontinho junto com seu certificado: Aí está papai que no momento certo o conferiu a mim. (p. 176)

A forma como se dá a interdição da culminação incestuosa com a mãe, seja ela qual for, deixará marcas indeléveis na criança e estabelecerá seu modo de lidar com vários aspectos de sua realidade. A função do pai é, portanto, a função de interditar os impulsos de culminação incestual da criança com a mãe, ao mesmo tempo que a desaloja da posição de se perceber como o objeto que completa a mãe. O desejo da criança é ser tão intensamente desejada pela mãe, como ela a deseja. No entanto, a mãe deverá ter outro desejo para além da criança e que a complete de outra forma a que a criança não tem acesso. Esta, então, percebe que o desejo da mãe não se completa nela, que ela não tem para dar à mãe o que esta deseja e que, enquanto desejo de mulher, a mãe dirige-se para o pai para completar-se. É ele quem detém o falo que a completa.

Lacan indica que

> a estreita ligação desse remeter a mãe a uma lei que não é a dela, mas de um Outro, com o fato do objeto de seu

142 A PSICOSSEXUALIDADE

> *desejo ser soberanamente possuído, na realidade por esse mesmo Outro a cuja lei ela remete, fornece a chave da relação do Édipo. (p. 199)*

E ele continua, acrescentando que o que constitui o caráter decisivo de todo esse processo não é o pai em si, mas sua palavra de interdição, que a mãe respeita e a ela se submete. De fato, a entrada do pai só pode ocorrer por meio da fala da mãe, isto é, mediada por ela. O pai intervém a título de mensagem para a mãe e também para o filho. Trata-se de uma proibição dupla. Em relação ao filho: "Não te deitarás com tua mãe". E em relação à mãe: "Não reintegrarás o teu produto" (p. 209). Como vimos, no caso Hans, sua mãe não legitima a fala do pai, não se submete a ela.

Cabe aqui retomarmos a afirmação de Lacan de que a expressão função-do-pai deve ser considerada enquanto função dentro do complexo de castração, pois, atualmente, falar em submissão da mulher ao homem gera um desconforto tal que acaba por anular a escuta do que de fato é importante. O fundamental é que a mãe deverá, sim, submeter-se à lei do pai, no que se refere à interdição dela à criança, e que o pai deverá igualmente ser capaz de ditar tal lei. Problemas ocorrerão se, devido a determinadas características das estruturas do pai ou da mãe, essa função ficar impedida ou desvirtuada, por um, pelo outro ou por ambos.

É a direção do desejo da mãe pelo pai que o colocará para a criança como objeto também de seu desejo. Ou seja, a mãe é substituída pelo pai como objeto de desejo da criança, para quem este se estabelece como um ideal a ser atingido, como aquilo que, por capturar o desejo da mãe, reveste-se de uma aura toda especial. No caso do menino, o pai se estabelece como a figura maior de identificação; no caso da menina, como aquele que detém o que ela, assim como a mãe, deseja para se completarem, ou seja, o falo.

Mais adiante em sua obra, Lacan (1962-1963) acrescentará que o que dá ao pai sua autoridade é o seu desejo de homem, um saber sobre a causa de seu desejo. Ao pai se confia a função de saber, afinal, o que quer essa mulher. Ele é a primeira representação do sujeito-suposto-saber. Mas o que o pai sabe? Como apontou Nominé (2007), "não se vai verificar, o pai está lá e ele, ao menos, deve bem saber" (p. 48).

É de uma forma simbólica que o pai, a partir das construções imaginárias da criança a respeito de sua função, assume seu posicionamento de interdição da mãe e de instituição da lei, chamada de lei do pai. Sem esta, a criança se veria à mercê de uma lei materna sem controle externo, a não ser os humores de benquerer ou malquerer da mãe. A criança ficaria, para sempre, assujeitada à vontade dela. Ao entrar nessa relação como terceiro, o pai libera a criança do assujeitamento ao desejo da mãe, abrindo-lhe as portas para um caminhar na direção de assumir-se como sujeito de seu próprio desejo. É disso que se trata quando falamos na conquista progressiva de certa autonomia psíquica da criança em relação aos pais e que lhe possibilita fazer escolhas exogâmicas. Aos poucos, a criança perceberá que a lei do pai é, de fato, a lei da cultura à qual o pai também estará sujeito. A função do pai, portanto, libera.

Para tanto, como vimos anteriormente, é necessário que tanto o pai quanto a mãe "joguem seu jogo" de acordo com as regras, isto é, que ambos tenham consciência de que, embora a criança nasça com um impulso vital primordial, que lhe permite fazer o laço primeiro com a figura materna, laço este inerentemente sexual-incestuoso, ambos terão que, funcionando em sintonia, modelar essa tendência original para que a criança passe da mãe para o pai, e deste para si própria e para a vida.

No trecho citado, a palavra consciência é usada com uma ênfase especial, dado que, não importando o formato que determi-

144 A PSICOSSEXUALIDADE

nada família venha a assumir, as regras permanecem e, havendo a consciência delas, suplências e próteses podem estar disponíveis, permitindo a constituição psíquica viável da criança.

Como vimos, o pai é o portador de duas leis: "Não te deitarás com tua mãe", e "não reintegrarás o teu produto". A criança, em seu fascínio da relação dual com a mãe, estará muito atenta em como esta reagirá ao posicionamento do pai: se o acata, se o desacata, se o confirma, se o desconsidera, se o ridiculariza, se o endossa, se o elide sub-repticiamente, enfim, tantas possibilidades quantas diferenças existem entre os seres humanos. Na combinação dos posicionamentos dos pais diante dessa interdição, surgirá boa parte da constituição subjetiva da criança. Lacan (2001) afirma: "o sintoma da criança está no lugar de responder ao que há de sintomático na estrutura familiar" (p. 373).

Vimos como assim ocorreu no caso da fobia de Hans, da mesma forma como, no caso relatado, constatamos o efeito em Teresa dos posicionamentos de seu pai na família. Teresa chegou a ter um bom e divertido relacionamento com ele na infância, quando este acompanhava suas lições de manhã enquanto sua mãe trabalhava e depois a levava à escola. "Era muito divertido ficar com ele", diria ela na sessão. Nessas ocasiões de intimidade exclusiva com o pai (seu irmão ainda não era nascido), é possível que a menina Teresa tenha desenvolvido uma forte ligação afetivo-erótica com o pai, e podemos supor que seus próprios impulsos em relação a ele a tenham "assustado", dando origem a uma repressão "protetora". Conforme foi crescendo, no entanto, sua percepção das deficiências do pai como provedor da família, apoiando-se indevidamente no trabalho da mulher ("explorando minha mãe"), levaram-na a deslocar do pai para o avô e para o tio seu referencial de figura masculina, e a criar um vínculo de culpa com a mãe idealizada da primeira infância. Posteriormente, algo dessa situação pregressa foi relocada em sua relação com João, na forma de um não permitir que este se colocasse diante dela como o objeto de seu desejo, como se algo de seu antigo relacionamento com seu pai, aliado à sua decepção com ele, contaminasse a nova relação. Esse fato surge com mais clareza quando João fica desempregado e ela teme que a situação de sua mãe com seu pai pudesse repetir-se com ela. Somente quando João consegue colocar-se com firmeza na defesa de seus desejos por ela é que a superposição pai-marido pode ser desfeita, e Teresa cede e assume seu lugar de mulher de João.

No caso de João, este percebia um vínculo amoroso bem-estabelecido entre seus pais e que, por sua força e estabilidade, constituiu-se como o ideal do que ele queria construir para si próprio e que o encaminhou para a exogamia. Ou seja, no dizer de Lacan (1995/1956-1957), a castração simbólica instituiu-se em João. No entanto, dois aspectos caracterizavam os intercâmbios dessa família, impactando de maneira significativa os encaminhamentos edípicos em João: um era a forte identificação narcísica do pai com o filho mais velho, tendo como ponto de apoio os talentos atléticos de ambos. O outro era a severidade e a rigidez desse pai no trato com os filhos, o que acaba por transformar o que poderia ser uma carência de pai por parte de João – pois o pai estava sempre voltado para os treinos e sucessos do filho mais velho –, em alívio por não ter que estar muito próximo dele. Como essa distância maior do pai, que lhe foi imposta pelas circunstâncias familiares e que, ao mesmo tempo, foi procurada por João, teria afetado seu desenvolvimento edipiano?

Nas sessões, transparecia uma fragilidade em sua autoestima, manifestada pela sua impossibilidade de se colocar com mais firmeza na defesa de seus desejos de homem diante de Teresa. Como, tendo a referência da relação entre seus pais, João se viu na situação conjugal em que se encontrava? Teria a devoção amorosa de sua

146 A PSICOSSEXUALIDADE

mãe para com seu pai impedido no menino João desenvolvimentos maiores das fantasias de competição com o pai pela mãe, atacando dessa forma sua identidade de homenzinho desejado? No entanto, o referencial da relação entre os pais mostrava-se como o organizador principal de seus anseios para o futuro.

Como já dito, concomitante à postura necessariamente triunfante do pai, no caso do menino, trata-se de o pai saber colocá-lo, ao mesmo tempo, numa posição de "sócio" dessa masculinidade a que ele assiste e prepara-se, com a ajuda do pai, para exercer no futuro. Diz Lacan (1995/1956-1957): "é preciso... que o pênis da criança, que se situa comparativamente ao primeiro [do pai]... reúna-se à sua função, sua realidade, sua dignidade" (p. 373). Apesar do distanciamento afetivo, João não evidenciava maiores hesitações em sua identificação masculina com o pai.

O que aparecia com mais clareza era a marca do efeito do estilo pouco afetivo dos pais para com os filhos, fato, aliás, apontado por Teresa quando se refere ao trato dos avós para com os netos. João fora "corretamente" criado, mas fantasiava ser filho das mães de seus amiguinhos que os acarinhavam, os beijavam e cantavam para eles dormirem. Há aí a falta de um desejo amoroso materno que sustentasse em João a autoconfiança de ser desejável e necessária para que ele pudesse se colocar como objeto do desejo erótico de Teresa. Voltaremos a esse ponto no Capítulo 4, quando abordaremos o complexo materno.

O DESEJO DA MULHER: A BOCA DO CROCODILO

Depois de considerarmos a função do pai na organização dos impulsos incestuais primitivos da criança, veremos a questão do desejo da mãe em seu sentido aprisionador. Em seguida, faremos uma relação com a atitude de Teresa de muitas vezes colocar seus filhos entre ela e o marido, repetindo o comportamento de sua mãe com seu pai. Teresa, como a mãe, é uma profissional bem-sucedida, mas, até por tradição familiar e por seus mandatos superegoicos, tende a colocar a maternidade em antagonismo com a conjugalidade. Vejamos o que a teoria psicanalítica nos oferece como substrato para pensar essa questão.

Freud (1964e/1932) afirma que a maternidade organiza o desejo da mulher:

> *O desejo com o qual a menina se volta para seu pai é, sem dúvida, originalmente o desejo pelo pênis que a mãe lhe recusou e agora ela espera do pai. A situação feminina é somente estabelecida, no entanto, se o desejo pelo pênis é substituído pelo de um bebê, se um bebê toma o lugar do pênis, de acordo com uma equivalência simbólica ancestral... É somente após a emergência do desejo pelo pênis que a boneca torna-se um bebê vindo de seu pai e, a partir de então, o objetivo mais poderoso do desejo feminino. Sua felicidade será maior se, mais tarde, esse desejo por um bebê se realiza e, especialmente, se o bebê é um menino que lhe traz o tão desejado pênis... Talvez devamos reconhecer que o desejo do pênis seja o desejo feminino por excelência. (p. 128)*

E conclui: "a mãe só experimenta uma satisfação ilimitada na relação com seu filho homem; essa é a mais perfeita, mais livre de ambivalência de todas as relações humanas" (p. 133).

Como sabemos, Freud, ao longo de sua obra, sempre se preocupou com o que chamava de "o enigma do desejo da mulher" e

148 A PSICOSSEXUALIDADE

acabou por concluir que, para ele, tratava-se de um "continente negro" sobre o qual só os poetas teriam algo a falar.

Passando ao largo dos inúmeros debates sobre essa questão, e um século mais tarde, podemos constatar como na clínica de família em geral, para certo número de mulheres, a maternidade permanece como o organizador principal de seu desejo e de sua identidade. Essa tendência, mesmo em tempos atuais, confere à mãe um papel de destaque no desenvolvimento de situações familiares que podem dificultar, para os filhos, a conquista progressiva de uma autonomia psíquica condizente com sua idade cronológica.

No entanto, mesmo se seguirmos o pensamento de Freud, de que o desejo do filho é o desejo feminino por excelência, a clínica de família evidencia que muitos outros fatores estão envolvidos nesse posicionamento da mulher. Entre eles, o abandono conjugal, a transmissão intergeracional de valores sobre a maternidade (como no caso de Teresa) e a dificuldade para criar uma identidade paralela ao ser mãe contribuem para o estabelecimento de uma função materna aprisionadora.

Um componente fundamental nessa questão seria a capacidade da mulher de poder sustentar a regressão psíquica necessária para suprir as necessidades afetivas primitivas de seu bebê, ou de filhos pequenos, e poder fazer o caminho de volta, atendendo a seus outros desejos. A mãe, por motivos decorrentes da forma como experienciou seus próprios vínculos primitivos, pode ter a necessidade de neles permanecer, revivendo-os por meio de seu filho. Trata-se, aí, de um aprisionamento para ambos, às vezes, com consequências graves.

Outro aspecto, já mencionado, mas que deve ser relembrado, é o fato de a criança pequena oferecer à mãe uma qualidade e intensidade de amor que jamais será encontrada em nenhuma outra relação afetiva. Renunciar a ele, para que a criança possa desenvolver "outros amores", requer da mãe um intenso trabalho de luto, nem sempre exequível para muitas delas.

Uma última observação a partir das colocações freudianas anteriormente citadas: se no inconsciente da mulher permanece o desejo de menina de ter um filho do pai, todo amor sexual adulto seria, no fundo, sempre incestual. Com os remanejamentos evidentes, o mesmo aconteceria com o homem. Como diz Freud (1905), o amor adulto é nada mais do que o reencontro do amor infantil: "há boas razões para que uma criança sugando o seio da mãe torne-se o protótipo de toda relação de amor. O encontro do objeto é, de fato, um reencontro dele" (p. 222). E mais adiante: "a afeição de uma criança por seus pais é, sem dúvida, o traço infantil mais importante que, depois de ser reavivado na puberdade, aponta o caminho para sua escolha de objeto" (p. 228).

A afirmação de Freud de que o desejo da mulher é o filho (ou seja, que mulher e maternidade se sobrepõem) foi contestada por diversos autores e, de modo especialmente passional, pelas feministas. Lacan (1998/1958), em vários momentos de obra, ocupou-se dessa afirmação. Soler (1998), como intérprete-mulher do pensamento lacaniano, fez uma articulação do pensamento dos dois autores sobre essa questão:

> *Para Freud, a mulher compensa sua falta fálica através de um filho; disso resulta que o desejo propriamente feminino torna-se o desejo do filho. Há uma sobreposição freudiana da mulher sobre a mãe. Já Lacan faz do filho um possível objeto a para uma mulher, mas situa alhures o mais-gozar propriamente feminino, criando um hiato entre mulher e mãe. Ainda que a criança, como resto da relação sexual, bem possa parcialmente obstruir a falta*

150 A PSICOSSEXUALIDADE

fálica na mulher, ela não é a causa do desejo sexuado feminino. É o órgão viril, transformado em fetiche pelo significante fálico, que preenche essa função. (p. 201)

Essa articulação é importante para o tema aqui desenvolvido, pois, se o desejo da mulher é o filho, como se poderia operar a disjunção desejo-da-mãe pelo filho e desejo-do-filho pela mãe, necessária ao "vir-a-ser" da criança? Em outras palavras, como entraria o pai? Vimos, anteriormente, que o pai só entrará se mediado pela fala da mãe, o que, portanto, indica que sua entrada é, no mínimo, complexa. E, para o que nos interessa nesta pesquisa, onde entraria o outro da relação amorosa adulta?

De qualquer forma, se a maternidade não é o único organizador do desejo feminino, ela pode, no entanto, aparecer enquanto tal, o que por si só sinaliza para possíveis descaminhos em seu funcionamento. Encontramos na literatura psicanalítica um sinal de alarme em relação aos possíveis perigos envolvidos na função materna, expresso por alguns autores. Essas observações tornam-se especialmente relevantes em nossa contemporaneidade, quando tantos lares contam unicamente com a presença da mãe na criação dos filhos.

Lacan (1992/1969-1970), numa expressão conhecida em seu Seminário 17, não economiza na expressão do perigo envolvido: chama esse fenômeno de "a boca do crocodilo" referindo-se ao fato de que somente o "rolo de pedra", representado pela função paterna e colocado entre as mandíbulas do crocodilo-mãe, poderia impedir que o filho fosse engolido por ela. De acordo com seu raciocínio, a criança permaneceria aprisionada na identificação com o falo da mãe, sem acesso ao desejo próprio a não ser por meio da mediação da função paterna, protetora de sua constituição subjetiva. O uso da expressão "boca do crocodilo" traduz a intensidade do poder e da violência que está em jogo nessa situação.

Lacan o expressa da seguinte forma:

> *O papel da mãe é o desejo da mãe. O desejo da mãe não é algo que se possa suportar assim, que lhes seja indiferente. Carreia sempre estragos. Um grande crocodilo em cuja boca vocês estão. A mãe é isso. Não se sabe o que lhe pode dar na telha e de estalo fechar sua bocarra. O desejo da mãe é isso. No entanto, há algo tranquilizador. Há um rolo de pedra, é claro, que lá está em potência no nível da bocarra, e isso retém, isso emperra. É o que se chama falo. É o rolo que os põem a salvo se, de repente, aquilo se fecha. (p. 105)*

Como já foi mencionado, Lacan (1999/1957-1958) aponta para o papel interditador (e salvador) do pai, enquanto detentor do falo, objeto de desejo da mãe. A criança é então profundamente sacudida de sua posição de sujeição ao desejo da mãe, tanto quanto o objeto de desejo da mãe é questionado pela interdição paterna. É assim que a função do pai pode "salvar" a criança da "boca do crocodilo", metáfora do desejo incestual aprisionador da mãe.

Sob outro aspecto, Roudinesco, em seu diálogo com Derrida (Roudinesco & Derrida, 2004/2001), fala do perigo do "maternalocentrismo", isto é, do perigo do poder materno sem limites de nossa sociedade atual. Diz a autora:

> *penso que o antifalocentrismo militante está sempre fadado, apesar de suas boas intenções, a valorizar um poder maternalocentrista, ou niilista, tão temível quanto o*

152   A PSICOSSEXUALIDADE

falocentrismo que pretende abolir... um poder tanto mais fálico na medida em que será exercido como um revide e, sobretudo, como um simulacro de uma conquista da feminilidade, ou do gozo ilimitado, de que as próprias mulheres correriam o risco, a longo prazo, de serem as principais vítimas... Lutamos pela igualdade e pela emancipação. Mas a experiência psicanalítica mostra que o poder exercido pela mãe sobre a criança e sobre o bebê pode revelar-se tão destruidor e até ainda mais temível do ponto de vista do psiquismo, quanto o de pais tirânicos. Gostaria muito de que as mulheres, em vias de se tornarem todo-poderosas nas sociedades democráticas, atribuíssem um novo lugar aos pais que aceitaram a ferida narcísica da partilha de seus antigos privilégios. Caso contrário, o que lhes irá acontecer e o que irá acontecer aos homens? (pp. 232-233)

Há um evidente tom de perigo nas considerações sobre o poder da função materna nesses autores pós-freudianos. No entanto, em sua vertente benéfica, essa é a função responsável pela constituição do psiquismo da criança. Como é próprio da psicanálise, os opostos benéfico e mortífero caminham sempre juntos, enquanto forças antagônicas se opõem na busca de um equilíbrio, porém sempre evanescente.

É diante desse poder da função materna que intervém o que a cultura e a psicanálise chamam de interdição do incesto, um corte organizador, tanto para o indivíduo como para a sociedade. É ele que organiza a busca de objetos exogâmicos e a diferença geracional e sexual. Ele instaura também a necessidade de um penoso trabalho de luto que se refere não somente à criança, ou à mãe, ou ao pai, mas à forma como os inter-relacionamentos familiares possam ou não dar sustentação para que os lutos ocorram. Não há como evitá-los. É indiscutível, no entanto, que o exercício da função de interdição ficará sempre na dependência da disponibilidade da mãe para acatá-la, pois ela sempre terá os meios para neutralizá-la.

Vimos como Teresa necessitou de um longo processo elaborativo nas sessões até chegar ao ponto de se desvencilhar suficientemente do vínculo aprisionador e culpado em relação à sua mãe e poder usufruir de sua vida familiar e de casal. Quando foi possível para João sustentar seu desejo de homem com mais firmeza, ele, como que tranquilamente, o impôs a Teresa, e ela, surpreendentemente, acatou. No momento adequado, João cumpriu a função paterna de corte entre Teresa e sua mãe. Veremos mais adiante o sutil processo transferencial de João com a analista na construção dessa firmeza necessária.

Temos aqui, bem evidenciada, a riqueza da clínica de casais, na qual o trabalho conjunto propicia uma modificação concomitante nos sintomas dos dois parceiros.

Vejamos agora como Redler apresenta a evolução libidinal da menina para, em seguida, acompanharmos os questionamentos à primazia do falo na compreensão da sexualidade feminina precoce, como proposto por Jacques André.

A evolução libidinal da menina

Baseando-se em Freud e Lacan, Redler (1986), em seu livro *Abuelidad*, descreve a evolução libidinal da menina, jogando com as noções de endogamia e exogamia que nos são úteis na compreensão da questão da disponibilidade sexual conjugal da mulher. Note-se, também, como ela trata a questão da ausência de pênis na menina, sinalizando-a pelo ângulo da busca de sentido para as diferenças sexuais na construção da identidade feminina. Essa abordagem é mais condizente com a realidade social atual da mulher, no lugar do conceito de inveja de pênis, mais próprio às vivências femininas no final do século XIX.

Falando sobre o percurso libidinal da menina, Redler assim o elabora:

> *O desejo deverá organizar-se na direção centrífuga do núcleo do complexo de Édipo, dimensão exogâmica que se justapõe dialeticamente a uma dimensão regressiva, narcisista, endogâmica, ou seja, psiquicamente incestuosa de atualização da satisfação original perdida. Satisfação original que se acreditou ter-se vivido, ou tido, e na direção da qual o desejo vai tender tensional e permanentemente, sem poder alcançá-la nunca. Em outras palavras, todo desejo que sustenta uma nova relação objetal mantém-se, ainda que se reestruturando, no campo de uma repetição. É uma busca no adiante de algo que ficou para trás. Para poder amar, é necessário ter sido amado e ter passado pelas vicissitudes da castração simbólica, pela queda da onipotência narcisista, pelo doloroso reconhecimento das frustrações e ausências edípicas, pela carência originária do falo, carência originária como causa do desejo inconsciente. (p. 93)*

Ela continua:

> *Segundo essa concepção do amor, a felicidade se apresenta em termos de reencontros objetais, sendo tais objetos*

> *reencontrados pontos de fixação de representações privilegiadas, psiquicamente incestuosas que, estruturadas no simbólico como Lei, adquirem estatuto imaginário e dão satisfação pulsional. O desejo que alcança a estas representações objetais é, como todo desejo, metonímico. (p. 94)*

Redler descreve a evolução psíquica da menina em seu trajeto na direção centrífuga do núcleo originário do drama edípico infantil:

> *Consideremos essa evolução funcionando no campo das satisfações substitutivas da dissolução do complexo de Édipo, com suas diferenciações e perdas a serem elaboradas a cada passo. Na evolução do complexo de Édipo, a implicação para a menina de deixar de ser (o falo) é passar a tê-lo (como pênis), o que conhecemos como a fase fálica do desenvolvimento infantil feminino. Se ela o possui, a mãe também. O desejo é, então, o de ter um filho da mãe. Continuando com a dissolução do complexo de Édipo, a menina compensa sua agora reconhecida carência anatômica e suas frustrações edípicas (entre elas a carência anatômica da mãe e a impossibilidade de ter filhos-falo com ela), com a ilusão de ser o desejo do pai e de acoplar-se com ele. Como as outras, essa ilusão também fracassa, o que dá lugar ao desejo de um bebê como presente paterno. Aqui opera a castração simbólica da mãe como fálica e a do pai como objeto de acoplamento. (p. 100)*

E a autora sintetiza:

156 A PSICOSSEXUALIDADE

> *A instauração do simbolismo edípico constitui-se na separação da mãe, na repressão da endogamia materna em relação à filha e na subsequente repressão da endogamia paterna em relação a ela. Sendo o "lugar do Pai" o gatilho disparador dessas duas repressões endogâmicas parentais fundantes na progenitura. Tal é a condição da normalidade libidinal de todo menino ou menina. Trata-se da castração simbólica que torna possível a vida do sujeito como desejante, sexuado em sua feminilidade ou masculinidade e capaz de acesso à genealogia. (p. 100)*

Redler passa, então, a descrever o longo caminho na direção da identificação da menina com a mãe:

> *A perda da mãe como objeto sexual precoce via repressões em cadeia dá lugar a um processo de identificações com ela, neste momento já como carente do falo. As tendências agora de rivalidade edípica em relação à mãe e a proibição do pai como objeto de acoplamento produzem, também por obra da repressão, representações ligadas a elas. Todas essas inscrições mnêmicas infantis dão lugar, em seu simbolismo, a efeitos imaginários, a identificações que tornarão possível a feminilidade e o acesso ao desejo de descendência. (p. 101)*

Como se daria essa substituição gradual dos primeiros objetos de amor infantil da menina até chegar à escolha amorosa adulta e às novas ressignificações do Édipo ao longo do ciclo vital? Redler assim a apresenta:

A desilusão pela impossibilidade de ser o falo, o que preenche o desejo dos pais, dá lugar à instauração das equivalências na sexualidade. Um equivalente próximo a essa conflitiva inicial é o desejo da menina de ter um filho com o pai. Como os outros, esse desejo também impossível deve deslocar-se para novos objetos. Com o marido e o filho que a menina chegará a ter posteriormente como adulta, ela realiza de forma gratificante os desejos incestuosos não realizados e sepultados desde a infância. Ela chega, através de toda essa dinâmica, a ter um marido, ter um filho com o marido e ser desejada pelo marido e pelo filho. Entretanto, a intimidade dessa nova união psiquicamente incestuosa, agora com a descendência no lugar da relação materno e paterno-filial da infância, por obra da própria repressão e por aquela que foi sendo gradualmente transmitida à progênie, vai também, aos poucos, se dissolvendo, dando um novo sentido, uma ressignificação ao drama edípico... até que a exogamia se consome outra vez na segunda geração e o filho passa a ser de outra, ou a filha, de outro. (p. 101)

Acompanhando o raciocínio de Redler, podemos localizar os pontos de fixação das frustrações conjugais futuras na progressão metonímica do desejo e na sua busca permanente das soluções de compromisso inerentes ao viver. Para a menina, assim como para o menino, a passagem de uma fase para outra sempre implicará "acordos psíquicos" do tipo: postergar um prazer imediato na perspectiva de um prazer futuro mais livre de impedimentos. A descoberta da possibilidade da expressão amorosa, já agora livre dos impedimentos da infância, constitui um dos elementos da euforia de libertação nos processos de apaixonamento, especialmente das

158 A PSICOSSEXUALIDADE

fantasias de fusão e das vivências do Um originárias. Não é difícil imaginar como as frustrações no cumprimento das promessas edípicas levam à sensação de ser traída(o) pelo(a) companheiro(a) e a um rancor difícil de ser elaborado, enquistado que está nas profundezas inconscientes do psiquismo. Pode-se afirmar que boa parte do trabalho clínico com casais circula em torno dessas questões. Redler assim o expressa:

> *Os impedimentos ao cumprimento do princípio do prazer que a realidade impõe na organização edípica vão forçosamente dar nascimento aos investimentos das sucessivas representações genealógicas do transcurso da vida... A estrutura psíquica que a mulher alcança na sua fuga na direção centrífuga do núcleo originário do drama edípico infantil permite-lhe o acesso a uma felicidade que evoca e ressignifica, centripetamente, aquelas felicidades para sempre faltantes. Na infância ela era o ser, o falo. Logo, a ilusão era ter um filho da mãe. Mais adiante era o pai quem a compensaria de suas desilusões e de suas carências infantis, de sua passagem de ser ao ter, com um bebê. Na plenitude de sua genitalidade, ela almeja levar a cabo os desejos incestuosos, cujas representações permanecem reprimidas e postergadas desde a infância, de ter um filho. História de amor anteriormente cumprida imaginariamente com o pai e agora realizada com o marido. (p. 102)*

Vejamos agora como, a partir do que foi exposto sobre a evolução libidinal do menino e da menina, podem-se compreender certas vicissitudes da vida amorosa. Poderemos compreender também como as frustrações na relação conjugal ocasionam um doloroso lugar vazio com investimentos livres que buscam ligar-se, pois, como veremos logo a seguir, a libido não suporta o vazio, isto é, não permanece sem objeto.

UM CENÁRIO FREQUENTE NA CLÍNICA DOS JOVENS CASAIS

O jovem pai, sentindo-se excluído da relação entre sua mulher e seus filhos, será invadido por sentimentos de isolamento, solidão, abandono e rejeição. Por outro lado, também terá que elaborar sentimentos de culpa, por sentir o próprio filho como um intruso e ter fantasias de lhe tirar a mãe. Pode-se perceber aí, com clareza, como essa situação lhe impõe um retorno às experiências infantis, tanto as vivenciadas na relação com sua mãe ao ter que dividi-la com os irmãos como as vivenciadas no processo de renúncia edípica a ela, em favor de seu pai.

Da mesma forma, mergulhada em sua nova, e muitas vezes ansiosamente esperada experiência da maternidade, a jovem mãe fica sem espaço psíquico para perceber o que está ocorrendo com seu companheiro e ressente-se de seu afastamento velada ou abertamente hostil. Insegura em suas novas funções, quando ela nele procura um apoio afetivo, a proteção do pai de sua organização edípica, o companheiro não estará lá disponível para lhe oferecer.

Temos aí o campo propício para a instalação de um "desaquecimento" do vínculo amoroso que, em muitos casamentos, nunca mais será retomado. Em decorrência, podem surgir a fixação doentia da mulher numa função materna compulsiva e a busca, por parte de seu companheiro, de relações fora do casamento. Devemos levar em consideração, ao refletirmos sobre esses fenômenos, as próprias características da libido.

Sobre esse tema, Freud (1955h/1916-1917) nos indica a impossibilidade da libido de permanecer sem investimento objetal e que, diante das frustrações com o objeto, a libido sofrerá redirecio-

160 A PSICOSSEXUALIDADE

namentos. Além da possibilidade de a libido retornar para o ego, Freud menciona as fixações que podem ocorrer nas primeiras fases de desenvolvimento, assim como a regressão para as fases anteriores quando obstáculos externos se interpuserem às suas buscas de satisfação em fases posteriores, apontando para a flexibilidade dos movimentos pulsionais. Ele propõe:

> *a função libidinal atravessa um longo desenvolvimento... Vejo como possível, no caso de todas as tendências sexuais particulares, que algumas de suas partes permaneçam para trás, em estágios anteriores de seu desenvolvimento, mesmo que outras partes alcancem seu objetivo final... proponho descrever o retardamento de uma parte da tendência num estágio anterior como uma fixação do instinto... as partes que avançaram mais também podem facilmente retrocederem para um dos estágios iniciais, o que descrevemos como uma regressão. A tendência será levada a uma regressão dessa espécie se o exercício de sua função, isto é, a realização de seu objetivo de satisfação encontra, em suas formas mais desenvolvidas, poderosos obstáculos externos... Quanto mais fortes as fixações no seu caminho de desenvolvimento, mais prontamente a função evadir-se-á das dificuldades externas regredindo para as fixações, e mais incapaz, portanto, a função desenvolvida se torna para resistir aos obstáculos externos em seu curso. (pp. 340-341)*

Além de fixações e regressões, as pulsões também podem exibir grande plasticidade. Freud aponta:

os impulsos instintivos sexuais em particular são extraordinariamente plásticos... Um deles pode tomar o lugar de outro, um deles pode assumir a intensidade de outro; se a satisfação de um deles é frustrada pela realidade, a satisfação de outro pode prover completa compensação... os instintos componentes da sexualidade, assim como a corrente sexual que é composta por eles, exibem uma grande capacidade para mudar seu objeto, para tomar um outro em seu lugar, e um, portanto, que seja mais facilmente alcançável. Essa capacidade de deslocamento e prontidão para aceitar um substituto deve operar poderosamente contra o efeito patogênico da frustração. (p. 345)

Isso se soma ao fato de que há uma pressão intensa e constante da libido no sentido da busca do objeto de satisfação, e que essa característica faz parte da própria essência da pulsão, como Freud (1957/1915) nos indica:

uma das essências da pulsão é sua manifestação como força constante... os estímulos de natureza pulsional prosseguem afluindo de modo contínuo e inevitável... a pulsão nos aparecerá... como uma medida da exigência de trabalho imposta ao psíquico em consequência de sua relação com o corpo. O caráter de exercer pressão é uma propriedade universal das pulsões, na verdade, sua própria essência. (pp. 147-148)

Entre a fixação e a plasticidade, a progressão e a regressão, por aí desenrola-se a libido objetal. Como se pode verificar, o fato é que, se podemos trocar de amor, não podemos viver sem ele. Pode-se dizer que a libido não suporta o vazio. Nossa cultura ocidental tem evoluído no sentido de encorajar e facilitar que o jovem pai participe mais ativamente dos cuidados com seus filhos, o que se configura como um inegável progresso e ganhos emocionais inestimáveis para os três polos envolvidos: pai, mãe e filhos. Por outro lado, permanece ainda a questão de como se retoma a conjugalidade anterior, após a instauração da parentalidade, isto é, depois da chegada dos filhos. Sabemos como a vida amorosa implica a sustentação de um campo de ilusão de que, afinal, algo das vivências de prazer primitivas encontrem nela seu lugar.

Fala-se que cabe ao jovem pai ressexualizar sua esposa e atraí-la de volta para a vida do casal, sem, no entanto, causar-lhe uma divisão afetiva de tal monta que a ansiedade gerada inviabilize todo o processo. Deve-se levar em conta, também, o fato de que, em tempos atuais, ela já estará profundamente dividida entre a maternidade e a profissão. A tarefa de "ressexualizar" a mulher após a chegada do filho parece bem complicada para muitos homens que, por um lado, já estarão ressentidos pela exclusão que, de fato, está ocorrendo e, por outro, diante de uma mulher dividida emocionalmente e, portanto, hostil a seus avanços sexuais.

Temos aí um verdadeiro emaranhado conflitual de difícil solução e que requer uma elaboração intersubjetiva cuidadosa e sensível. Pode-se mesmo afirmar que os conflitos existenciais entre a conjugalidade e a parentalidade configuram-se como uma questão nodal; poder-se-ia chamar mesmo de um verdadeiro complexo no sentido freudiano da palavra. Além disso, embora qualquer "solução" para essa problemática passe, inevitavelmente, pela elaboração intersubjetiva de cada casal, com a peculiaridade de suas histórias e suas significações e ressignificações, é indiscutível, também, que ela se refira à questão, tão evitada em nossa contemporaneidade, das diferenças entre os sexos, tanto físicas como psíquicas, com suas diferentes representações e diferentes modos de gozo. Nesse sentido, trata-se de uma questão de "solução" sem dúvida intersubjetiva, mas com componentes eminentemente intrassubjetivos, cujo núcleo central encontra-se na evolução libidinal de cada parceiro. Como já dissemos, a saída da conflitiva edípica implica uma "promessa": "Quando você crescer... como papai..., como mamãe..., terá uma mulher..., um marido... só para você!". Qualquer frustração na relação amorosa adulta faz desabar, ainda que provisoriamente, toda a construção compensatória que permitiu a saída do Édipo. E o cônjuge é visto como um traidor de uma promessa que ele, de fato, nunca fez.

Retomemos as reflexões de Redler (1986) sobre as substituições dos objetos de amor e de desejo no percurso libidinal da menina, enfatizando aqui o desejo de um filho:

> *Os investimentos livres dos lugares vazios que buscam ligar-se encontram-se com representações privilegiadas sobredeterminadas e equivalentes no inconsciente. Um filho poderá ocupar parte substituta desse lugar vazio e ressarcir a mulher de alguns desses sentimentos dolorosos. Mudanças que levam tempo e envolvem crises, lutos e conclusões por perdas de investimentos objetais múltiplos. Investimentos e perdas estruturantes que dão lugar a ligações libidinais com novos (ou mudados) objetos representativos. Aceitações, perdas e estruturações que começam desde que se nasce e não cessam de se repetir. O desejo de um filho sustenta-se graças a uma fantasmática, da qual um dos pés está no simbólico e outro no imaginário. Trata-se de reencontros fugazes com um paraíso que nunca se possuiu e que se sabe perdido. Trata-se, por isso, ao mesmo*

164 A PSICOSSEXUALIDADE

> *tempo, de uma revivescência das coisas primeiras e uma reconciliação com as coisas últimas. (p. 103)*

E a autora apresenta o fechamento do ciclo vital no desejo do neto:

> *A presença do neto é uma substituição, uma metáfora da ausência do filho e de outras ausências. O que indica ter acedido à castração simbólica ou, o que podemos considerar similar, a uma progressão no a posteriori. Um paradoxo fecundo pelo qual a futura avó renunciou primeiro como filha, a uma mãe e logo a um pai endogâmicos. E renunciou posteriormente, como mãe, a um filho em endogamia para receber em compensação desse filho emancipado e no exercício de seu próprio desejo, um neto. Ela atende ao neto como muito antes à boneca (primeiro como a ela mesma como filha, também como filho dela com sua mãe, mais tarde como filho dela com seu pai) e como logo a seu marido. (p. 104)*

Vejamos agora como Redler cita Freud, numa passagem que causa tanta controvérsia, e que retomaremos logo após a citação da autora. Diz ela:

> *Freud, no texto de 1932, A feminilidade, propõe que: "o casamento mesmo não fica garantido até que a mulher consiga fazer de seu marido seu filho e atuar como mãe...". A mulher atende, por fim, ao filho da realidade, já não ao da fantasia. Depois aparece o neto. Ela fantasia e o atende como antes a todos eles, com sentimentos procedentes de*

sua própria vida sexual. Acaricia-o, beija-o e o embala tomando-o claramente como substituto de um completo objeto sexual. Para seu inconsciente, o neto é um pleno objeto sexual. (p. 104)

A mulher reprime seus sentimentos incestuosos sendo mãe e os reprimiu antes em sua história sendo filha. Esses freios à libido endogâmica levaram-na à hipervalorização do objeto investido em cada momento histórico em jogo e a identificações, ideais, sublimações e carinho como forma de obter prazer mudando essa libido da meta inicial. Uma constante passagem do ser ao ter.

A QUESTÃO DO CUIDAR

Como vimos, Freud fala que "o casamento mesmo não fica garantido até que a mulher consiga fazer de seu marido seu filho e atuar como mãe". Como entender esse pensamento?

Mencionamos também, anteriormente, o papel de ressexualização da mulher que deve ser desempenhado pelo marido após o nascimento do filho. Mergulhada que estará nas profundezas do mundo fusional materno (com o seu bebê, e referenciando-se na sua experiência fusional pregressa com sua própria mãe), ela necessita de uma figura paternal protetora e firme que, como o pai da infância, a retire, carinhosamente, dos perigosos meandros dos sentimentos de completude que as experiências de indiferenciação psíquica acarretam. Esse é um momento existencial em que ela se apresenta para ele como uma menina fragilizada, perdida e desorientada, além de muito ansiosa. Nesse nível de regressão, ela fantasia ser cuidada e protegida como o foi pelo pai na infância! Segundo Freud, aliás, esse é o momento em que ela realiza a fantasia inconsciente de, finalmente, ter o filho com seu pai, na pessoa do marido (o que pode contribuir para uma desvalorização do marido, nessa hora).

Todos esses aspectos envolvem a noção do cuidar, matriz primeira das erotizações precoces. Pois são na esteira dos primeiros cuidados da mãe com seu bebê, e sua criança pequena, que as marcas eróticas vão se inscrever, tanto no corpo como no psiquismo desta. O pai também cuida e protege, especialmente desviando para si um excesso de concentração da libido da criança na mãe. Como podemos constatar, o cuidar primitivo está inerentemente mesclado ao amar adulto, tanto na forma de dar cuidados (identificando-se com os pais que cuidaram) como de receber (identificando-se com a criança que foi cuidada).

Estaria essa observação de Freud apontando na direção de que, como substituta da figura materna cuidadora e erotizante da infância, o marido esperaria de sua companheira certas atenções e cuidados que, para ele, dariam sustentação à relação? Não seria a capacidade materna dela um fator importante da atração? Evidentemente não se trataria de ser mãe do marido, o que poderia ocasionar a deserotização dela em relação a ele, mas de poder ocupar um lugar eventual do cuidar como forma de dar sustentação à fantasia e ao desejo dele.

A questão da indisponibilidade sexual da mulher pode ser focalizada por esse mesmo ângulo. Como compreender e estar atenta às necessidades sexuais dele que, especialmente na frequência, podem ser diferentes das dela? O que seria o cuidar, nessa situação? Na Vinheta 8, ela observa: "Ele não consegue entender que são prazeres diferentes, transar para gozar e transar para amá-lo". Ele deseja que ela tenha tanto prazer quanto ele, e ela lhe diz que há também um prazer de se entregar sem gozar. Veremos, a seguir, como Lacan propõe diferentes tipos de gozo na mulher.

O papel histórico de protetor (e de dominação) do homem em relação à mulher sofreu imensas modificações em nossa sociedade contemporânea, e, graças a essas mudanças, atualmente os cônjuges se veem numa relação horizontal de companheirismo. Isso não impede, no entanto, que, nos momentos regressivos, como o da maternidade, mas em outros também, incluindo aí a relação amorosa, surjam na mulher fantasias de ser protegida e cuidada, ao reviver nessa situação as marcas de seus primeiros caminhos eróticos com seu pai.

Cuidar e amar estão, portanto, conectados na origem.

AS DIFERENCIAÇÕES SEXUAIS E A LÓGICA FÁLICA

A reflexão a respeito das diferenças sexuais desperta, como sabemos, muita controvérsia, envolvida que está nas questões ainda não amplamente resolvidas da emancipação da mulher. Essa confusão baseia-se na proposição de que foi a ênfase nas diferenças sexuais que determinou, desde sempre, a sujeição da mulher ao homem. Nesse sentido, qualquer reflexão sobre diferenças sexuais é vista como perigosa, um retrocesso nas conquistas femininas, e prega-se uma total igualdade entre os sexos. Há aí uma confusão entre igualdade jurídica e moral, que é inquestionável, e a negação de diferenças anatomofisiológicas e suas representações psíquicas que, evidentemente, permanecem.

Outro aspecto a ser considerado é o fato de que toda a transformação causada pela mudança do papel social da mulher, ainda em curso, requer, concomitantemente, uma reorganização das representações sobre a feminilidade e a masculinidade, reorganização essa que afeta, especialmente, a relação conjugal e a família.

Neste trabalho, nos concentraremos, tão somente, nos aspectos psicanalíticos da diferença dos sexos, ou seja, nas representações

168 A PSICOSSEXUALIDADE

inconscientes que cada indivíduo constrói sobre ela, especialmente a partir de suas experiências afetivas mais precoces que, justamente, o encaminham para a organização de sua identidade sexual.

Fazendo uma digressão sobre a questão da dominação histórica do homem sobre a mulher, vale aqui lembrar algumas reflexões de Freud, já mencionadas neste trabalho.

Em "O mal-estar na civilização" (1955e/1930) ele aponta, como vimos anteriormente, para a importância para o homem de sua expressão genital.

E também para o que ele (1955g/1921) chama de "cálculo de conveniência", no qual a necessidade de contar com o desejo satisfeito no momento em que ele volte a surgir possa ter sido o motivo mais imediato para realizar sobre o objeto sexual (a mulher) um investimento permanente e a "amá-lo" também nos intervalos livres de desejo.

Freud (1957/1915) fala, ainda, sobre a pressão que o impulso sexual exerce sobre a mente, cobrando do indivíduo uma ação para neutralizá-la, a famosa "medida da exigência de trabalho imposta ao psíquico em consequência de sua relação com o corpo" (pp. 147-148).

Talvez a sugestão de Freud sobre a necessidade do homem de ter a mulher, seu objeto sexual, sob controle para os momentos em que "o desejo volte a surgir", aliada à pressão imposta à mente pela libido, possa ter a ver com a questão da dominação sobre ela, assim como a frequência maior dos crimes passionais cometidos pelo homem, ou a necessidade de um total controle sobre a mulher dos mulçumanos, e por aí vai.

Cabe aqui também as considerações de Soler (1998) que, seguindo Lacan (1973), e falando a respeito das diferenças sexuais "nos seres que estão sujeitos à linguagem" descreve o papel do Édipo ao mesmo tempo como uma resposta e uma solução para essas questões.

Diz ela:

> O sexo diz respeito de modo evidente às diferenciações que não são apenas subjetivas, mas outras, supostas naturais, aquelas dos organismos, visíveis nas diferenças anatômicas, antes que a ciência trouxesse à luz metabolismos diferenciais segundo os sexos. Ora, a vida mantém... a sexe ratio entre os viventes: grosso modo, tantos machos, tantas fêmeas. Constatamos, por outro lado, que os humanos, por mais fala-seres que sejam, não se atrapalham tanto em suas "coiterações" [relações de coito], e não repugnam reproduzir-se. Daí a pergunta: como a linguagem que produz o sujeito, o dispõe a realizar as finalidades da vida, e isso apesar do efeito de desnaturalização instintual que ela engendra...? (p. 187)

Soler continua apontando que é a essa pergunta que o Édipo freudiano responde ao indicar que, no inconsciente, a diferença anatômica é significantizada e reduzida à problemática do *ter* fálico, ao passo que as pulsões parciais em si próprias ignoram a diferença sexual. Portanto, é o desejo sexuado como tal que se torna passível de uma explicação. Diz ela que o Édipo freudiano responde à seguinte pergunta: como pode um homem amar sexualmente uma mulher? E a resposta reduzida ao essencial é: não sem ter renunciado ao objeto primordial e ao gozo a ele referido. Freud (1964e/1932) tentou transpor a explicação para o lado feminino, mas não o conseguiu. Para Freud, diz Soler, o Édipo faz o homem, mas não faz a mulher.

Veremos mais adiante, como André (1995) apresenta um questionamento e uma ampliação dessa perspectiva falocêntrica na compreensão do Édipo feminino.

Lacan (1973), por seu lado, formalizou de modo preciso o mais além do Édipo com a lógica do não-todo. Ele extraiu do Édipo freudiano a lógica de conjunto do todo. Diz Soler (1998) que "é ela que faz o homem", para a mulher, "trata-se de outra coisa, de um mais além, de um outro gozo que, longe de excluir a referência ao falo, a ela se acrescenta a partir de uma outra lógica, a lógica do não-todo" (p. 188).

Sabemos que Lacan (1973) diverge de Freud e propõe uma revogação da "obrigação" da castração no caso da mulher. Nesse sentido, o homem necessariamente tem que passar pela castração, isto é, pela renúncia à mãe como objeto de desejo e pela repressão de seus impulsos eróticos em relação a ela; já a mulher é não-toda castrada, isto é, sua relação com a mãe deixa vestígios de tendências fusionais não totalmente reprimidas, não é uma renúncia total. O próprio Freud (1964e/1932) já dissera que as meninas permanecem na fase edipiana por um tempo indeterminado e que sua resolução é tardia e, mesmo assim, incompleta.

Podemos imaginar que essas tendências fusionais não totalmente reprimidas são reativadas (e necessárias) na vivência da maternidade em seus primeiros meses e alguns poucos anos. No entanto, como vimos no caso relatado, permanecer no "gozo da mãe" pode também levar a um prejuízo na relação com o companheiro.

Como expõe Soler (1998), as manifestações da não-toda são esporádicas em oposição à constância da função fálica para todo homem. Dessa forma, na mulher (ou na posição feminina) convivem o gozo propriamente feminino da relação genital (gozo do órgão), o gozo do acesso à existência (que anula sua falta-a-ser, como veremos a seguir) e o gozo místico, ou outro gozo. Se Lacan (1973) reduz o Édipo à lógica única da castração, por outro lado, ele acrescenta que essa lógica não regula todo o campo do gozo. Há uma parte que não passa para o Um fálico e permanece real. Da mesma forma, continua Soler (1998), dizer que as mulheres são não-todas na função fálica, reconhecer-lhes outro gozo que não aquele organizado na castração, não é creditar a elas uma "natureza antifálica" qualquer. Nesse sentido, diz ela, Lacan, como Freud, afirma o falocentrismo do inconsciente. É assim que o semblante fálico é o significante-mestre da relação ao sexo, organizando a diferença entre os homens e as mulheres assim como suas relações.

Soler enfatiza que, quanto ao outro gozo, é preciso distingui--lo dos gozos que a teoria situou como pré-genitais e aos quais a criança, independentemente de seu sexo, é iniciada na relação com a mãe como Outro e como objeto primordial. A relação ao corpo da mãe, portanto, para ela, não é a chave do gozo outro. Os surgimentos deste último na relação sexual, como o gozo dito vaginal, ou os gozos místicos, por exemplo, só se atestam no nível do que se experimenta sem se inscrever em um saber. *Ele é o gozo real que por definição recepta.* Daí sua evocação em uma estrutura que é necessariamente de mais-além: mais além do falo, mais-além do objeto, mais-além do dizer, essa estrutura do mais-além negativando todo o aquém-de. O que se pode estudar, em contrapartida, são suas consequências subjetivas. O encontro com um gozo que abole o sujeito, que o "ultrapassa" (Lacan, 1973, p. 23), deixando-o entre "uma pura ausência e uma pura sensibilidade" (Lacan, 1998/1962, p. 742), que não pode ser senão "re-suscitado" (Lacan, 1973, p. 23), sem ser tornado significante, divide o sujeito feminino e, dessa forma, gera defesas, recursos e exigências específicas.

172 A PSICOSSEXUALIDADE

Freud e Lacan partem da lógica fálica nas tentativas de entender a feminilidade. Dessa forma, o gozo real, que por definição recepta, fica num mais-além da compreensão. Veremos adiante como André (1995), sem negar a importância dessa lógica, a ela acrescenta outro ângulo pelo qual também se deve compreender a organização da sexualidade feminina. Por esse outro ângulo, constataremos uma equivalência entre o Édipo masculino e o feminino, um com seu objeto-mãe e outro com seu objeto-pai e, poder-se-ia acrescentar, com os "parricídios" e "matricídios" correspondentes.

Outro aspecto relevante nas proposições de André é o fato de que, segundo ele, o primado do falo tende a apagar a alteridade, reduz tudo à figura do mesmo, quer o tenhamos ou não. Ele aí faz uma afirmação lapidar: "uma lógica como esta nunca introduziu a diferença entre os sexos, mas apenas o sexo que faz diferença... O falo é o primado de um sexo, apenas um, sem outro senão sua própria ausência" (pp. 62-63).

Neste trabalho, estamos enfatizando que, para além da igualdade "moral" entre os sexos, temos também diferenças, sem a compreensão das quais fica-se paralisado nas possibilidades da "construção do amor", como diria Badiou.

Por outro lado, também é fato que, como propõe Lacan (1973), o semblante fálico é o significante-mestre da relação ao sexo. Ele organiza a diferença entre os homens e as mulheres assim como suas relações. Note-se aqui a observação contundente de Soler (1998) que, interpretando o pensamento de Lacan sobre esse tema, vai direto ao cerne da questão. Ela assinala que o homem intervém na relação sexual como sujeito do desejo, e a mulher se inscreve como objeto complementar do desejo dele. Isso ocorre porque, no que se refere à cópula (não no que se refere ao amor, nem ao desejo platônico) o desejo do homem é soberano, pois é ele quem dispõe do instrumento que condiciona a copulação. Na falta deste, não há cópula. Segundo Soler, essa é uma realidade que deverá ser elaborada psiquicamente por toda mulher.

Temos aí um real das diferenças anatomofisiológicas entre os sexos, o que implica uma busca de sentido para essas diferenças na construção da identidade sexual, tanto masculina quanto feminina. Dessa forma, Soler (1998), enquanto intérprete feminina do pensamento de Lacan, apresenta uma elaboração desse sentido na descrição do "jogo de semblantes" que organiza o encontro entre os sexos, e que se manifesta sob a forma do *ter* (que enseja a *parada viril*) e do *ser* (que enseja a *mascarada feminina*), como veremos a seguir.

Trata-se, de fato, de um jogo, quase lúdico, uma espécie de desfile de semblantes (ou seja, não é para acreditar verdadeiramente nas aparências), mas é o jogo que organiza o encontro entre os sexos, uma vez que sem a "ereção-desejante" não há cópula.

Soler o descreve quase como uma paródia.

No jogo amoroso, diz ela, o "parecer" é mestre: ele desfila como desejante, ela, como desejável. Do lado dele, a parada viril caracteriza-se pela ostentação fálica: conquistas sociais, potência do órgão, com sua nuance de intimidação defensiva. Seu objetivo é conquistar, fazer consentir. A mascarada feminina caracteriza-se por ser uma armadilha disfarçada, com sua nota de falácia, de astúcia. O objetivo é fazer desejar. A mascarada não dissimula, ela trai o desejo que a orienta; todas as práticas de adereços (que manipulam o parecer) fazem surgir a afinidade do objeto com seu invólucro. Nessa área o hábito faz o monge, sim. O objeto avança sempre mascarado, pois ele só é objeto à medida que o outro nele reconhece suas cores ("não posso dizer o que tu és para mim; mas tu me mostras o que eu sou").

Os modos masculino e feminino divergem, mas permanece a estrutura: ela envolve o ponto de falta do sujeito. O falo (enquanto objeto imaginário, não o pênis) é o organizador mestre da relação entre os sexos. Falo é o que, se eu o possuir, me faz sentir completo. Ele organiza não só as diferenças entre homem e mulher como seu relacionamento.

Para Lacan, continua Soler (1998), a dissimetria homem--mulher situa-se na oposição entre *ter* e *ser* o falo. Isso porque a identidade sexual só se decide, de fato, no nível da relação com a castração (imaginária): as mulheres sofrem a falta fálica, os homens sofrem a ameaça de castração. A mulher só é objeto do desejo por encarnar a significação da castração para o parceiro.

Dessa forma, ao desejá-lo como homem, ela lhe evidencia que ele é, agora, o detentor do falo, como seu pai o fora em sua infância. É pela percepção de que, antes, ele não podia reparar a falta da mulher-mãe com seu pequeno pênis, mas pode, agora, satisfazer essa mulher. Ele precisa captar nela uma falta que ele, homem adulto, já se sente capaz de preencher, cicatrizando, então, a ferida narcísica fundamental de não ter podido satisfazer a mãe.

Portanto, na lógica lacaniana, ser o falo designa a mulher, pois na relação sexual ela é chamada ao lugar de objeto do desejo, ou seja, a que completa a falta do homem. Entretanto, o objeto que ela é não diz nada sobre o que ela, de fato, deseja. Trata-se aí de um posicionamento que a torna apropriada para vir ocupar esse lugar que a faz objeto de desejo.

Temos aqui as diferenciações que a menina/jovem terá que fazer na construção de sua identidade de mulher-que-deseja-um--homem. Entre essas diferenciações está, justamente, a que se refere ao semblante (para vir ao encontro do desejo dele) e a que se refere ao seu próprio desejo sexual de mulher. Em outras palavras, para que ela não confunda o se colocar como objeto do desejo masculino (para dele obter o amor/falo que a confirme como mulher-desejada-por-um-homem) com seu desejo sexual como mulher. Muitas vezes pode haver uma confusão entre esses dois desejos femininos, o que causa uma boa dose de desorientação nelas e em seus companheiros. Especialmente quando aparece também o gozo fálico do sucesso profissional, competindo com o gozo sexual da relação.

É importante enfatizar que estamos nos referindo a um posicionamento específico para o relacionamento com o outro sexo, que permita que o jogo amoroso se desenvolva. Sempre lembrando que o jogo amoroso adulto apoia-se nas premissas da evolução edípica da infância (como vimos com o pequeno Hans e com Redler). Não se trata, portanto, de um posicionamento constante (por exemplo, que se estenda para a vida profissional), mas circunstancial, de certo modo, "utilitário". Essa característica, mal compreendida por algumas jovens contemporâneas, as levam a uma postura de rejeição às imposições do jogo amoroso e à própria feminilidade: "Isso é ser falsa! Coisa de mulher de antigamente!". Ou, em contraposição, a declaração de um jovem marido que está evitando aproximar-se sexualmente de sua mulher, uma executiva bem-sucedida: "Como posso ter atração por uma mulher que chega em casa superagitada e enfileira dois celulares, um iPad e o computador, sem desligar nenhum?".

O fato é que, como apontado por Soler, sem o desejo masculino, não há ereção e não há cópula, e essa "realidade" permanece organizando o posicionamento sexual masculino e feminino na contemporaneidade como sempre aconteceu, desde tempos imemoriais.

Como sabemos, Freud (1964e/1932) não faz referência a *ser* o falo. Ele se refere ao homem ou à mulher enquanto *ter* ou não o falo, e refere-se também à inveja de pênis, afirmando que a mulher compensa sua falta fálica com o amor de um homem. Ele propõe três saídas para a mulher em face da inveja do pênis: renúncia à sexualidade, masculinização e feminilidade. A masculinização seria o caminho de conseguir sozinha o substituto fálico, ou seja, prescindir do homem para se completar. A feminilidade seria a evolução normal e não significa a renúncia ao ter fálico. A "mulher-mulher" espera o substituto fálico de um homem, especialmente sob a forma de um filho.

Como diz Soler (1998), nessa perspectiva ela não renuncia ao falo, mas admite passar pela mediação de um homem, aquele que o tem. A mulher freudiana é, portanto, aquela que consente em dizer "muito obrigada". Isso implica que a mulher chegue a uma subjetivação da falta de uma forma em que há uma aquiescência com essa injusta distribuição do semblante, e sem reivindicação, além de ter que consentir em estar à mercê do encontro do desejo do homem.

Freud (1964e/1932) faz também uma superposição da mulher e da mãe; daí o desejo tipicamente feminino, para ele, ser o desejo de ter filho. Lembremos que na travessia do Édipo feminino chega o momento que a menina deseja ter um filho do pai, desejo este posteriormente reprimido.

Soler (1998), seguindo Lacan, propõe que a criança bem pode tamponar a falta fálica da mulher, mas ela não é a causa do desejo sexuado feminino. É o órgão viril, transformado em fetiche pelo significante fálico, que preenche essa função.

Deve-se lembrar que, na evolução do Édipo, a criança percebe que ela própria não preenche o desejo da mãe e que esta, para se completar, busca o pai (com seu pênis). É observando a direção do desejo da mãe que a posse do pênis adquire um valor fálico para a criança.

Dessa forma, na relação, a mulher é o falo porque é o objeto de desejo do homem, e, se ele a tem, sentir-se-á completo. Ele tem o falo, e ela o deseja, tanto para ser confirmada como mulher como para ter prazer. Tendo-o, ela se sente completa.

Devemos considerar que o gozo fálico não se limita ao campo do erotismo. Subentende também o conjunto de realizações do sujeito na realidade. Surge, assim, a questão do espaço que a economia do gozo fálico deixa, em cada sujeito, para a expressão da sexualidade propriamente dita.

Nesse sentido, Soler (1998) aponta que as mulheres, cujos gozos foram anteriormente confinados ao perímetro da casa (marido e filhos), atualmente veem abrirem-se as portas da competição fálica, o que traz consequências sobre as condutas e os ideais sexuados e novos efeitos subjetivos a serem estudados. São efeitos de discordância, em que a divisão própria ao ser humano, na mulher, fica redobrada a partir de gozos antagônicos, e a culpa e a inibição ficam aumentadas.

É importante enfatizar aqui a questão levantada por Soler, sobre o fato de que as possibilidades de gozo abertas à mulher serem antagônicos. Vimos como, na Vinheta 3, ela observa: "Fiz uma pesquisa entre minhas amigas, todas casadas, com filhos e profissão, assim como eu. Todas dizem que transam como nós transamos, de vez em quando" (esse casal chega a ficar dois meses sem transar). "Não há energia que aguente muita transa. À noite o que se quer é dormir!".

Lembremos, também, as observações de Panksepp (1998), apresentadas anteriormente, sobre o desencontro *vida amorosa/vida profissional* na mulher, que implica em ativar ao mesmo tempo o sistema nervoso simpático e o sistema nervoso parassimpático que, na maior parte das vezes, têm funcionamentos antagônicos.

Passemos agora às outras diferenciações que se colocam no processo de constituição da feminilidade e que também requerem uma elaboração por parte da jovem. Entre elas, está a discriminação entre posição feminina e o masoquismo. O que há em comum entre o masoquista e a mulher? O que há em comum é que ambos se colocam no lugar de objeto do desejo.

Para Soler (1998), quando falamos da mulher, sabemos que é um ser dividido entre o que ela é para o outro e o que ela é como sujeito de seu próprio desejo. Seu estar no casal sexual pode não ter como causa seu próprio desejo, mas o desejo do outro. Para ela, basta que se deixe desejar, que consinta (no estupro, nem esse consentimento é necessário). Nessa situação, ela é um ser para o outro. Resta-lhe encontrar o acesso que conduz de objeto de desejo, ao próprio desejo. Ela "banca" o objeto; essa expressão tem o mérito de comportar um artifício, um se fazer ser o objeto de desejo.

Soler aponta que há, no entanto, diferenças fundamentais entre ser mulher e ser masoquista: o masoquista se quer objeto rebaixado; ele "banca" o dejeto. Ele visa no outro um sinal de angústia, pois sua vontade de gozo pretende realizar-se pela dor, pela percepção da angústia do outro. A mulher, por seu lado, veste-se do brilhante fálico para ser o objeto de desejo, mas este só detém seu poder pela falta fálica que apresenta. Esse é um fato de estrutura que pode dar ensejo a uma mascarada masoquista.

Soler continua sinalizando como a mascarada pode apresentar-se de muitas formas: pode jogar com o belo, com o ter. Pode haver também uma mascarada masoquista: há uma ostentação da falta ou da dor. Às vezes, pode chegar a fomentar falsas fraquezas. Trata-se de uma adaptação inconsciente da implicação da castração no campo do amor. Como vimos, o traço da castração imaginária do objeto é uma das condições da escolha de objeto no homem.

Então: "Se ele gosta das pobres, façamos a pobre". Soler aponta que, para Lacan (1998/1962), o masoquismo feminino é uma fantasia do desejo do homem. Aí se insere, então, diz a autora, a famosa complacência da mulher com a fantasia masculina e que a impele a concessões sem limites. São as "desgraças do vir-em-tua-direção". Designa as atribulações daquela que se busca no desejo ou no gozo do outro. A mulher se submete às condições de amor do outro para que a fantasia do homem nela encontre sua hora de verdade; mas há um caráter condicional em seus sacrifícios. Eles são o preço pago por um benefício muito preciso: ser mulher de um homem, na falta de poder ser *a* mulher, ou seja, em resposta ao falta-a-ser da mulher.

Voltaremos a esse tema logo adiante.

Outra diferenciação a ser elaborada pela jovem é a discriminação entre o posicionamento histérico e o posicionamento da mulher-mulher.

Como vimos anteriormente, na relação sexual, o homem tem o falo, e a mulher é o falo. Portanto, ser o falo é a fórmula da posição das mulheres na relação sexual. A mulher não é o falo em si; ela o é na relação sexual, pois aí intervém como complemento do desejo masculino.

O homem intervém na relação sexual como sujeito do desejo, e a mulher se inscreve como objeto complementar de seu desejo. Isso ocorre porque, como foi dito anteriormente, na falta de uma ereção desejante, não há cópula. É nesse sentido que uma mulher intervém como falo, isto é, como objeto do desejo do homem.

Como aponta Soler (1998), a inserção de uma mulher na relação sexual não passa por seu desejo (vide o estupro). No geral, porém, o consentimento feminino é requerido; entretanto, consentir não é desejar, o que não se aplica ao homem; para ele, é o inverso. Parte-se do seu desejo, e por isso compreendemos sua presença na relação sexual. Seguindo Lacan (1973), Soler propõe que as mulheres não são obrigadas a se inscreverem na relação sexual. Essa é outra realidade que deverá ser elaborada psiquicamente por toda mulher.

Vejamos agora as diferenças entre as colocações de Freud e as de Lacan sobre esse tema.

Freud (1964e/1932) postula que, inevitavelmente, a mulher é levada a sentir inveja do homem e de seu pênis, tendo três saídas para isso: a recusa da sexualidade, a masculinização e a feminilidade propriamente dita.

Na recusa, a mulher renuncia à sua inserção na sexualidade. Na masculinização, ela entra no falicismo do ter e todas suas variações. Na feminilidade, ela faz a escolha heterossexual do homem como substituto do pai. Para ele, a verdadeira mulher é a que aceita ser a mulher de um homem, isto é, que se volta para ele e dele espera o pênis, sob uma forma substituta: seu amor, um filho, o gozo do órgão. Coloca-se como a mulher de um homem, aceitando a ausência de pênis. É o falicismo do ser que leva à mascarada e a uma inevitável inveja do homem.

Em sua interpretação do pensamento de Lacan, Soler (1998) aponta que, quando a mulher se inscreve na relação sexual, pode fazê-lo de dois modos ou acentos: no modo histérico ou no modo mulher. No modo histérico, a mulher conduz uma estratégia de subtrair o gozo. A ela interessa não o objeto que faz gozar (o pênis), mas o objeto que faz desejar ("O que em mim faz ele me desejar?"). Seu desejo é não satisfazer o gozo; o furtar-se, em si, já é o gozo; trata-se de gozar o fato de abster-se, quando se é solicitado como objeto de gozo. Essa é a posição histérica. A histérica tem a vocação para fazer o homem dizer o que ela é para ele. ("Diz para mim o que sou para ti. Faz um esforço para dizer"). Isso não é a busca de um saber, mas uma busca de gozar. Não é tão seguro que ela queira um homem enquanto desejo sexual. Quer um homem para saber sobre si, sobre a mulher. Ela então interroga o desejo do homem.

Poderíamos aqui dizer que ela busca o sentido mais profundo do que, afinal, a faz ser objeto do desejo dele, um sentido que é, de fato, encoberto pelas brumas da evolução filogenética humana, da ordem do inominável, portanto.

Se considerarmos que, justamente, a mascarada feminina implica certo ajuste ao desejo do homem e, como diz Soler, o objeto avança sempre mascarado, pois ele só é objeto à medida que o outro nele reconhece suas cores ("Não posso dizer o que tu és para mim; mas tu me mostras o que eu sou"), percebe-se que a busca da mulher por uma resposta sobre os segredos da atração sexual da qual ela é objeto dirige-se a alguém que sobre isso nada sabe, embora seja ele o *sujeito-suposto-saber*. Afinal, não é a um homem que se dirige o desejo materno? Afinal, ele bem deve saber!

É preciso lembrar aqui que alguma subtração do gozo masculino também pode estar relacionada com o fato de que, uma vez tendo seu desejo sexual satisfeito, o homem possa desligar-se afetivamente da mulher, até a próxima vez em que o desejo ressurja. Mantê-lo relativamente insatisfeito pode ser uma forma de ter seu interesse de modo mais permanente. "Fazer-se de difícil" tratar-se-ia aqui de uma "mascarada histérica"?

No modo mulher, diz Soler, sempre seguindo Lacan (1998/1962), o homem entra na relação como desejante, e a mulher entra gozando tanto quanto o homem deseja (trata-se aí do gozo dela, e não de um querer fazê-lo gozar ou de um querer fazê-lo desejar). Esse fato distingue a mulher da histérica, porque esta não quer gozar (e também não quer o contrário). Se a mulher quer gozar, a histérica

182 A PSICOSSEXUALIDADE

quer ser qualquer coisa para o outro, não um objeto de gozo, mas um objeto precioso, que implica o desejo e o amor.

Outra elaboração necessária na trajetória da mulher, segundo Soler (1998), é o que Lacan (1975) denominou *falta-a-ser* da mulher. Ela aponta que o amor feminino é ciumento porque demanda o *ser*. A demanda de amor é um esforço para corrigir a *falta-a-ser*, e ela assume ser o que falta ao outro. Nos momentos do amor compartilhado, há um apagamento temporário do efeito da *falta-a-ser*. O amor corrige a castração temporariamente. A perda do amor é vivida pelo sujeito como a perda de uma parte de si próprio.

Temos aqui uma diferença importante a ser considerada. No homem, o amor não tem o mesmo valor no que se refere à castração: os homens se gabam de suas performances fálicas e se reconhecem e se fazem reconhecer tanto mais homens quanto mais acumulam gozo fálico. O gozo fálico não opera apenas na relação com as mulheres, mas no campo do poder em geral. O homem pode identificar-se pela apropriação do gozo fálico.

Ao contrário, o gozo fálico não identifica uma mulher como mulher. Assim, por mais poderosa que ela possa ser, por exemplo, profissionalmente, esse gozo de poder não contribui em nada na construção de sua identidade feminina, não diz nada sobre o que ela é como mulher. Não há, de fato, para as mulheres, uma identificação sexuada possível por esse gozo. No entanto, ele é perfeitamente, e cada vez mais, acessível às mulheres, estando em jogo não apenas enquanto poder no amor, mas também enquanto poderes na sociedade. O que chamamos de liberação feminina dá à mulher cada vez mais acesso a todos os campos do gozo fálico. O problema é que ele não as identifica como mulheres, daí os conflitos das mulheres com o gozo fálico. Quanto mais elas se apropriam do gozo fálico, mais se inquietam com sua feminilidade.

Dessa forma, a mulher moderna é dividida por um drama subjetivo típico da nossa época: o temor de ser bem-sucedida profissionalmente e fracassada no amor. Por outro lado, esperar que o amor as institua como mulher (ao que elas estão reduzidas pela estrutura) é uma solução aleatória. O gozo fálico é muito menos aleatório e, portanto, muito mais condizente com o espírito de autonomia da mulher contemporânea. Como ela lidará, no entanto, com sua *falta-a-ser*?

Soler (1998) afirma que, para a mulher, a inscrição na relação com um homem constitui sua única solução identificatória como mulher. Nesse sentido, a fórmula da mulher acentua o "fazer gozar" um homem, o que passa necessariamente por fazê-lo desejar. Assim, o núcleo histérico encontra-se acentuado, ou mais visível, nos sujeitos femininos.

Vemos aí uma "necessidade" da mascarada que revolta muitas jovens contemporâneas. Nela localiza-se, a nosso ver, a questão mais relevante do desencontro homem-mulher apontado nas vinhetas e no caso apresentado. Seja como mulher-desejável, seja como mulher-mãe, seja pelos vários níveis de combinação de ambas, essas são as possibilidades de a mulher se instituir como tal. Certamente isso não ocorrerá por suas conquistas fálicas no mundo, que ela poderia alcançar por si mesma, o que a coloca na dependência de um outro (um homem, um filho) para instituir-se.

Até aqui, viemos acompanhando as diferenciações edípicas como desenvolvidas por Freud e Lacan, obedecendo, portanto, a uma lógica fálica. O falocentrismo na psicanálise sempre foi motivo de questionamentos, e o próprio Freud (1964e/1932) confirmava sua insegurança diante da compreensão do desejo da mulher. Falou em continente negro, em procurar a explicação sobre a mulher junto aos poetas.

184 A PSICOSSEXUALIDADE

Jacques André (1995) aponta que essa dificuldade decorre do fato de esses autores desconsiderarem a erotização precoce da vagina, o papel do pai nesse processo e toda a fantasística feminina a ela correspondente, junto com sua repressão. Vejamos como ele a compreende.

A EROTIZAÇÃO PRECOCE DA VAGINA, O PAPEL DO PAI E O RECALCAMENTO DECORRENTE

André aponta como Freud (1955t/1905, 1919), apesar das evidências clínicas a favor da existência de uma feminilidade precoce e de seu recalcamento, em seus textos dedicados explicitamente à sexualidade feminina (1964d/1931, 1964e/1932), não leva em conta essa hipótese imposta pela clínica. Em 1932, ele fala que "a menina é um homenzinho" (p. 118) e que a masculinidade é originada na criança, seja qual for seu sexo anatômico.

André propõe-se, então, a pesquisar em Freud (1955t/1905) como este apresentaria o aparecimento precoce das sensações genitais na menina, de que fontes brotariam essas primeiras sensações e constata que ele as descreve tanto como espontâneas quanto como provocadas pela sedução. Por "espontânea", Freud parece remeter a um despertar biológico e instintivo da sexualidade ao qual viria enxertar-se, posteriormente, uma atividade psíquica. Apesar de ser também freudiana, essa concepção não deixa de perder o que constitui a originalidade da descoberta psicanalítica: a de que a sexualidade humana é pulsional, divergindo, portanto, da noção de instinto. A segunda maneira de entender o "espontânea" é supor uma contribuição do corpo da autopreservação, do corpo vital, e depois conceber que essa contribuição é desviada, por meio da co-excitação, em proveito da economia libidinal. André (1995) refere-se aqui à "função excrementícia, na comunhão 'cloacal', no papel da mucosa retovaginal" (p. 18).

Por outro lado, se não são espontâneas, as sensações genitais infantis são provocadas pela sedução, e é principalmente por essa via exógena que envereda a análise proposta por Freud ao mencionar o adulto sedutor.

Para André, a sedução adulta é constitutiva da feminilidade precoce, e a intrusão da sexualidade adulta constituída, inconsciente de si mesma, obriga a criança a uma posição passiva e seduzida, prelúdio da posição feminina.

Qual seria a psicogênese da feminilidade? André propõe que a resposta a essa interrogação implica outra: existe um conhecimento precoce da vagina?

A questão da sexualidade feminina conclama a um retorno às origens da feminilidade, de que maneira esta se elabora na menina. Quais são as fontes da fantasia e da excitação? De que representações se constitui a fantasia? De que lugar somático provém a excitação?

Nesse ponto, André coloca-se em contraposição às teses freudianas sobre a feminilidade. Longe de fazer desta uma decorrência incerta da história edipiana e uma eventual descoberta na adolescência, ele propõe uma concepção da feminilidade em íntima relação com a constituição do sujeito como tal.

André cita Abraham (1966/1920), para quem haveria, na primeira infância, uma eclosão vaginal da libido feminina que estaria destinada ao recalcamento e à qual se sucederia a predominância do clitóris como expressão da fase fálica, sugerindo que, quando Freud (1964d/1931) fala em desconhecimento da vagina até a puberdade, dever-se-ia dizer recalcamento.

André continua afirmando que, pelo contrário, o desconhecimento transformado em sintoma indica, em negativo, a violência do recalcamento e, portanto, a intensidade inversa do despertar precoce. Na mesma citação de Abraham, este aponta que dessa forma se poderia compreender melhor o complexo de Édipo feminino, a partir de uma reação vaginal primitiva ao pênis (do pai), por exemplo, sob a forma de contrações espontâneas, e as mudanças das zonas (clitoridianas para vaginais) no momento da puberdade seriam a renovação do estado original.

Para André, a ideia de uma reação vaginal primitiva ao pênis do pai segue em oposição à convicção freudiana de uma sexualidade primária da criança (menina ou menino) inteiramente voltada para a mãe. Retomando Abraham, continua André, a proximidade entre as sexualidades adulta e infantil é a máxima possível, sendo as contrações vaginais espontâneas, para a menina, o equivalente às primeiras ereções do pênis para o menino. Essa nova concepção permitiria compreender melhor o complexo de Édipo feminino, ou seja, o voltar-se da filha para o pai.

Seguindo Abraham, André tenta esclarecer as hipóteses quanto à gênese psicossexual da sexualidade vaginal, que teria como alvo sexual o recebimento do pênis. O desenvolvimento para esse fim teria um caráter cloacal, isto é, dever-se-ia supor que nascem na vagina sensações que são transmitidas a partir da zona anal e, do mesmo modo, certas contrações da vagina, geradoras de prazer, relacionam-se de algum modo com as contrações do esfíncter anal.

Para Freud (1964i/1908), no entanto, diz André, a ideia da cloaca, referência ao modelo animal (pássaros e serpentes), diz respeito às teorias sexuais infantis sobre como o bebê entra ou sai da barriga da mãe, o enigma do coito, a assimilação do bebê às fezes. Trata-se de uma confusão na ordem das representações, derivada, segundo Freud, da ignorância da vagina, da inexistência dela, inclusive para o inconsciente.

No entanto, continua André, o próprio Freud aproxima-se de uma gênese precoce da vagina, a partir da sexualidade cloacal. Diz Freud (1964i/1908): "a relação entre o pênis e o conduto de membrana mucosa [a vagina] que ele preenche e excita já se acha prefigurada na fase pré-genital sádico-anal. O bolo fecal é, por assim dizer, o primeiro pênis, e a membrana mucosa que ele excita é o reto" (p. 131).

Dessa forma, continua André, o texto de Abraham traz esclarecimentos notáveis no que se refere a adquirir um pênis, seja elaborando-o ela mesma, seja recebendo-o de presente. É aí que o pai aparece como doador. Essa análise distingue, contra um pano de fundo homogêneo de erotismo anal, um duplo desejo na menina: o desejo masculino de elaborar o pênis, derivado do complexo de castração, e o desejo propriamente feminino de receber o pênis paterno. O contágio via anal abre a possibilidade de uma fantasística não fálica.

André menciona como, já antes do artigo de Abraham, Lou Andreas-Salomé (1980/1916) escrevia: "não haverá numerosas analogias entre os processos anais e os processos genitais, e não apenas no começo, antes de seu pleno desenvolvimento, mas precisamente no estádio da maturidade sexual?" (p. 107). Trata-se, como diz André, de uma proximidade duradoura do anal e do genital, vizinhança que propicia a confusão entre a anatomia e o par fantasia/excitação.

André continua, seguindo Andreas-Salomé: assim como a pressão anal é originalmente incontrolável, a pressão genital apresenta-se como inundando involuntariamente o ego, mas, aponta André, com uma diferença entre a mulher e o homem: as "intenções agressivas" (busca ativa do coito) deste lhe proporcionam possibilidades maiores de ligação/elaboração dessa pressão inundante. Uma inun-

188 A PSICOSSEXUALIDADE

dação que a mulher sofreria com maior violência, levando ao maior recalcamento da feminilidade precoce.

Ou seja, a resposta à inundação pulsional no menino, visível no pênis, facilita os processos de ligação-elaboração-representação do que ele sente e do que deseja. Já a inundação pulsional na menina pequena não encontra os mesmos elementos facilitadores da elaboração, aumentando a intensidade do trauma e da repressão.

Voltando a Abraham, André aponta como as observações daquele indicam uma maneira de conceber a cloaca como zona erógena ao sinalizar que apenas uma parede (cujas duas faces são recobertas por uma mucosa) separa a cavidade retal da vagina, uma parede abalada/excitada tanto pelo trânsito fecal como por qualquer contração do esfíncter anal.

Essas observações de Abraham, continua André, tendem a explicar a existência das sensações vaginais precoces de um modo que pareceria mais mecânico (corporal) do que fantasístico. Embora a mecânica da excitação desempenhe um papel importante, isso não quer dizer que seja, por si só, constitutiva da cloaca como zona erógena; a intrusão sedutora do adulto aí se faz necessária, como veremos logo adiante.

Para André, a insistência na sexualidade cloacal leva a pensar que algo da futura diferença entre os sexos esboça-se no próprio lugar da confusão. É para o menino e, mais tarde, para o homossexual adulto, que o ânus é o equivalente do órgão genital feminino. Na menina, a teoria cloacal sustenta-se em uma possibilidade a mais de excitação e de possibilidades orgásticas. A verdade, no entanto, é que tudo isso só ganha sentido, só é humanamente sexual uma vez ressituado no quadro geral da gênese do complexo de Édipo feminino.

André aponta que a ideia mais geral em Freud (1923), a de que para ambos os sexos existe um único órgão genital, o órgão masculino (a primazia do falo), e de que o reconhecimento do órgão genital feminino só se daria na puberdade, desconhecendo, portanto, a sexualidade feminina primitiva e seu recalcamento, apresenta uma exceção no texto "Bate-se numa criança" (1964b/1919), no qual Freud formula algumas observações gerais sobre a feminilidade em desacordo com sua teoria prevalente.

Nesse texto, Freud faz observações sobre o amor incestuoso da menina pelo pai que, por seu lado, também se esforçou para conquistar seu amor. Como correlato desse pai sedutor e desejoso do amor da criança, existe na menina uma "aspiração libidinal", sustentada por "uma espécie de pressentimento dos objetivos sexuais definitivos" (p. 187). Para Freud, entretanto, aponta André, o objetivo definitivo é ter um filho do pai, como compensação pela ausência do pênis. Estamos aqui de volta à tese da inveja do pênis como etapa inicial da feminilidade.

A referência de Freud ao amor do pai, no entanto, sinaliza a hipótese de um conhecimento precoce da vagina. André propõe então que a sedução paterna constitui uma fonte essencial desse pré-conhecimento: o desejo inconsciente do pai, desejo de um adulto sexualmente maduro, não tem como não deixar vestígios, contribuindo de maneira significativa para fazer com que a vagina adquira uma existência inconsciente na menina. Sem dúvida, continua André, tudo isso permanece muito obscuro para ela, levando-se em consideração, no entanto, que obscuridade não é desconhecimento. A confusão alimenta-se de excitações (vaginoanais) e representações (cloacais). Dessa forma, diz André, o pai desejante e sedutor impõe a hipótese de um conhecimento precoce da vagina, mesmo que confuso e pressentido. O afirmado desconhecimento desta só pode harmonizar-se com um pai libidinalmente apagado.

190 A PSICOSSEXUALIDADE

Essas observações indicam, em decorrência, a intensidade do recalcamento que incide sobre as representações associadas ao amor incestuoso pelo pai. Deve-se levar em consideração que o pai que fez tudo para conquistar o amor da filha também depositou nela o germe de uma atitude de ódio e rivalidade em relação à mãe, fonte de formações reativas do tipo ternura excessiva e abrindo caminho para o medo de uma represália materna e para o sentimento de culpa.

No desenrolar do texto de Freud (1964b/1919), há a mudança da fantasia de que o castigo infligido a outrem, irmãozinho ou irmãzinha, passa a se voltar para a própria pessoa, para a autora da fantasia ("Eu sou surrada pelo pai"). Em um mesmo movimento, segue André, opera-se a inversão para a menina e a passagem da passividade para o primeiro plano. A fantasia assim constituída tem, segundo Freud, um alto grau de prazer e, indubitavelmente, um caráter masoquista.

A intensidade do recalcamento é o indicador do caráter nodal desse momento da fantasia. É aí que, no texto de Freud, as lembranças dão lugar à fantasia e a autopreservação se desfaz em sexualidade. O fato de ser surrada não é apenas a punição pela relação genital proibida, mas também o substituto regressivo dela.

No texto, Freud menciona um detalhe característico do conteúdo da fantasia, isto é, que a criança é surrada em seu "bumbum" inteiramente nu. Dessa forma, a via da regressão está perfeitamente designada: do genital para o anal, analidade que está presente nas entrelinhas dos toques sadomasoquistas da fantasia. "Bumbum" em alemão é *popo*, que remete ao nosso "traseiro" e que se aproxima do significante da cloaca do texto de Freud. A fantasia, portanto, ganha uma localização: "Sou espancada pelo pai na cloaca". Do lado feminino, a regressão do genital para o anal é grandemente facilitada. Não se contenta em tomar de trás para adiante uma via previamente seguida em sentido inverso, mas se apoia em uma confusão ativa, tanto no registro das representações como no da excitação, confusão que é menos uma marca infantil ultrapassada do que uma característica duradoura do sexual feminino como tal.

Em texto anterior, Freud (1964h/1918) propõe que ser espancado(a) pelo pai aparece no lugar de ser submetido ao coito por ele. Sem esquecermos o bastão, diz André, chegaremos a uma fórmula quase definitiva: sou espancada-submetida ao coito (cloacalmente) pelo bastão pênis do pai. E André acrescenta que o interesse da digressão pelo texto do Homem dos Lobos está igualmente no fato de que ela permite o estabelecimento de um vínculo entre a representação fantasística (uma criança é espancada) e a cena primária. Ser espancado-submetido ao coito pelo pai é ocupar nessa cena a posição da mãe. Se não se pode dizer que a cena primária é em si incestuosa, nem por isso, por meio do jogo de identificações, ela deixa de ser a matriz dos desejos incestuosos das crianças.

Dessa forma, diz André, a descoberta de uma feminilidade precoce, a consideração do desejo da menina de receber o pênis paterno, a afirmação da existência de um estádio vaginoanal (segundo Abraham), tudo isso acarreta uma concepção radicalmente modificada da gênese da sexualidade feminina.

Como sabemos, no menino, para Freud (1932), a angústia de castração faz com que o complexo de Édipo seja abandonado, recalcado, radicalmente destruído, e um superego severo se institui como seu herdeiro. Para a menina, a castração é o complexo, e não a angústia, e é por meio dela que a menina é introduzida ao "porto seguro" do Édipo (p. 129). André pergunta: o que a faria deixar esse "abrigo", ou seja, recalcar a sexualidade edipiana, e de onde adviria a culpa? Segundo Freud, a formação do superego sofre com essas circunstâncias, ficando sem força e desprovido de independência. Para André, pode-se deduzir que a completa ignorância de seu próprio sexo e da fantasística associada em que a menina permaneceria leva, necessariamente, a sustentar teoricamente a ideia de uma debilidade de seu superego.

Totalmente diferente, argumenta André, é "a menina espancada" do texto de 1919. Amada pelo pai, desejosa de seu amor e tendo um "pressentimento" daquilo que espera (pênis ou palmada) e do lugar íntimo de penetração (o *popo* vaginoanal), ela se confronta, ao mesmo tempo, com o transbordamento pulsional e com as consequências da concorrência com a mãe em relação ao pênis cobiçado. Daí resulta um sentimento de culpa talvez mais exigente na menina do que no menino, como é atestado pela importância das deformações, no texto de 1919, da fantasia inconsciente em relação a seus aspectos conscientes.

Temos, portanto, como apontado por André, duas meninas freudianas. A de 1919 tem um pai penetrante (sedutor), um corpo-receptáculo e uma torturante consciência de culpa. O preço a ser pago por essa precocidade é um recalcamento da sexualidade edipiana, mais profunda do que o experimentado pelo menino. Já a menina de 1932 desconhece seu próprio sexo, agarra-se a seu pai como a uma tábua de salvação e deixa esgarçar-se suavemente o vínculo que a aproximara dele. O objeto do recalcamento concerne às primeiras relações com a mãe.

Qual seria o lugar do complexo de masculinidade proposto por Freud (1932) como uma das três saídas do Édipo para as meninas, sendo as outras duas a negação da sexualidade e a sexualidade normal, nessa perspectiva desenvolvida por André a partir do texto de 1919?

Nele, Freud afirma que, quando se desviam do amor incestuoso pelo pai, as meninas rompem com seu papel feminino e dão vida a seu complexo de virilidade e, a partir daí, só querem ser meninos. É aí que, segundo André, o complexo de masculinidade revela-se uma formação psíquica defensiva contra a angústia diante da libido incestuosa, contra os temores que acompanham o "pressentimento" do alvo definitivo (ser submetida ao coito pelo pai). O falicismo exibido ou fantasiado pela menina prende-se ao movimento de recalcamento de seu próprio sexo. A passagem da fase vaginoanal para a fase clitoridiana-fálica decorre do recalcamento da feminilidade. A direção clitoridiana-fálica é uma direção defensiva, uma posição de recuo que pode ser descrita como uma simbolização-ligação da intensa angústia associada à fantasia de penetração-destruição.

André pergunta-se: por que a teorização sobre a feminilidade, implícita em textos clínicos como a análise de Dora (1905), a criança espancada (1964b/1919), jamais tenha assumido uma forma teórica verdadeiramente constituída? Segundo esse autor, há razões de coerência teórica, ou seja, o primado do falo afasta de seu caminho aquilo que infringe sua lógica binária (ter e não ter), ocultando as representações de uma feminilidade que não seja a castrada. E há, também, razões pessoais (conjecturais), pois acredita-se que uma das meninas de 1919 é também Anna, filha de Freud.

Para André, a teoria freudiana final sobre a feminilidade sem dúvida está contida nos artigos de 1964d/1931 e 1932. Em 1964d/1931, Freud reafirma que a vagina permanece muda até a adolescência. Dessa forma, diz André, um acréscimo de 1915 aos "Três ensaios sobre a teoria da sexualidade" (Freud, 1955t/1905) afirma que a hipótese de um mesmo órgão genital viril em todos os seres humanos é a primeira das notáveis e concretas teorias sexuais infantis. Fica, assim, explicitada a designação do verdadeiro autor da teoria: a criança, menino ou menina, da fase fálica. Nesse sentido, a teoria de Freud seria a teoria sexual infantil da criança fetichista do complexo de castração. A teoria freudiana seria menos uma teoria da sexualidade feminina do que, em si mesma, uma teoria sexual. Nesse sentido, ela é verdadeira tanto para a criança fálica como para nós, na medida em que essa criança em nós não desiste.

As teorias sexuais infantis compartilham com os sintomas o sentido do compromisso. Próximo da fantasia, de um lado, elas participam da realização do desejo, permitindo que se manifestem certos representantes da pulsão. Por outro, elas são filhas da elaboração secundária e do recalcamento. Trabalho de elaboração psíquica, a teoria da criança pode ser entendida como uma simbolização, uma ligação da angústia associada ao recalcamento das representações inconscientes inaceitáveis.

O principal mérito da argumentação freudiana, segundo André, é destacar o papel fundamental do complexo de castração na menina. Trata-se, aí, de um momento de mudança de rumo, "considerando-se que as regras do jogo sejam mais embaralhadas para ela do que para ele" (p. 57). Para o menino, de fato, a qualificação da angústia diante da libido como angústia de castração (diante das represálias) representa bem o império exercido por essa angústia na psique masculina. Por outro lado, para a menina, uma vez instaurado o postulado da masculinidade originária, os destinos do que mal se poderia chamar de feminilidade passam a trazer a marca indelével do complexo de virilidade, da inibição neurótica (sem pênis, logo nada) e, mais ainda, sobre a "feminilidade normal", pois, se o filho permite à mulher-mãe ignorar que ela não tem o falo, a maternidade seria uma perversão, segundo o modelo do fetichismo. Tudo isso, naturalmente, pondera André, terá sua parcela de verdade, ao sabor dos destinos individuais.

Aceitar a existência de sensações vaginais precoces invalidaria a teoria freudiana na medida em que ela se constrói em torno do primado do falo. Implicaria uma reviravolta concernente à função recalcadora do complexo de virilidade na menina, à intensidade da culpa (mais exigente na menina do que no menino) e até ao sexo do originário (seria este masculino ou feminino?). Seguindo-se o raciocínio freudiano ao pé da letra, a vagina, zona erógena organizadora da sexualidade feminina adulta, não teria nenhum enraizamento infantil, uma impossibilidade do ponto de vista psicanalítico. Nesse sentido, para André, o aforismo lacaniano "a mulher não existe" (1975) tenta resolver o problema eliminando a questão. Reconhece-se aí a lógica da masculinidade originária.

André acrescenta, ainda, que chama a atenção, em Freud, a pouca importância do pai na compreensão da feminilidade (textos de 1964d/1931 e 1932) – seja o pai sem expressão da fase pré-edípica, seja o pai-refúgio contra o ódio da mãe no Édipo, seja o pai doador do filho em seguida, e mais tarde é na condição de apêndice do pênis que o homem é desejado. Como poderia essa sexualidade tão secundária ser o motor do recalcamento edípico?

Qual seria, então, o lugar do pai na teoria da sexualidade feminina? Lacan (1998/1962) propõe uma resposta estrutural: a posição-chave do falo no desenvolvimento libidinal, sua função de equivalência no advento de qualquer objeto de desejo. Para além das diversas modalidades da demanda dirigida pela filha à mãe, o que ressurge no inconsciente da criança é o desejo do Outro, isto é, do falo desejado pela mãe. A relação entre a menina e a mãe é um nó de relações desde sempre inserido nos processos de simbolização. A alternância entre a presença e a ausência da mãe basta para criar, para a criança, a referência ao terceiro de seu desejo. A criança está, desde sempre, presa em uma estrutura ternária, remetida a um mais além da mãe, no qual se situam o falo como significante do desejo desta e a palavra do pai como constitutiva do mundo simbólico.

Como função simbólica, o pai da estrutura (o Nome-do-Pai) subentende a existência do sistema significante, mantendo sob sua autoridade o conjunto do sistema do desejo. Será que a mediação fálica, pergunta-se André, atrai para si tudo o que se manifesta de pulsional na mulher? O próprio Lacan (1998/1962) afirma que não, e propõe que tudo que é analisável é sexual, o que não implica que tudo que é sexual seja acessível à análise.

Sobre a primazia do falo, sua pertinência reside, segundo André, na função de presidir a organização das formas sociais, estruturar nossa relação com o poder e submeter a si o curso das vidas de homens e mulheres. Surge uma questão tópica: a que instância psíquica referir o conjunto das representações constitutivas de tal primado? Como rede de relações em que se conjugam o desejo e a lei, tendo por pano de fundo uma relação lógica (ter ou não ter), o primado do falo é uma organização. O grosso das representações que o constitui é sem dúvida inconsciente, mas, como função distributiva das representações, pertence à parte "organizada do *id*", ou seja, ao ego. Por outro lado, só se poderia dizer que o primado é inconsciente sob a condição de definir este último, por sua vez, como estruturado, por exemplo, como uma linguagem. Estamos distantes, portanto, da desarticulação que, como vimos no início deste capítulo, o caracteriza em Freud.

Devemos considerar também, continua André, que o primado do falo tende a apagar a alteridade, reduzindo tudo à sua figura, quer o tenhamos, quer não. Como mencionado anteriormente, ele afirma que uma lógica como essa nunca introduziu a diferença entre os sexos, mas apenas o sexo que faz diferença. De fato, o primado do falo encobre de sombras uma alteridade para a qual o feminino ofereceria uma representação eletiva.

O artigo de Freud sobre as consequências das diferenças anatômicas do sexo, de 1964k/1925, centra-se na experiência visual crucial da descoberta, para os dois sexos, de sua dessemelhança genital. O menino recolhe a representação do *nada* e guarda-a para depois. A menina julga e decide de imediato: ela viu, sabe que não o tem e quer tê-lo. Dessa forma, a partir desse texto, diz André (1995), ao mesmo tempo que a inveja do pênis adquire o estatuto de experiência fundante da feminilidade, ou de sua renegação, a ligação da menina com o pai é rebaixada à categoria de uma formação de algum modo secundária.

André apresenta sua questão: o que é que compõe o excesso pulsional da feminilidade infantil? Como dar conta de sua psicogênese e da violência do recalcamento de que é objeto?

Já Freud, em 1905, apontava que os cuidados corporais com a criança lhe despertam as primeiras sensações de prazer, e que a mãe, por meio deles, doa à criança sentimentos oriundos de sua própria vida sexual.

André (1995) cita Laplanche (1988), para quem o recém-nascido, funcionando predominantemente no nível da necessidade, confronta-se com mensagens (significantes verbais, mas sobretudo não verbais: gestos, expressões, comportamentos etc.) que emanam do ambiente adulto. Se essas mensagens são, em um mesmo movimento, enigmáticas e traumáticas, não é tanto pelo simples fato de que a criança não disponha do código delas e teria que adquiri-lo, mas porque o mundo do adulto é infiltrado por significantes inconscientes e sexuais dos quais ele mesmo não tem o código. Essas mensagens sexuais inconscientes deixam vestígios nos chamados lugares erógenos, objetos fonte da vida pulsional, e produzem um movimento de clivagem e de deriva que acaba levando à atividade autoerótica.

198   A PSICOSSEXUALIDADE

Dessa forma, continua André, o movimento inaugural da vida psicossexual situa-se, em relação ao *infans*, em uma dupla alteridade: a do adulto e a do inconsciente no adulto. Nesse encontro, trata-se menos de relação que de sedução, pois a criança, dada sua prematuridade, vê suas capacidades de compreensão e elaboração ultrapassadas pelo que lhe é assim injetado. Nesse sentido, a criança é tomada pelo sexual muito além do que sua resposta autoerótica lhe permite aplacar.

André propõe uma conjunção entre a criança seduzida e a posição feminina que encontra aí seu ponto de ancoragem mais arcaico: a criança seduzida é uma criança cavidade, uma criança orificial. A intromissão da paixão adulta no mundo de "ternura" da criança é duplicada por uma atividade que mistura amor/ódio com os cuidados, que transita pelos pontos de troca do corpo, os quais são, por excelência, os orifícios (oral, anal, urogenital).

A situação geral de sedução reúne um adulto intromissor e uma criança receptáculo da intromissão: as palavras nos ouvidos, o mamilo na boca, o supositório no ânus... a penetração sedutora do adulto não é simples metáfora, mas passa pelo ato. Se essa penetração, como pensamos, é constitutiva da feminilidade da criança pequena, a teoria da sedução abre-se para uma psicogênese da feminilidade precoce até hoje inexplorada. O interesse dessa problemática está, também, em permitir que se formule a questão da erogeneidade vaginal infantil.

Dessa forma, a primazia do outro (adulto) na gênese da psicossexualidade suspende os questionamentos sobre o "conhecimento" ou não da vagina pela criança, pois, do lado do adulto, as representações do interior do corpo feminino não deixam dúvidas. O que cria dúvidas, ao contrário, são as modalidades de inscrição das representações da feminilidade no/dentro do psicossoma da criança pelo inconsciente adulto.

A vagina não é visível, não é nomeada, geralmente escapa aos gestos de cuidado. Seria isso suficiente para que ela não seja marcada pelo significante, que permaneça desconhecida da psique e, portanto, que escape à sexualidade humana, junto com seu recalcamento? Tal ponto de vista, continua o autor, é fruto do falicismo por meio do qual se compreendeu a sexualidade feminina. Da marcação da vagina pelo significante, o inconsciente se encarrega: entre outros o do pai. A conjunção de um gesto, de um olhar, de uma carícia, com a excitação, basta para a implantação desse significante. Um significante enigmático, no sentido como o entende Laplanche, isto é, que nasce do encontro de uma sexualidade adulta intrusiva com a incapacidade da psicossexualidade da criança de lhe dar um sentido.

Assim como os significantes verbais da sexualidade adulta procedem à marcação e, com ela, à constituição da psicossexualidade infantil, não se pode esquecer sua outra vertente, a da excitação. Para que esses significantes adquiram a condição de representante da pulsão, é necessário também que eles deixem sua marca na carne; e uma marca muito forte, que exige o recalcamento da representação. A ancoragem do significante no somático, seu esteio em uma excitação, remete-nos à gênese das zonas erógenas, questão particularmente complexa no caso da feminilidade.

André afirma, então, atribuir a situação intersubjetiva de sedução ao desejo penetrante do pai, uma importância decisiva na constituição da feminilidade primária. Por outro lado, se a fase oral é primária do ponto de vista da criança, de seu desenvolvimento, temos que considerar que, "antes" da boca, existe o seio da mãe, de uma adulta na maturidade sexual, de uma mulher cuja sexualidade, essencialmente inconsciente, é dominada pela genitalidade. Para ela, a erótica do seio foi captada em uma rede de representações principalmente visuais, em que o olhar da mocinha púbere

200 A PSICOSSEXUALIDADE

cruza com o dos homens, sobretudo o do pai. Basta pensarmos, acrescenta André, no papel que o fetichismo dos seios, no homem, assume na constituição dessa erótica.

Para além do observável, diz André, o que a mulher introduz na boca da criança? Se há um encadeamento seio-pênis do lado da criança, como aponta Klein (1969/1932), ele é precedido por um encadeamento pênis-seio do lado da mulher. A "primazia do outro" contorna a lógica do desenvolvimento e introduz representações genitais em um pano de fundo oral muito antes que se produzam os processos fisiológicos pubertários. Voltando ao pai, muito antes que ele seja percebido por sua própria conta, alguma coisa dele, ou pelo menos do fragmento que ele representa para a mãe, é implantada/introduzida na criança. Lembremos que o que a teoria analítica se esforça para explicar por meio da noção de recalcamento originário são precisamente representações muito precoces inscritas na psique, formando o núcleo rígido do inconsciente e criando o desequilíbrio definitivo e irremediável que caracteriza a psicossexualidade humana.

Na elaboração de André, tomam-se como inseparáveis e coalescentes a excitação, a fantasia associada e a situação de intersubjetividade (da sedução) constitutivas da psicossexualidade.

Sabemos como a sexualidade constitui-se, inicialmente, por apoio nas funções que servem à preservação da vida (Freud, 1957/1915), só mais tarde libertando-se delas. O que se torna obscuro em relação à vagina é que, diferentemente da boca, da cavidade anal e também do pênis, ela não tem função autoconservadora na infância. Ao que convém acrescentar que, diversamente do clitóris (que também não tem papel autoconservador), a vagina, na maioria dos casos, fica afastada dos toques maternos, sem que seja possível aquilatar os efeitos dessa evitação para o inconsciente da criança. A única coexcitação libidinal de que a vagina pode ser sede é por meio da parede retovaginal. Há aí uma confusão cloacal que se articula com a fantasia, lembrando-se, sempre, de que nada acontece no organismo sem fornecer sua contribuição para a pulsão sexual.

André insiste em dois aspectos da questão: o primeiro é que a vagina é "alugada" pela cloaca, e isso é válido na menina e na mulher, pois a mulher também goza quando a penetração é anal. Temos aí uma proximidade e suas confusões duradouras.

Há que se sublinhar que não há um conhecimento equivalente e simétrico da vagina pela menina e do pênis pelo menino. Sobre um fundo de derivação cloacal, a erogeneidade vaginal adquire um estatuto autônomo, ao longo de todo um processo de diferenciação que talvez nunca seja inteiramente concluído. Trata-se, de fato, de algo que associa sedução, fantasia e excitação, sem desprezar a anatomia.

É o amor (traumático) do pai que, na medida em que excede a capacidade de elaboração psíquica da criança, está na origem do recalcamento da feminilidade primária; mas é, também ele, a condição de existência e satisfação de uma feminilidade posterior.

Consideremos agora o segundo aspecto, ou seja, o elo intermediário que une sedução e feminilidade, por um lado, e o vetor pulsional que faz com que elas se juntem: a passividade. A passividade originária, aquela que caracteriza a situação geral de sedução, é a que reúne o desamparo do recém-nascido e o adulto cuidador/ amoroso.

Se a menina nada deve em atividade ao menino, não é por ela ser um homenzinho, como diria Freud, mas sim porque a identificação como polo ativo lhe permite, como ao menino, dominar, ligar aquilo que constitui excesso na posição passiva, aquilo que

202 A PSICOSSEXUALIDADE

ultrapassa as capacidades integradoras do ego. Esse excesso reside na conjunção da passividade pulsional com a sedução.

Sobre a passividade pulsional, o autor propõe a seguinte formulação: gozar com o que (nos) sucede, participar com gozo daquilo que penetra, que se intromete (em nós), ou seja, a ligação íntima entre a passividade e o interior.

Para André, a hipótese que concerne à psicogênese da feminilidade como elaboração da posição invadida e naturalmente passiva da criança em relação à intrusão do sexual adulto, por associar gozo à penetração/intromissão, sustenta o caráter simultaneamente necessário e primitivo do vínculo entre masoquismo e feminilidade.

Um dos méritos da teoria da sedução em Laplanche (1988), como teoria da origem do sexual humano, é, segundo André, o de sustentar o caráter primário do masoquismo, sem sair do registro da sexualidade. Ao sublinhar que a posição passiva da criança perante o adulto não é apenas de passividade no comportamento em relação à atividade adulta, mas de passividade em relação à fantasia do adulto que a invade, a teoria da sedução efetivamente leva a reconhecer no masoquismo um caráter privilegiado na construção da sexualidade humana. O masoquismo supõe a conjunção de uma dor física ou psíquica (nascida de uma intromissão: do limite corporal, do limite do ego) com uma excitação sexual. Por ultrapassar a capacidade de assimilação da criança pequena, a intervenção sedutora do adulto comporta, necessariamente, o elemento de intromissão característico de uma dor. Desse processo, o excesso perverso fornece a versão patológica.

A intrusão do sexual no psicossoma da criança vale-se, de bom grado, das vias orificiais (boca, ânus) em ambos os sexos. Essa intrusão encontra como que uma confirmação *a posteriori* na representação genital feminina (ou na identificação anal do homem).

A penetração de seu corpo assume, na mulher, a continuidade de uma sucessão das intromissões da infância, renovando, conforme as histórias singulares, seu prazer ou seu trauma. Antes da "teoria" da ferida-corte própria às elaborações do complexo de castração, existe a "teoria" da ferida-abertura: a que resulta da penetração e de seu modelo arcaico, a intromissão do sexual inconsciente adulto.

Nesse mesmo sentido, Horney (1971) defendia que a representação de uma vagina ferida, confirmada na puberdade pela menstruação, é indissociável do tamanho fantasiado do pênis paterno, mais que da castração. Essa representação de um pênis gigante, da qual Horney faz a fantasia (des)organizadora da feminilidade, destaca a desproporção da sexualidade paterna em relação à criança, ao mesmo tempo que aproxima, a ponto de quase confundi-los, o desejo e a angústia de ser penetrada.

A feminilidade primária constitui uma primeira representação da passividade da criança diante da intromissão que caracteriza a situação traumática de sedução. O avesso dessa representação elementar feminina é que, achando-se tão perto da sedução originária, ela está fadada ao mais profundo recalcamento. A posição "submetida à intromissão" reproduz a do ego diante do perigo superpotente do ataque pulsional. Basta que se sigam a angústia e o recalcamento.

Como lugar de penetração, continua André, a vagina presta-se a retomar, a simbolizar a intromissão da sexualidade adulta no psicossoma da criança. A vagina é a própria coisa, o lugar repetitivo da intrusão sedutora originária e, nessa condição, particularmente propícia à manutenção do enigma. A confusão cloacal, a natureza interna dos processos somáticos e a invisibilidade dos lugares excitados, tudo isso concorre para acentuar o caráter incontrolável da feminilidade precoce. O ser-penetrado feminino tem com o recalcamento, como colocação do outro no interior, um parentesco que não joga simplesmente com as palavras.

A zona erógena focal (senão única) dessa feminilidade primária é cloacal na menina e anal no menino. Acentuando a oposição entre os termos, André afirma que podemos dizer que o *outro sexo*, para homem ou mulher, é sempre o sexo feminino, na medida em que este está inscrito no psicossoma da criança pela intromissão sedutora originária do outro (adulto), e em que, ao ser penetrado, ele repete o gesto e mantém o enigma dessa intromissão. Ao contrário, o sexo masculino, em sua simbolização fálica, é para todo o mundo o *mesmo*, quer se o tenha, quer não. O falo é o primado de um sexo, apenas um, sem outro senão sua própria ausência.

Podemos concluir, com André, que a primazia do falo obtura a possibilidade de compreensão da erotização feminina precoce, o papel direto do pai nos processos de psicossexualização da filha e toda a infinita gama de representações desses processos.

E sempre lembrando, como ele enfatizou, que a verdade é que tudo isso só ganha sentido, só é humanamente sexual, uma vez resituado no quadro geral da gênese do complexo de Édipo feminino.

Pensar, como propõe André, a erogenização incorporativa precoce da vagina e seu posterior recalcamento, escapando da visão exclusivamente falocêntrica sobre a sexualidade feminina, abre não só a possibilidade de compreensão sobre a feminilidade primitiva como também proporciona uma visão mais equitativa do desenvolvimento libidinal nos dois sexos até a chegada à escolha do objeto amoroso adulto. O objeto mãe e suas vicissitudes, para o menino, e o objeto pai e suas vicissitudes, para a menina, estão na base da constituição da conjugalidade.

No caso relatado, vimos como Teresa tinha uma relação de grande proximidade com o pai na infância. Era ele quem cuidava dela enquanto a mãe trabalhava, e Teresa conta como era divertida essa fase de sua vida. Podemos supor as correntes eróticas que por aí transitavam. O texto de André permite levantar a hipótese de que essa intimidade, sem os freios da presença da mãe, pode também estar relacionada com a repressão da sexualidade que, aliada à culpa em relação à mãe, afetava a vida conjugal de Teresa.

A escolha amorosa e a exogamia

Como última etapa dos processos de desenvolvimento da libido, a escolha amorosa estabelece a substituição dos primeiros objetos de amor na direção exogâmica, remanejando o desejo para fora do círculo familiar. Vale lembrar, no entanto, que, na busca daquele objeto primeiro, para sempre faltante, mas fantasiosamente concebido como incondicional, irrestrito e sempre presente quando dele se necessita, o caminho fica aberto para que as frustrações inevitáveis sejam percebidas como uma traição da promessa edípica e, especialmente, como se esta fosse perpetrada pelo parceiro.

Em 1955h/1916-1917, Freud retoma o tema das escolhas amorosas adultas no texto sobre o desenvolvimento da libido, no qual ele nos aponta como, devido à intensificação libidinal ocasionada pela puberdade e ao decorrente recrudescimento da repressão dos impulsos dirigidos aos objetos infantis, há a possibilidade de um redirecionamento da libido para os objetos externos, para o que podemos chamar de escolhas exogâmicas. Trata-se de um intenso trabalho psíquico, de um verdadeiro drama evolutivo, no qual forças progressivas e regressivas se opõem. Freud comenta que se deveria dar mais relevância ao encaminhamento dessa passagem adolescente, dada sua importância na direção da saúde mental. E, poderíamos agregar, na possibilidade de construção de uma vida amorosa viável. Diz ele:

206 A PSICOSSEXUALIDADE

Sabemos que na puberdade, quando o instinto sexual começa a fazer suas demandas com força total, os antigos objetos familiares incestuais são novamente retomados e libidinalmente reinvestidos. A escolha de objeto infantil... foi um prelúdio, apontando a direção para a escolha de objeto da puberdade. Nesse ponto, então, processos emocionais muito intensos aparecem, seguindo a direção do complexo de Édipo ou reagindo contra ele, processos que, entretanto, como suas premissas se tornaram intoleráveis, devem em grande parte permanecer fora da consciência. Daí para frente, o indivíduo humano tem que se devotar à grande tarefa de separar-se de seus pais, e só quando essa tarefa é alcançada ele pode deixar de ser uma criança e tornar-se um membro da comunidade social. Para o filho, essa tarefa consiste em desligar os desejos libidinais de sua mãe e redirecioná-los para a escolha de um real objeto de amor externo, e em reconciliar-se com seu pai se permaneceu em oposição a este, ou em livrar-se de sua opressão se, em reação à sua rebelião infantil, tornou-se subserviente a ele. Essas tarefas estão colocadas para todos; e é remarcável que raramente elas são lidadas de uma maneira ideal, isto é, de uma forma que seja correta tanto psicologicamente como socialmente. Para os neuróticos, entretanto, não se chega a nenhuma solução: o filho permanece toda a sua vida curvado sob a autoridade de seu pai e não consegue transferir sua libido para um objeto sexual externo. Invertendo a relação, o mesmo destino pode aguardar a filha. É nesse sentido que o complexo de Édipo deve justamente ser visto como o núcleo das neuroses. (p. 337)

Esse trecho de Freud esclarece o que está em jogo nos movimentos exogâmicos da puberdade: as modificações orgânicas pubertárias causam a intensificação dos impulsos sexuais que, agora, impossibilitados de se dirigirem às figuras infantis devido à repressão instalada, devem direcionar-se para objetos externos. Ou seja, um redirecionamento psicossexual deve ocorrer. O que aconteceria em determinadas famílias em que o cumprimento dessa tarefa existencial fica dificultada, ou mesmo, eventualmente, impedida? Quais características, nos inter-relacionamentos familiares de Teresa, podem tê-la direcionado para o afastamento da sexualidade que ela apresentava como sintoma? Identificação com a mãe "assexuada"? Culpa pela vida que a mãe tinha? Uma repressão mais acentuada devido a possíveis fantasias incestuosas na relação com o pai na infância? Os desapontamentos com o pai?

Como vimos anteriormente, Freud, em 1905, já descrevera os três possíveis desfechos do desenvolvimento libidinal da menina, isto é: o desfecho fálico, na tentativa de negar a falta; o desfecho assexuado, na tentativa de fugir das questões da sexualidade; e o desfecho feminino (ou a mulher-mulher, como se costuma chamar essa terceira opção).

Vejamos como Freud, no texto de 1955h/1916-1917, vai desenvolvendo seu pensamento a respeito da escolha amorosa adulta e, concomitantemente, abordando o fenômeno do impedimento para o remanejamento da libido no sentido exogâmico.

> *Na fase em que as primeiras satisfações sexuais estão ainda ligadas à nutrição, o instinto sexual tem um objeto sexual fora do corpo do bebê que é o seio da mãe. É somente mais tarde que o instinto perde esse objeto... Em geral, o instinto sexual torna-se, então, autoerótico, e não*

208 A PSICOSSEXUALIDADE

> *antes que o período de latência tenha sido atravessado, a relação original é restabelecida.* Há, portanto, boas razões para que uma criança sugando o seio materno tornou-se o protótipo de toda relação de amor. O encontro de um objeto é, de fato, um reencontro. (p. 222)

Em 1905, ele já afirmara:

> *a afeição dos pais, então, pode desempenhar sua tarefa de dirigir a criança para a escolha do objeto sexual quando ela chega à maturidade. Sem dúvida o caminho mais simples para a criança será escolher como objetos sexuais as mesmas pessoas que, desde sua infância ele amou com o que pode ser descrito, como uma libido abafada. Mas, ao adiar a maturidade sexual, ganhou-se tempo no qual a criança pode erigir, entre outros impedimentos na sexualidade, a barreira contra o incesto, e então pode tomar para si os preceitos morais que expressamente excluem de sua escolha de objeto, como sendo relações de sangue, as pessoas que ela amou na infância. O respeito por essa barreira é essencialmente uma demanda cultural feita pela sociedade. (p. 225)*

Freud descreve o processo de construção das representações sobre a vida sexual que a criança, aos poucos, vai desenvolvendo, e já aponta para a questão que estamos tratando nesta pesquisa:

> *É no mundo das ideias, entretanto, que a escolha de um objeto é alcançada primeiro; e a vida sexual da criança em amadurecimento é quase completamente restrita*

a entregar-se a fantasias, isto é, em ideias que não são destinadas a serem realizadas. Nessas fantasias as tendências infantis invariavelmente emergem novamente, mas desta vez com pressão intensificada pelas fontes somáticas. Entre essas tendências, o primeiro lugar é tomado com frequência uniforme pelos impulsos sexuais da criança em direção a seus pais... Ao mesmo tempo em que essas fantasias plenamente incestuosas são vencidas e repudiadas, uma das mais significantes, mas também uma das mais dolorosas conquistas psíquicas do período pubertário se completa: o desligamento da autoridade parental... alguns indivíduos nunca ultrapassam a autoridade parental e retiram sua afeição por eles, ou muito incompletamente, ou de forma alguma. São em sua maioria meninas que, para o deleite de seus pais, persistiram em seu amor infantil muito além da puberdade. É muito instrutivo descobrir que são precisamente essas meninas que, em seu posterior casamento, não têm a capacidade de dar a seus maridos o que lhes é devido; elas são mulheres frígidas e permanecem sexualmente anestesiadas. Aprendemos por aí que o amor sexual e o que parece ser amor não sexual pelos pais são alimentados pelas mesmas fontes; este último, pode-se dizer, corresponde simplesmente a uma fixação infantil da libido. (p. 227)

Vemos no trecho citado como Freud nos expõe a situação de anestesia sexual que as mulheres fixadas num amor infantil pela família de origem ficam, ao serem emocionalmente impedidas de alcançar a plenitude genital. A questão é que imaginaríamos que essa fosse uma situação mais própria dos tempos em que ele escrevia seus trabalhos. No entanto, como as vinhetas e o caso relatado evidenciam, são situações que ainda podem aparecer, com frequência, em nossa clínica contemporânea. É importante notar como ele enfatiza ser essa "uma das mais significantes, mas também uma das mais dolorosas conquistas psíquicas do período pubertário: o desligamento da autoridade parental". Ele observa também que "essas tarefas estão colocadas para todos; e é remarcável que raramente elas são lidadas de uma maneira ideal, isto é, de uma forma que seja correta tanto psicologicamente como socialmente" (p. 227).

Nossa cultura dá um grande destaque à "passagem adolescente" com todas as dificuldades e sintomas que ela apresenta; não se constata, no entanto, a percepção de que essa dificuldade é, muitas vezes, ocasionada pela dificuldade de fazer um luto saudável da relação infantil com a família, especialmente com a mãe. Talvez isso aconteça por tratar-se de um duplo luto envolvendo a mãe e o(a) filho(a). Fica mais fácil colocar a dificuldade no adolescente, escamoteando-se o fato de se tratar de uma das mais dolorosas conquistas psíquicas para ambos.

Vimos como Teresa ficou emaranhada, aprisionada em sua trama edípica, não conseguido diferenciar-se suficientemente da mãe para poder se colocar como mulher diante do marido; e como João não conseguia superar as marcas impostas a seu narcisismo pela relação com uma mãe "correta, porém pouco afetiva" e um pai muito rígido e distante dele, o que o deixava inseguro para colocar-se diante da mulher com seu desejo de homem. Nos dois casos, lutos diversos não foram elaborados, tanto pelos filhos como pelos pais. A mãe de Teresa compensava no amor pelos filhos (e por sua família de origem) as frustrações da relação com seu marido. Houve aí um trabalho de luto amoroso que não foi realizado. Pode-se perguntar, também, por que ela se casou com um homem tão diferente de seu pai. Temos aí uma indicação de como as tramas edípicas se sucedem e se influenciam ao longo das gerações.

Já no caso de João, o desenrolar-se da análise evidenciou uma falha narcísica, uma falta de confiança em si mesmo como desejável diante de uma mulher, possivelmente decorrente do modo como decodificou para si próprio o estilo muito contido afetivamente de sua mãe.

Voltando ao texto de Freud, mais adiante, ele acrescenta:

> *Quanto mais perto se chega dos distúrbios mais profundos do desenvolvimento sexual, mais claramente emerge a importância das escolhas de objeto incestuosas. Nos neuróticos uma grande porção ou o todo de sua atividade psicossexual no sentido de encontrar um objeto permanece no inconsciente como resultado de seu repúdio à sexualidade. Meninas com uma exagerada necessidade de afeição e um igualmente exagerado horror às reais demandas da vida sexual possuem uma tentação irresistível por um lado, de realizar o ideal do amor assexuado em suas vidas e, por outro lado, de esconder sua libido atrás de uma afeição que elas podem expressar sem autorrecriminações, por manter ao longo de suas vidas a sua afetividade infantil, reavivada na puberdade, por seus pais ou irmãos ou irmãs. A psicanálise não tem dificuldade em mostrar em pessoas desse tipo que elas estão apaixonadas (in love), no sentido corriqueiro da palavra, por seus parentes de sangue. (p. 228)*

212 A PSICOSSEXUALIDADE

E conclui:

> *Não há dúvida de que toda escolha de objeto está base-ada, embora menos intimamente, nesses protótipos. Um homem, especialmente, procura alguém que pode re-presentar a imagem de sua mãe como ela dominou sua mente desde sua infância mais precoce... Tendo em vista a importância da relação da criança com seus pais em de-terminar sua posterior escolha de objeto sexual, pode ser facilmente compreendido que qualquer distúrbio nessas relações produzirá os mais graves efeitos sobre sua vida sexual adulta. (p. 228)*

Nos dois textos de Freud sobre as escolhas amorosas adultas citados anteriormente, fica muito claro como as experiências eró-ticas infantis, pode-se dizer, determinam em grande parte a possi-bilidade de o indivíduo ascender à expressão de sua genitalidade. Não se trata, no entanto, de uma ultrapassagem radical, mas sim da sustentação de um paradoxo, como veremos logo adiante.

Freud, portanto, sempre considerou a possibilidade de a mu-lher organizar-se "assexuadamente" em sua vida adulta. Na hi-persexualização que vivemos em nossa contemporaneidade, essa nos parece uma trajetória pouco provável; no entanto, ela pode aparecer com certa frequência na clínica de casais, como o caso relatado o evidencia.

O que as vinhetas e o caso clínico evidenciam, de fato, é uma alternância de posicionamentos (ou de diferentes modos de gozo na mulher, como apontado por Soler, anteriormente). Essa possi-bilidade de alternância entre os diferentes posicionamentos da mu-lher diante do gozo parece também indicar que ela pode "escolher" um no lugar do outro, e lá permanecer, como é o caso do gozo da maternidade em oposição ao gozo sexual com seu companheiro. Trata-se de encaminhamentos que dependem tanto das vicissitudes do desenvolvimento libidinal de cada mulher como das também vicissitudes do relacionamento com seu companheiro.

Enfatizei a necessidade de que intensos e penosos trabalhos de luto sejam efetuados no sentido de viabilizar a construção da vida amorosa adulta. Nesse sentido, não é possível pensar a conjugalidade sem pensar no significado do luto.

Lutos ou melancolia

Ao pensarmos em movimentos progressivos da libido, sempre teremos que levar em consideração que a passagem para a posição mais avançada implicará um trabalho de luto pelas perdas referentes à posição anterior.

É nesse contexto que surge a necessidade de refletir sobre como a família elabora seus processos de luto, ou não os elabora, direcionando-se para a melancolia, como Freud (1917) nos apontou. Dessa forma, a progressão na direção da exogamia dependerá de que importantes trabalhos de luto possam ocorrer tanto na mãe como no pai, na família em seu conjunto e, naturalmente, também na criança.

Esta, no entanto, estará na dependência de que se lhe apontem que os lutos são necessários e inerentes à vida e, também, de como eles podem ser vividos a partir do modo como seus pais os vivem; caso contrário, ela ficará aprisionada em repetições empobrecedoras decorrentes das defesas contra o luto em seus pais que acabam por desvirtuar sua relação com eles.

214   A PSICOSSEXUALIDADE

Freud nos apontou para o fato de que "a melancolia é, de alguma forma, relacionada com uma perda de objeto que é retirada da consciência, em oposição ao luto, no qual não há nada a respeito da perda que seja inconsciente".

Assim, foi necessário o processo analítico para que Teresa pudesse sair da sua defesa antiluto e entrasse em contato com seus sentimentos de tristeza, revolta e, especialmente, as culpas em relação à sua mãe. Foi dessa forma que ela pôde, enfim, liberar-se para ser mulher de João.

Sabemos, a partir de Freud, que o trabalho de luto desemboca no deslocamento da libido para novos objetos e que, no caso de Teresa, o que estava aprisionado na relação com a mãe, ao liberar-se, fluiu tranquilamente para João. Este, por seu lado, tendo reorganizado dentro de si os lutos referentes à acolhida menos afetiva de seus pais, estava já pronto para se colocar diante de Teresa de forma mais firme e confiante. É notável como foi um trabalho mais árduo para Teresa poder olhar para sua relação com sua mãe e questioná-la do que foi para João elaborar a relativa falta de afetividade de sua casa na infância. A passagem pela castração (desvincular-se, suficientemente, do apego infantil à mãe), segundo Freud, é uma das mais dolorosas conquistas psíquicas. E, por outro lado, constata-se que a boa qualidade da relação amorosa entre os pais de João foi suficiente para encaminhá-lo para a exogamia.

Devemos considerar, também, o quanto a relação amorosa implica uma série sem fim de lutos inerentes ao fato de que o objeto amoroso encontrado nunca corresponderá ao objeto desejado da infância, o que implica a aceitação do outro enquanto alteridade.

Da mesma forma, vimos como a chegada dos filhos contribui para uma desorganização das expectativas edípicas do homem, tornando-se um momento crucial de elaborações de lutos e perdas.

É necessário, no entanto, que o infantil, enquanto sustentáculo do desejo, possa ter seu lugar na relação, constituindo o que estamos chamando de o paradoxo fundante da conjugalidade.

O paradoxo fundante da conjugalidade: a criança na vida amorosa adulta

Partindo-se da ideia freudiana de que o humano se constitui e vive mergulhado num jogo de forças de impulsos contraditórios, a conjugalidade poderia ser apenas mais um espaço em que esse jogo de forças operaria, não fosse o caso de tratar-se de um espaço absolutamente único, no qual se dá, de forma "concentrada", o encontro de tudo o que foi construído nas experiências primitivas da erotização infantil, em choque com o encontro com o outro real da escolha amorosa adulta.

Trata-se, afinal, do confronto dramático entre o infantil e o princípio de realidade, as expectativas de satisfação de impulsos intensamente regressivos, próprios dos processos primários, e a necessidade de renúncia a parte deles, além da elaboração das frustrações inevitáveis, o que requer penosos trabalhos de luto.

Por outro lado e ao mesmo tempo, para sustentar a relação, há a necessidade de que parte das expectativas infantis possam ser preservadas. Tanto as fantasias próprias da resolução edípica ("Quando eu crescer como papai, terei uma mulher como mamãe só para mim", ou "Quando eu crescer como mamãe, terei um homem como papai só para mim"), quanto as impressões ainda mais primitivas do vínculo primordial com a mãe e com o pai.

Ambas terão que achar seu lugar no próprio seio da conjugalidade, pois constituem a base da atração que dá origem e estabilidade ao vínculo. Ou seja, há a necessidade da preservação de um espaço de ilusão em meio à relação adulta: "Fantasiar é preciso!". A esses aspectos da vida amorosa estamos denominando "o paradoxo fundante da conjugalidade".

O trabalho psíquico de luto desse objeto "para sempre perdido", necessário para a construção de uma possível conjugalidade com o outro real, constitui uma parte importante do esforço na atividade clínica com casais. Sabendo-se, no entanto, que é a idealização do vínculo com o objeto de amor original, em relação ao qual se estabeleceu o erotismo primitivo, que impulsionará a busca, na vida adulta, da experiência de satisfação nas escolhas amorosas substitutas dos primeiros amores. Temos aqui, portanto, a necessidade de dar sustentação, no jogo de forças dos impulsos contraditórios, ao regressivo e "regressivante" em busca de seus primeiros prazeres ao mesmo tempo que se sustenta o princípio de realidade no encontro com a alteridade do outro.

Vejamos, num exemplo clínico, a nostalgia dos primeiros amores:

Ela (jovem, recém-casada e profissional, revoltada diante de um marido atônito): "Não está nada sendo do jeito que eu imaginava! Eu pensei que seria muito mais feliz quando casasse! Parece que casei com outra pessoa! Se pudesse, eu voltaria atrás!".

A clínica de casais envolve, portanto, a consideração do paradoxo constituinte da conjugalidade, isto é, o fato de que nela convivem, lado a lado, fenômenos regressivos, próprios do processo primário e do princípio do prazer, e adaptações e remanejamentos, próprios dos processos secundários e do princípio da realidade. Há na conjugalidade, portanto, um campo de ilusão a ser preservado, e é justamente nessa corda bamba que o analista deve equilibrar-se. Nesse sentido, e escapando de toda prescrição ou atitude pedagógica, o analista estará lá não só para pensar os conflitos específicos trazidos por cada casal, mas tendo, também, como pano de fundo, a proposta de fazer Eros circular entre eles ou trabalhar para que circule mais e melhor.

Convém assinalar que estamos aqui nos referindo a processos predominantemente inconscientes que se chocam com o real que o outro apresenta. Na tentativa, também inconsciente, de adequar o outro à figura interna idealizada, o sujeito comporta-se de forma a que o outro mude na direção desejada. Como isso não acontece e nem o sujeito desiste, temos aí a repetição compulsiva instalada no vínculo, sendo este um dos focos centrais no processo terapêutico de casais. Abordaremos o tema da compulsão à repetição conjugal no Capítulo 5.

Na introdução deste trabalho, falei sobre o imbricamento de uma subjetividade na outra na construção da conjugalidade. Trata-se, de fato, do inter-relacionamento de duas novelas edípicas, desenvolvimentos tanto intrapsíquicos como interpsíquicos, na busca de uma harmonia suficiente que viabilize a vivência do Dois, mencionada por Badiou (2013/2009). Nessa perspectiva, não há uma subestimação de um dos polos em relação ao outro; imbricar não significa anular, mas sim encaixar, compatibilizar, na medida do possível. Vejamos, agora, como os fenômenos gerados na intersubjetividade compõem-se com os intrassubjetivos, produzindo algo novo.

4. Trabalhos psíquicos na conjugalidade: a intersubjetividade

"Não um sem o outro,
e sem o vínculo que os une e os contém."
(Kaës)

"O sujeito é singular-plural
e é nesse duplo sentido que ele é o sujeito do inconsciente."
(Kaës)

"Onde era o id *que o ego advenha."*
(Freud)

"Ali onde eram as alianças inconscientes, que o ego as desate."
(Kaës)

"O inconsciente está estruturado como um grupo."
(Kaës)

220 A INTERSUBJETIVIDADE

Vimos no caso Teresa e João como, à medida que os relatos vão se desenrolando, um vai provocando no outro reações que são produtos dessa interação e que seriam diferentes se estivéssemos com cada um deles em sessões individuais, ou se os respectivos companheiros fossem outros. O encadeamento dos discursos e emoções suscitado pelos discursos e emoções do outro, e assim sucessiva e alternadamente, configura, portanto, uma situação clínica específica desse casal.

Nesse sentido, no atendimento do casal e da família, faz-se necessária uma abordagem intersubjetiva que possa oferecer subsídios para a compreensão do que se passa *entre* os indivíduos, e não só do que se passa *nos* indivíduos. Essa clínica pressupõe, portanto, avaliações e questionamentos de diversos níveis em relação às noções e aos conceitos estabelecidos para a psicanálise individual e de que forma eles poderiam ser transpostos para o novo *setting*. Neste, a ideia da intersubjetividade impõe-se, assim como se impõe também uma avaliação cuidadosa das diferenças no enquadramento do atendimento, na escuta e na necessidade do desenvolvimento de conceitos e paradigmas adequados para essa realidade, ou seja, a demanda de atendimento do casal e da família em sofrimento. Neste capítulo, desenvolveremos algumas considerações a esse respeito.

Antes de abordarmos autores pós-freudianos, convém aqui lembrar que Freud (1955g/1921) considerava que o sujeito é social. Diz ele:

> *Na vida mental do indivíduo, alguém mais está invariavelmente envolvido, como modelo, como objeto, como cuidador, como oponente; dessa forma, desde o início, a psicologia individual... é, ao mesmo tempo, também uma psicologia social. (p. 69)*

A questão da intersubjetividade e da clínica de casal e família, do ponto de vista psicanalítico, tem sido amplamente estudada por autores como Kaës (2010/2007) e Eiguer (1983), na França, e Berenstein (1992) e Puget (1988), na Argentina.

Kaës (1912) é considerado o autor mais citado na bibliografia referente à área da psicanálise de casal e família. Ele (2009) parte do postulado de que há processos e formações do inconsciente nos espaços plurissubjetivos. Diante do questionamento de que, se adotarmos esse postulado, permaneceremos ainda no campo teórico e prático da psicanálise, o autor faz uma afirmação: "o objeto da psicanálise não é o indivíduo, nem o grupo, nem a família, nem a instituição, nem a cultura, mas sim o inconsciente" (p. 4).

Tendo assim definido o objeto da psicanálise, ele tem o espaço aberto para desenvolver sua teoria.

Farei a seguir um breve apanhado de suas ideias, sempre lembrando, no entanto, que seu pensamento se dirige à compreensão dos efeitos da intersubjetividade na constituição do sujeito do inconsciente e, inversamente, sobre o efeito desse sujeito na vida subjetiva dos que lhe estão próximos. Kaës parte de sua experiência com psicanálise de grupos, nunca tendo se ocupado com o atendimento de casais e famílias. Sobre suas investigações, ele (2011) afirma:

> *Apoiei-me numa tripla prática da psicanálise: a análise individual, o trabalho em situação de grupo e o acompanhamento de equipes terapêuticas em instituições psiquiátricas... O conhecimento adquirido por esses meios forma, progressivamente, uma teoria psicanalítica do vínculo. (p. 158)*

222 A INTERSUBJETIVIDADE

Estamos de fato, portanto, diante de dois níveis de articulações. Entre a psicanálise individual e a de grupo, como proposta por Kaës, e entre o trabalho psicanalítico de Kaës com grupos e a psicanálise de casal e família. Dessa forma, torna-se necessária uma reflexão posterior sobre como esse segundo nível de articulação pode ser feito. Nesse sentido, após a apresentação das ideias de Kaës, dialogaremos com Spivacow (2011), autor argentino que também tem se ocupado com essa questão.

Abordarei inicialmente a noção de intersubjetividade, como nos é apresentada por Kaës. Trata-se, como veremos, de um pensamento bastante complexo e com inúmeras implicações nas várias áreas da psicanálise. Nesta pesquisa, iremos nos concentrar em aspectos de sua obra que decididamente impactam a forma como se concebe o atendimento clínico de casais e famílias.

A intersubjetividade em Kaës

Em 2010/2007, Kaës propõe a questão de como a investigação sobre os grupos e a grupalidade psíquica que ele vinha pesquisando há mais de quarenta anos poderia contribuir para um debate no campo da psicanálise contemporânea. O ponto central consistiria em compreender como o sujeito singular é também um sujeito cujo inconsciente se sustenta e se molda nos vínculos intersubjetivos dos quais faz parte, nas alianças inconscientes que o precedem e que ele subscreve por sua própria conta, nos espaços psíquicos comuns que compartilha com outros.

Já em 1976, Kaës apresentara seu trabalho sobre o aparelho psíquico grupal e propusera um modelo que pudesse dar conta do ajuste e da harmonização das psiques e da realidade psíquica original resultante, sem deixar de lado a parte que nessas formações originais corresponde à psique (individual) dos sujeitos que compõem esse grupo. Segundo ele (2010/2007), tratava-se ali de fazer um enlace entre a psicanálise dos processos grupais e a psicanálise dos processos individuais. Desenvolvia a ideia de que esse espaço psíquico comum e compartilhado caracterizava-se por uma tópica, uma dinâmica e uma economia próprias. Em outras palavras, propunha que há uma criação de entidades psíquicas que não se produzem sem o agrupamento.

Em 1995/1993, Kaës passa a se ocupar mais das formas de subjetividade que são geradas nesse aparato grupal. Segundo ele (2010/2007), tratava-se de estabelecer como o conceito de grupo poderia ser pensado junto com a hipótese do inconsciente. Ou, inversamente, como o conceito de inconsciente se transforma com a hipótese do grupo. Partindo dos conhecimentos tanto sobre o inconsciente a que a situação da cura individual nos dá acesso quanto dos conhecimentos provenientes da situação psicanalítica de grupo, ele propõe-se a estabelecer e colocar em prática as hipóteses e os conceitos que possibilitem a inteligibilidade do acoplamento desses dois espaços. Em cada uma dessas duas situações emerge, mas também se transforma, a experiência psíquica estruturada pelo inconsciente.

Em 1994, Kaës mostra em que consiste o dispositivo psicanalítico de grupo em sua relação com as exigências metodológicas da psicanálise. Lá ele expõe as características morfológicas da situação de grupo (pluralidade, cara a cara, interdiscursividade) para definir, a partir do enunciado da regra fundamental, suas incidências nas transferências, seus processos associativos, seus mecanismos de defesa e as modalidades da interpretação.

Temos, portanto, citados neste último parágrafo, os diversos temas que compõem os dois níveis de articulação que mencionamos, ou seja, a transposição tanto da experiência psicanalítica individual quanto da experiência psicanalítica de grupo para o contexto da clínica de casal e família: a pluralidade, o cara a cara, a interdiscursividade, a regra fundamental, a transferência, os processos associativos, os mecanismos de defesa e as modalidades de interpretação. Como se faria essa articulação? Essa discussão será feita no Capítulo 5.

Voltando a Kaës (2010/2007), ele propunha que pensar o dispositivo psicanalítico de grupo em sua relação com as exigências metodológicas da psicanálise implicaria um debate epistemológico central: seria indispensável perguntar-se de que modo um dispositivo de acesso a processos e formações psíquicas inacessíveis de outra maneira, o grupo psicanalítico, poderia abrir um caminho para novos desenvolvimentos na concepção psicanalítica do inconsciente. Em outras palavras, como pensar o sujeito do inconsciente e o inconsciente no grupo a partir do momento em que o enquadre metodológico mostra novas configurações do objeto fundamental da psicanálise.

A polifonia do sonho

Seu trabalho de 2002, sobre o espaço onírico e o sonho nos conjuntos plurissubjetivos, segundo ele (2010/2007), relançou sobre outras bases a possibilidade de testar essas hipóteses, investigando, dessa vez, a experiência psíquica concebida por Freud como a mais íntima, a mais "egoísta", a menos exposta aos efeitos da intersubjetividade.

Para Kaës, o que Freud pensou sobre o sonho não descreve, de fato, todas as experiências oníricas de que a psicanálise pode dar conta. Atualmente, segundo o autor, o sonho não é mais considerado somente uma realização alucinatória do desejo e como via régia de acesso ao inconsciente. Ainda que permaneçamos entendendo o sonho em função da realidade intrapsíquica, produzido por um sonhador singular, o estudo de suas condições internas, seus processos, seus conteúdos e seu sentido mostram que é também uma experiência criadora, reparadora, transformadora.

Kaës considera que a concepção do sonho no espaço intrapsíquico está estreitamente ligada ao conhecimento que temos da psique a partir do dispositivo da cura individual. E, mesmo nessa situação, alguns psicanalistas apontaram a formação de sonhos cruzados do analista e do analisando, as interferências das sessões nos sonhos do analista e o estatuto dos sonhos contratransferenciais do analista.

Da mesma forma, as práticas analíticas com as configurações vinculares (grupo e família) nos levaram a considerar outras ordens de determinação do sonho. Os efeitos do vínculo se inscrevem também nos espaços oníricos e nos próprios sonhos, incidindo em seus conteúdos e funções. A pergunta central é: como pensar a experiência onírica quando a relação do sonhador com seu sonho é atravessada pelos sonhos de outros sonhadores? Kaës propõe um espaço onírico comum e compartilhado no qual o sonho é trabalhado *por* e *em* uma multiplicidade de espaços, tempos, sentidos e vozes. O espaço interno do sonho, as condições de sua formação e organização estão associadas com o espaço onírico compartilhado e comum a vários sonhadores. Nesse espaço, o sonho se fabrica, se sonha e se compartilha no relato que dele se faz.

Retomando a metáfora freudiana do umbigo do sonho ancorado no micélio psicossomático, Kaës introduz a ideia de que existe um *segundo umbigo do sonho*, um lugar de passagem no qual o sonho se submerge no *inconsciente dos vínculos interpsíquicos mais antigos*. O grupo familiar é o primeiro berço onírico do recémnascido. Esses dois umbigos se fundam no "desconhecido" de onde surgem os sonhos.

Para Kaës, o conceito de *polifonia do sonho* integra a noção de um espaço onírico plural, comum e compartilhado com a dos dois umbigos do sonho. Em cada sonho, restos diurnos e noturnos de sonhos próprios e de sonhos de outros formam sua matéria-prima, e essa matéria é polifônica. O trabalho do sonho transforma esses restos, em parte borrados e em parte legíveis, amalgamados em um texto que só se faz decifrável se dispomos de uma hipótese suficientemente precisa para desencriptá-los e reconstituir a experiência onírica em seus procedimentos de criação poética.

Kaës aponta ainda como a preocupação com os efeitos da intersubjetividade coloca em relevo a importância e a necessidade de uma reflexão maior sobre o complexo fraterno, segundo ele, tão negligenciado na psicanálise. Kaës vem preencher essa lacuna em 2008, com o livro *Le complexe fraternel*, tema que abordaremos no final deste capítulo.

Kaës (2010/2007) enfatiza constantemente em sua obra que *a preocupação central de suas investigações é o sujeito do inconsciente*; como, em uma parte decisiva, é formado pelo grupo. Ou seja, sua atenção está voltada para o processo de subjetivação, para o tornarse *eu* num conjunto intersubjetivo. O grupo primário é o espaço e o processo no qual o *eu* pode advir, com a condição de que o sujeito, havendo ligado e ajustado ali as alianças estruturantes necessárias para a formação de sua vida psíquica, deixe esse grupo e, no movimento de uma nova afiliação, ponha em jogo, para poder se apropriar delas, suas apostas filiatórias (veremos mais adiante como Kaës, ao diferenciar contrato narcisista originário e contrato narcisista secundário, explicita melhor como utiliza os termos filiação e afiliação).

O sujeito é singular-plural

Veremos agora um texto recente no qual o autor apresenta uma síntese de seu pensamento. Em 2011, Kaës retoma sua argumentação apontando para o fato de que o sujeito para o qual os psicanalistas costumam voltar sua atenção é o sujeito "singular". O que lhes interessa é a realidade psíquica inconsciente desse sujeito, a organização de seu mundo interno e seus conflitos, as vicissitudes de sua história ao longo de suas transformações e seus impasses, o processo de sua subjetivação. Contudo, segundo o autor, para constituir esse saber sobre o inconsciente, os psicanalistas tiveram que isolar o espaço da realidade psíquica interna, de seu "ambiente" social e intersubjetivo. Mediante esse isolamento dos determinantes extrapsíquicos ou metapsíquicos do mundo interno, o artifício rigoroso do método psicanalítico aplicado ao tratamento individual possibilitou que os efeitos do inconsciente se tornassem cognoscíveis em si mesmo e que o tratamento se mostrasse eficaz.

No entanto, continua Kaës, ao recortarem seu objeto teórico e ao empregarem o método apropriado aos fins da psicanálise aplicada ao sujeito singular, os psicanalistas "de divã" deixam à margem da situação analítica um "resto por conhecer" cujos contornos e campos têm sido, inicialmente, esboçados pela via da especulação. Foi dessa maneira, diz o autor, que por muito tempo procederam Freud e vários de seus contemporâneos. Freud, no entanto, mesmo em suas obras mais centradas nas formações intrapsíquicas, já havia indicado uma extensão do campo da realidade psíquica. Kaës usa o exemplo da "Introdução ao narcisismo", no qual Freud (1955j/1914) nos apresenta um sujeito simultaneamente em conflito ou em concordância com a necessidade de "ser um fim para si mesmo" e dividido entre essa necessidade e as exigências que lhe impõe o fato de estar ao mesmo tempo sujeitado a uma corrente da qual é um elo.

228 A INTERSUBJETIVIDADE

Nessa linha, Kaës (2011) propõe o conceito de sujeito do grupo e o conceito mais amplo de sujeito do vínculo. Ele diz:

> *Por ser simultaneamente servidor, beneficiário e herdeiro dessa corrente, o sujeito "individual", aquele que se singulariza em cada um de nós, constrói-se, de fato, nos vínculos e nas alianças em que se forma, nos conjuntos de que é parte constituída e parte constituinte: a família, os grupos, as instituições. Esse sujeito, enquanto sujeito do vínculo, é um sujeito "singular plural" e é nesse duplo sentido que ele é o sujeito do inconsciente. (p. 157)*

Essa proposição aponta para uma questão fundamental na compreensão do pensamento de Kaës, e ele a enuncia sob a forma de uma interrogação:

> *Deve-se considerar o vínculo a partir de cada sujeito considerado isoladamente, mas do ponto de vista de que suas relações de objeto e suas identificações são efeitos do vínculo, ou admitir que a realidade psíquica nos vínculos adquire uma consistência específica, que ela dispõe de formações e de processos próprios? (p. 157)*

Para compreendê-la, vamos primeiramente acompanhar sua diferenciação entre o que ele chama de consistência da realidade psíquica e a consistência da realidade psíquica do vínculo.

Seguindo o pensamento freudiano, Kaës postula que a realidade psíquica se define, em primeiro lugar, por sua consistência própria, ou seja, a matéria psíquica inconsciente, irredutível e que se opõe a qualquer outra ordem de realidade. Os desejos inconscientes especificam essa realidade psíquica. Freud (1955o/1900), em "A interpretação dos sonhos", aponta que, quando estamos diante de desejos inconscientes em sua expressão última e mais verdadeira, somos forçados a dizer que a realidade psíquica é uma forma de existência particular que não deve ser confundida com a realidade material.

A consistência própria da realidade psíquica, segue Kaës (2011), é, pois, a das formações, dos processos e das instâncias do inconsciente. Dessa forma, as fantasias inconscientes, as pulsões, os sintomas e as formações homólogas que possuem a estrutura das formações de compromisso, todas as séries conflituosas do tipo desejo/defesa, prazer/desprazer, são efeitos da realidade psíquica. Esta se opõe à realidade material ou externa, mas tem que se compor com ela.

Vejamos agora como Kaës desenvolve sua argumentação a respeito da consistência da realidade psíquica dos vínculos.

A consistência da realidade psíquica dos vínculos

Os três espaços psíquicos

Como outros psicanalistas que se dedicam a estudar o vínculo, como Berenstein (1992) e Puget (1988), Kaës (2011) propõe a distinção entre três espaços psíquicos: o do sujeito singular, o dos vínculos intersubjetivos e o dos conjuntos complexos, ou seja, das "configurações vinculares" como a família, os grupos, as instituições. Ele postula que o sujeito se constrói nos processos e nas formações psíquicas comuns a vários sujeitos, particularmente nas alianças inconscientes de que é parte constituída e constituinte, e que o conhecimento adquirido sobre essas relações complexas forma progressivamente uma teoria psicanalítica do vínculo.

A sexualidade infantil, a fala e os vínculos intersubjetivos: elementos para uma teoria psicanalítica do vínculo

Kaës parte do postulado básico de que o psiquismo humano repousa sobre três pilares principais: a sexualidade infantil, a fala e os vínculos intersubjetivos. Esses três pilares fundadores estão estreitamente inter-relacionados. A longa dependência inicial do recém-nascido, devido à sua prematuração, inflete a sua sexualidade, seus vínculos e seu acesso à fala e à linguagem. Ele assim o propõe:

> *A fala e a linguagem surgem no* infans *(aquele que não fala) marcadas pelo recalcamento de sua sexualidade infantil e pelas condições intersubjetivas nas quais seu ambiente inicial – a mãe – as fornece, transmitindo-lhes seus próprios conteúdos inconscientes e seu próprio recalcamento. Essas condições são concomitantemente subjetivas (a psique materna) e intersubjetivas (o encontro entre a psique materna e a do* infans*). Correlativamente, o vínculo intersubjetivo inscreve-se na sexualidade e na fala e as marca com seus efeitos. Sexualidade, fala e vínculo concorrem, de maneira distinta e fundamental, para a formação do inconsciente do sujeito e para a construção de seu eu. No mesmo movimento, esses três pilares concorrem para a formação da realidade inconsciente do vínculo intersubjetivo. (p. 158)*

Um tecido de vínculos, texto cujo sentido cabe a nós decifrar

Dessa forma, diz Kaës,

> pelo fato de nascermos prematuros, somos cercados de cuidados físicos e indissociavelmente psíquicos, de línguas, de braços que nos carregam, de pele que nos aquece e se cola à nossa, de cheiros e de imagens, de banhos de palavras e de discursos. Em suma, de todo um tecido de vínculos que se ligam dentro de nós e com os outros e que formam nós que não cessamos de fazer e desfazer a vida toda. Um "texto" sem dúvida, mas um texto de carne, de emoções e de pensamentos, de signos e de sentidos... que geralmente deciframos com dificuldade e, vez ou outra, com sucesso. (p. 158)

Ainda segundo o autor,

> ficamos necessariamente vinculados por todo tipo de vínculo antes de conseguir nos desligar deles parcialmente, contrair outros, ser suficientemente autônomos e nos assumir como eu. Não podemos viver sem vínculos, embora certos vínculos, por excesso ou por falta, acorrentem-nos ou nos impeçam de viver, de amar, de conhecer, de brincar... Aprendemos a distinguir entre vínculo e entrave, entre os vínculos portadores de vida, de amor e de crescimento e os vínculos portadores de ódio, de destruição e de morte. Todos esses vínculos estão imbricados uns nos outros, tal como a vida e a morte e, complicando ainda

232   A INTERSUBJETIVIDADE

mais, com o dos outros, que conhecem os mesmos enreda-
mentos. (p. 159)

Nesse sentido, continua o autor, podemos passar a vida tentando nos desvencilhar deles, ou podemos desistir. Também é um fato que somos reticentes quando se trata de pensar em nos confrontar com o que nos vincula dentro de nós mesmos e aos outros, e que muitas vezes confundimos esses dois espaços e que preferimos ignorar o que os vínculos associam.

Definindo vínculo

Tentando definir seu objeto de estudo, Kaës propõe que vínculo é a realidade psíquica inconsciente específica construída pelo encontro de dois ou mais sujeitos. Essa definição pelo conteúdo põe a ênfase na realidade psíquica inconsciente, objeto constitutivo da psicanálise. Em termos de uma definição pelo processo, o vínculo é o movimento mais ou menos estável dos investimentos, das representações e das ações que associam dois ou mais sujeitos para a realização de alguns de seus desejos. E a definição em seu nível lógico é a de que, diferentemente da lógica que organiza o espaço intrapsíquico do sujeito singular, a lógica do vínculo é a das implicações recíprocas, das inclusões e exclusões mútuas.

O autor observa que essas definições não descrevem os diferentes tipos de vínculos: parentais, filiais, fraternos, intergeracionais, amorosos, de ódio etc. E não colocam em primeiro plano os critérios oriundos da psicopatologia dos vínculos, embora a pertinência da descrição dos vínculos em termos de narcisismo e objetalidade, ou de organização neurótica, perversa ou psicótica tenha se mostrado útil.

Passemos agora a considerar uma noção desenvolvida por Kaës, fundamental para a compreensão do funcionamento da clínica de casal e família.

As alianças inconscientes

Dando continuidade à sua argumentação sobre a consistência da realidade psíquica do vínculo, Kaës propõe a noção de alianças inconscientes. Estas estão na base tanto da realidade psíquica do vínculo como da realidade psíquica do sujeito.

Sobre o conceito de aliança inconsciente, Kaës (2010/2007) aponta que, para fazer vínculo, desde a origem da vida psíquica, e mais tarde para formar casal, viver em família, associar-se em grupo, viver em comunidade com outros humanos, somos investidos e nos investimos eletivamente uns aos outros, identificamo-nos de forma inconsciente entre nós, e a partir daí com um objeto e com um traço comum. Nossas identificações, que se desenrolam segundo diferentes modalidades (especulares, narcisistas, adesivas, projetivas e introjetivas) estarão fundadas em consonâncias prévias, nas ecopraxias, nas ecolalias e nos ecomimetismos que acompanham nossas primeiras experiências intersubjetivas, antes, ou à margem da palavra; elas terão suscitado e encontrado ressonâncias fantasmáticas, realizações de desejos e frustrações.

Podemos aqui fazer uma digressão e refletir sobre a importância dessas primeiríssimas experiências na constituição da vida amorosa futura; em busca "do objeto para sempre perdido" e profundamente marcado no psiquismo, eis que num encontro subitamente resplandece o "nunca te vi antes, sempre te amei", "como se desde sempre te conhecesse", fazendo aflorar o pleno erotismo, desta vez sem entraves.

Kaës propõe que, para fazer vínculo, necessitamos dessas identificações e desses processos, assim como de outros, mas que isso só não basta. Devemos também entrelaçar e *selar entre nós alianças*, algumas conscientes e outras inconscientes, cuja função principal é manter e estreitar nossos vínculos, fixar suas apostas e seus termos e instalá-los no tempo. Cada um de nós necessita do outro para realizar aqueles desejos inconscientes que são irrealizáveis sem o outro. E reciprocamente, na maior parte das vezes, o acordo resultante permanece inconsciente.

A consumação de uma aliança é o ato pelo qual duas ou mais pessoas se ligam entre si para realizar um fim preciso, o que implica um interesse comum e um compromisso mútuo. É importante enfatizar que, do ponto de vista da psicanálise, a entrada do sujeito numa aliança apoia-se em processos e apostas específicas, diferentes das que organizam as alianças que interessam à antropologia social, à religião, à filosofia política ou ao direito.

Kaës chamou de aliança inconsciente a uma formação psíquica intersubjetiva construída pelos sujeitos de um vínculo para estabelecer e reforçar entre si os investimentos narcísicos e objetais necessários, os processos, funções e estruturas psíquicas que eles necessitam e que procedem da repressão, da recusa, da forclusão.[1] A aliança constrói-se de tal modo que o vínculo adquire, para cada um de seus sujeitos, um valor psíquico decisivo. O conjunto assim ligado (o grupo, a família, o casal) obtém sua realidade psíquica das alianças, dos contratos e dos pactos que seus sujeitos estabelecem e que seu lugar no conjunto os obriga a manter.

Vejamos como, para Kaës, as alianças inconscientes organizam tanto o vínculo intersubjetivo como o inconsciente de seus sujeitos.

---

1 A tradução a partir do francês e do espanhol dos termos referentes aos diversos tipos de defesas seguiu a orientação de Laplanche, J. e Pontalis, J.-B. (1970).

Para esse autor, as alianças inconscientes inscrevem-se de maneira fundamental na formação psíquica do vínculo intersubjetivo: o conceito de intersubjetividade pode encontrar nelas sua matéria, e a realidade psíquica do vínculo, sua consistência. Elas produzem seus efeitos para além dos sujeitos, das circunstâncias e do momento que as fizeram necessárias e que as elaboraram. São o agente e a matéria da transmissão da vida psíquica entre gerações e entre contemporâneos. Para Kaës, o conceito de aliança inconsciente dá um conteúdo preciso à sua fórmula que caracteriza a lógica do vínculo: "não um sem o outro, e sem o vínculo que os une e os contém".

As alianças inconscientes apresentam, também, outra dimensão. Requerem dos sujeitos comprometidos com elas obrigações e sujeições, distribui-lhes benefícios e lhes prometem gratificações. Os benefícios que elas aportam devem ser julgados segundo os custos psíquicos que elas exigem de seus sujeitos.

Por outro lado, cada um de nós é sujeito do inconsciente a partir do efeito das alianças inconscientes. Estas fabricam uma parte do inconsciente e da realidade psíquica de cada sujeito.

Kaës (2010/2007) propõe uma pergunta: "pode o sujeito pelo qual se interessa a psicanálise, o sujeito do inconsciente, ser compreendido unicamente a partir de suas determinações intrapsíquicas, ou é necessário admitir que se forma conjuntamente na intersubjetividade?" (p. 275).

Para responder a essa pergunta, ele parte do conceito de *subjetivação*. Vimos no Capítulo 3 como Freud nos indicou os caminhos da constituição do sujeito em sua relação com o outro, e no esforço, sempre precário e conflituoso, de diferenciar-se dele. Entre o *ter* e o *ser* a criança vai, penosamente, construindo seu mundo representacional.

236   A INTERSUBJETIVIDADE

Vejamos agora como Kaës apresenta esses mesmos processos a partir do ângulo da intersubjetividade.

A subjetivação

Por esse termo, diz Kaës, entendemos não somente o processo de formação do sujeito, mas, mais precisamente, sua transformação em um *eu* capaz de pensar seu lugar e sua condição de sujeito do inconsciente. As investigações sobre as alianças inconscientes, sobre as *funções fóricas* (ver abaixo) e sobre o espaço onírico comum e compartilhado levaram-no a pensar que a subjetivação se produz conforme um duplo processo psíquico que, por um lado, se desenvolve em cada sujeito segundo seus determinantes internos e, por outro, a partir do espaço psíquico intersubjetivo.

Funções fóricas

Kaës propõe a noção de funções fóricas (termo derivado do verbo grego *phorein,* que significa portar), que são tão significativas no funcionamento de casais e famílias. Ele mostra como, nos grupos, aparecem processos psíquicos que cumprem uma função articular entre o grupo e o sujeito singular. São pontos de entrelaçamento e de formações intermediárias entre as cadeias associativas individuais e a cadeia associativa que se forma no grupo; nele, algumas pessoas encarnam e representam esses pontos de entrelaçamento: são porta-palavras, porta-sintomas, porta-sonhos ou os portadores dos ideais, das figuras da morte ou da salvação etc.

Esses sujeitos cumprem funções intermediárias nas passagens entre os espaços psíquicos de cada um e os espaços comuns e compartilhados em um casal, uma família, um grupo. Essas funções incluem e superam uma simples ligação entre duas bordas separadas, a fronteira entre dois espaços descontínuos. As pessoas que as

encarnam são responsáveis também por essas funções, carregam-
-nas tanto como são carregadas por elas, carregam a marca do que
as criou e daquilo no que se fundam.

Dessa forma, um porta-palavra, por exemplo, cumpre sua função fórica pelo movimento de seu próprio desejo e é convocado por
outros que o levam a ocupar esse lugar e essa função. O porta-palavra fala no lugar do outro, pelo outro, mas também fala pelo outro
que está em si mesmo; dessa forma, encontra na palavra do outro
uma representação que até esse momento não lhe estava disponível.

Sabemos como, nas famílias, uma criança pode assumir o lugar de porta-sintoma dos conflitos do casal ou de um dos pais,
ou como, na clínica de casais, um dos cônjuges frequentemente
assume o lugar de ser o porta-palavra do casal. Algumas vezes, essa
função de porta-palavra torna-se compulsiva e tende a indicar um
movimento defensivo importante diante da expressão do desejo
do outro.

Voltando ao conceito de subjetivação em Kaës (2010/2007),
ele propõe que o *eu*, término do processo de subjetivação, somente pode advir em sua organização reflexiva e na apropriação
de sua própria subjetividade num conjunto intersubjetivo do qual
é primeiramente tributário e do qual deverá desprender-se, sem
liberar-se, no entanto, radicalmente. Toda a questão está, portanto,
em compreender de que maneira esses processos se articulam um
ao outro e de que modo a subjetivação faz trabalhar as noções de
sujeito, sujeição e intersubjetividade.

A sujeição

O sujeito do inconsciente é um sujeito assujeitado às formações
e aos processos do inconsciente: está sob o efeito de uma ordem,

238 A INTERSUBJETIVIDADE

de uma instância, de uma lei que o constitui como sujeito. A sujeição está ligada à noção de uma fixação correlativa do sujeito e do objeto a posicionamentos comandados pela exigência de trabalho da pulsão, pelos enredos fantasmáticos e pelo abandono das identificações do *eu* para adotar outras a serviço do Ideal. Esse é o paradoxo do sujeito: está assujeitado e estruturado nessa sujeição. E é precisamente porque esteve assujeitado que se torna possível o processo de subjetivação, a menos que a sujeição tenha se fixado como alienação. Por outro lado, a sujeição não é unicamente um processo interno, pois se inscreve também nas relações mútuas entre o sujeito e o outro.

O processo intersubjetivo e o trabalho interno do sujeito abrem a via ao processo de subjetivação. Dão-lhe sustentação em seu desprendimento das identificações alienantes e das alianças inconscientes que o mantêm na sujeição. A clínica nos ensina que a "dessujeição" passa por movimentos complexos e correlativos de "desatribuição" dos posicionamentos intrapsíquicos e intersubjetivos, que esses movimentos se relacionam, necessariamente, com a experiência da separação, da desilusão (da caída narcisista) e do desprendimento da autoalienação nas alianças inconscientes alienantes.

Kaës, parafraseando Freud, afirma: "ali onde estavam a alianças inconscientes e ali onde sempre estão, o eu pode advir na medida em que se desprenda do sujeito alienado nas identificações e nas alianças inconscientes que o mantêm na sujeição" (p. 280). E acrescenta que seria ilusório pensar que a subjetivação se faz de uma vez e para sempre, e que a superação não deixa nenhum resto. A vida psíquica oscila entre movimentos contrários no processo de tornar-se *eu*. O sujeito, ao tornar-se *eu*, recompõe sem cessar sua história à medida que se subjetiva. Temos aí o trabalho de historização que se efetua na sucessão dos *après-coups*.

Subjetivação e intersubjetividade

A subjetivação é um processo de transformação do sujeito assumido pelo *eu*, e esse processo está sob o efeito da intersubjetividade, isto é, da situação dos sujeitos do inconsciente no vínculo. Poder-se-ia dizer também que a condição do processo de subjetivação é a intersubjetividade.

Para Kaës, a intersubjetividade é entendida não como um regime de interações comportamentais entre indivíduos que comunicam seus sentimentos por empatia, mas sim a experiência e o espaço da realidade psíquica especificada por suas relações de sujeitos enquanto são sujeitos do inconsciente. A intersubjetividade é o que compartilham os que estão formados e ligados entre si por suas sujeições recíprocas, estruturantes ou alienantes, aos mecanismos constitutivos do inconsciente: as repressões e negações em comum, as fantasias e os significantes compartilhados, os desejos inconscientes e as proibições fundamentais que os organizam.

Para considerar os processos e as formações da intersubjetividade, é necessário recorrer a uma outra lógica dos processos psíquicos. No lugar de uma lógica de processos e formações internas, deve-se articular uma lógica de correlações de subjetividades, uma lógica de conjunção e disjunção com a seguinte fórmula: "não um sem o outro e sem o conjunto que os constitui e os contém; um sem o outro, mas no conjunto que os reúne" (p. 27). Essa fórmula sustenta que não podemos não estar na intersubjetividade. O sujeito se manifesta e existe somente em sua relação com o outro, ao que cabe ajuntar: com mais de um outro. Isso significa que o caminho para "o *eu* advir" assim como as dificuldades e os impedimentos para esse devir estão traçados na relação intersubjetiva com o outro. Isso é válido para a criança, para o tornar-se homem e mulher, para o tornar-se pai e mãe.

Vejamos como Kaës classifica as diferentes formas de alianças inconscientes.

Alianças inconscientes estruturantes

Ainda no texto de 2010/2007, Kaës aponta três grandes categorias de alianças. As primeiras contribuem para a estruturação da psique: o pacto edípico estabelecido com o pai e entre os irmãos, o contrato de renúncia mútua à realização direta dos objetivos pulsionais destrutivos e o contrato narcisista são parte delas. Pertencem à segunda categoria as alianças defensivas, principalmente o pacto negativo e suas derivações alienantes e patológicas, como a comunidade de negação e o contrato perverso, entre outras. Uma terceira categoria está constituída pelas alianças ofensivas, que selam o acordo de um grupo para conduzir um ataque, uma proeza ou exercer uma supremacia.

Sejam estruturantes, ofensivas ou defensivas, ou que apontem para relações alienantes e psicopatológicas, as alianças inconscientes são o cimento da matéria psíquica que nos liga uns aos outros num casal, numa família ou num grupo. Elas são organizações metapsíquicas: contribuem para a estruturação da psique em sua organização narcísica e objetal, em suas modalidades de realização de desejo, em suas formações defensivas ou alienantes.

Sobre o pacto edípico e referindo-se aos textos de Freud "Totem e tabu" (1955u/1913-1914) e "O mal-estar na civilização" (1955e/1930), Kaës agrega que a proibição do incesto, a de matar o animal totêmico e a do fratricídio são as três proibições prescritas no contrato totêmico que põe fim ao crime cometido em comum e sobre o qual se funda a sociedade. O contrato totêmico dos irmãos garante, em seu decorrer, a organização do grupo estruturado pelas proibições fundamentais e pela ordem simbólica que instaura os processos de civilização. Sobre esse contrato se fundam as identificações simbólicas. Essa aliança, de ofensiva e destruidora, torna-se, então, estruturante.

Sobre o contrato de renúncia mútua à realização direta dos objetivos pulsionais destrutivos, Kaës aponta que, assim como o pacto fraterno e o contrato simbólico com o pai, esse contrato cumpre uma função estruturante na formação da psique e implica uma exigência de trabalho psíquico imposta pela cultura aos movimentos pulsionais do sujeito.

Sobre o contrato narcisista, e referenciando-se em Aulagnier (1979/1975), Kaës aponta que cada sujeito vem simultaneamente ao mundo da vida psíquica, da sociedade e da sucessão das gerações sendo portador de uma missão: a de assegurar a continuidade do conjunto a que pertence. Por seu lado, o conjunto deve investir narcisicamente o novo indivíduo. Esse contrato atribui, a cada um, um lugar determinado no grupo, lugar que lhe é significado pelo conjunto das vozes que, antes da chegada do sujeito, sustentou certo discurso conforme o mito fundador do grupo. Esse discurso inclui os ideais e os valores, transmite a cultura e as palavras de certeza do conjunto social. Cada sujeito deve, de certa maneira, retomá-lo por sua própria conta e, por meio dele, enlaçar-se ao ancestral fundador.

Em tais condições, continua Kaës, o conceito de contrato narcisista dá conta de que o investimento narcisista, que em cada indivíduo torna possível o cumprimento de seus próprios fins, somente pode ser sustentado na medida em que uma cadeia, da qual o sujeito é membro e parte ativa, invista narcisicamente esse sujeito como portador de uma continuidade do conjunto. Dessa forma, os pais, em primeiro lugar, fazem da criança o portador da realização de seus sonhos de desejo (Freud, 1955j/1914) e, desse modo, asseguram sua sustentação narcisista, como, por meio deles, o desejo das gerações precedentes sustentou, positiva ou negativamente, sua chegada ao mundo e sua própria ancoragem narcisista.

Kaës aporta alguns complementos ao conceito de *contrato narcisista* distinguindo entre contrato narcisista originário e contrato narcisista secundário. O contrato narcisista originário, fundado em investimentos de autoconservação, define um contrato de filiação intergeracional. Está a serviço do conjunto e do sujeito desse conjunto, do qual ele é uma cadeia, um servidor, um beneficiário e um herdeiro. O contrato narcisista secundário, baseado no narcisismo secundário, é um contrato de afiliação que distribui os investimentos do contrato narcisista originário e entra em conflito com ele, principalmente quando o sujeito estabelece vínculos extrafamiliares. Esses dois tipos de contrato estão a serviço da vida.

Como podemos frequentemente constatar nos atendimentos de casais, assim como na situação clínica relatada, a passagem da filiação de origem para a afiliação exogâmica não é sem dor, sofrimentos e angústias; trata-se de um salto no escuro que, a partir de Kaës, podemos compreender como uma troca de alianças inconscientes-conscientes "já conhecidas" para o desconhecido e incerto. Diante das frustrações inevitáveis, podem organizar-se retrocessos "manifestos" ou "latentes".

Segundo Kaës, o pacto narcisista já é o resultado de uma atribuição imutável de um posicionamento de coincidência narcisista perfeita. É patógeno e, em certos casos, mortífero. Corresponde à categoria das alianças alienantes.

Kaës enfatiza que as alianças estruturantes são complementares, solidárias e sinérgicas.

Alianças inconscientes ofensivas

Sobre estas, cabe apenas mencioná-las, pois não têm relevância para esta pesquisa. Elas estabelecem-se sobre a base de uma coalizão organizada, tendo em vista um ataque contra outro, ou mais de um outro, a fim de exercer sobre ele uma dominação, submetê-lo ou destruí-lo: uma equipe de futebol, um comando, uma equipe de trabalho, um bando organizam-se sobre tais alianças. A aliança psicopática é uma aliança alienante ofensiva.

Alianças inconscientes defensivas

Diferentemente da anterior, as alianças defensivas referem-se de modo direto ao nosso tema, pois, em geral, as primeiras medidas de aproximação amorosa instauram também as primeiras alianças defensivas inconscientes que constituirão o novo vínculo. Se partirmos da ideia de que o início do envolvimento amoroso implica um movimento de separação dos laços infantis com a família de origem, e conhecendo quão intensos são os poderes de atração desses laços primitivos (Thorstensen, 2011), pode-se compreender a força das alianças defensivas que se instauram no jovem casal para chegar a constituir seu relacionamento. Como já mencionamos, muitos não conseguem erigir essas defesas comuns e viabilizar seu vínculo. Ou as erigem, no início da relação, mas, diante das frustrações inerentes a qualquer vínculo, tendem a um movimento regressivo na direção das aspirações mais primitivas. Naturalmente, muitas outras alianças defensivas mais específicas de cada vínculo se estabelecerão em seus inícios.

Para Kaës (2010/2007), portanto, as alianças inconscientes defensivas entrelaçam-se desde o período inicial do agrupamento, durante o primeiro encontro entre os membros do grupo. Para associar-se, os membros devem ajustar, sem saber, um acordo incons-

244 A INTERSUBJETIVIDADE

ciente segundo o qual deverão reprimir, recusar ou apagar certas representações. As próprias alianças permanecem inconscientes, tanto como os vínculos fundados por elas.

De fato, as alianças inconscientes defensivas encontram sua matéria, sua energia e seus conteúdos nessas representações correprimidas, correcusadas ou coforcluídas. A alianças atuais associamse a formações e processos inconscientes já estabelecidos em cada um dos sujeitos. O retorno dos conteúdos inconscientes, quando se trata de conteúdos reprimidos, efetua-se por meio de seus efeitos na cadeia associativa grupal, nas transferências, nos sintomas compartilhados, nos sonhos e nas funções fóricas. Quando se trata de conteúdos arcaicos não reprimidos (recusados ou forcluídos), o retorno dos conteúdos inconscientes efetua-se por meio dos *actings*, das cisões, dos delírios coletivos, de objetos brutos, bizarros ou de significantes enigmáticos.

Dentre as alianças inconscientes defensivas está o que Kaës denominou de pacto negativo. O tema do negativo, devido à sua importância na constituição da conjugalidade, será retomado mais adiante. Aqui ele será apenas abordado brevemente como uma das três formas de alianças inconscientes.

O pacto negativo

Ainda para Kaës, o pacto negativo caracteriza um acordo inconsciente, imposto ou acordado mutuamente para que o vínculo se organize e se mantenha na complementaridade dos interesses de cada sujeito e de seu vínculo. O preço do vínculo é, precisamente, o que não pode ser questionado por aqueles que ele enlaça, em razão da dupla economia cruzada que rege a relação dos sujeitos singulares e da cadeia da qual são membros.

O pacto negativo é uma metadefesa fundada em diversas operações defensivas: de repressão e negação, mas também de recusa, forclusão ou enquistamento. Ao mesmo tempo que é necessário para a formação do vínculo, também pode criar neste último algo não significável, não transformável, zonas de silêncio, bolsões de intoxicação que mantêm os sujeitos de um vínculo alheios à sua própria história e à história dos outros.

Dessa forma, continua Kaës, desde os primórdios de um vínculo, mobilizam-se a repressão, a recusa, a forclusão, a cisão das representações perigosas. O pacto negativo é, ao mesmo tempo, tanto o resultado das operações de repressão ou de recusa mutuamente impostas como um dos processos de acoplamento do vínculo.

Para concluir, diz Kaës, a análise das alianças inconscientes põe em evidência a arqueologia do grupo e a arqueologia do sujeito. Elas asseguram funções específicas na formação do espaço intrapsíquico, especialmente em suas dimensões inconscientes, ao mesmo tempo que sustentam a formação e os processos dos vínculos intersubjetivos que, por sua vez, reafirmam formações e processos intrapsíquicos.

Podemos constatar, na situação clínica relatada, como uma aliança inconsciente defensiva foi estabelecida entre Teresa e sua mãe, o que a impedia de voltar-se definitivamente para sua relação com João. Tratando-se de uma relação de casal, ele, por sua vez, também estará envolvido na construção da dificuldade apresentada, nesse caso, sentindo-se incapacitado para fazer a função de pai e intervir com firmeza no vínculo alienante entre mãe e filha.

Além das três formas de alianças inconscientes, Kaës cita também as alianças formadas pela identificação com os sintomas compartilhados.

246 A INTERSUBJETIVIDADE

Alianças por identificação com os sintomas compartilhados

A produção de sintomas comuns e compartilhados está submetida a uma necessidade do vínculo, ou seja, sujeitar cada sujeito a seu sintoma em relação com a função que cumpre para ele mesmo e para o outro, e também para o vínculo. O sintoma recebe, aqui, um reforço multiplicado.

Kaës observa que, se tomamos somente em consideração a função econômica e dinâmica que o sintoma cumpre para o sujeito que o produz, inscrevendo-o em sua história singular e em sua própria estrutura, omitimos seu valor para a economia dos vínculos intersubjetivos. Omitimos o investimento que recebe de parte do outro, ou de mais de um outro, para manter o vínculo unido, ao preço, no entanto, da repressão que corresponde a cada um na aliança.

A aliança por identificação com os sintomas compartilhados é especialmente frequente na clínica de casais, embora possa aparecer sob as aparências de um conflito entre eles. Às vezes o conflito se localiza mais na intensidade e abrangência do sintoma do parceiro, escamoteando-se o fato de que o parceiro "cobrador" "esconde" o mesmo sintoma e que o sintoma do parceiro "mais prejudicado" serve como álibi para uma organização de vida em comum que protege o "cobrador" de se defrontar com o seu próprio sintoma. Vejamos, num exemplo clínico, um sintoma de fobia compartilhado:

Ela: "Esta semana estive tão mal com meus medos que quase não consegui sair de casa".

Ele, um tanto irritado: "Você poderia convidar uma amiga e tentar ir até o shopping, que é tão pertinho de casa, fazer alguma coisa para melhorar".

Ela: "*Você fica me cobrando sair de casa, mas você mesmo conseguiu escapar de sua viagem de trabalho na semana passada, lembra? E eu não falei nada. Detesto você ficar me cobrando. Você sabe como é difícil para mim*".

Nesse sentido, aponta Kaës, a análise deve orientar-se também para o nó intersubjetivo, em que o sintoma tomou, para cada sujeito que se faz seu portador, uma parte inestimável de seu valor. Esse aporte suplementar deve ser buscado do lado das alianças, dos contratos e dos pactos que mantêm juntos os sujeitos de um vínculo, por meio do sintoma e do sofrimento daquele que, em seu lugar e posição, se torna o porta-corpo e o porta-sintoma, para ele mesmo e para os outros. Essa é sua função fórica: o sujeito se constitui como tal porque está predisposto a constituir-se assim, para servir tanto a seu próprio interesse como ao daqueles com quem está ligado por aliança de desejo e por aliança defensiva.

Pode ocorrer numa terapia de casal uma interrupção abrupta para salvar a aposta de um e/ou do outro na aliança que os mantêm assujeitados mutuamente, posto que a análise e o desenlaçar-se das alianças são para eles mais perigosos do que a alienação cujo preço pagam. Aquilo que os pacientes mantêm fora da análise não é unicamente o lugar que eles mesmos ocupam na aliança, mas também o lugar do outro. Temos, portanto, aí, uma tópica, uma economia e uma dinâmica intersubjetiva que envolvem dois, três, ou vários sujeitos e na qual os efeitos de conjunto se reforçam de maneira solidária porque são administrados em consenso e no mesmo sentido por todos os aliados.

Deve-se observar que, no texto de 2011, Kaës propõe uma classificação diferente das alianças. Lá, ele delineia dois tipos de alianças: as alianças inconscientes básicas ou primárias e as alianças inconscientes secundárias. Para os propósitos desta pesquisa, no entanto, a classificação anterior revela-se mais útil, coincidindo também com seu uso mais frequente na literatura.

Passemos agora a outro aspecto do pensamento de Kaës, sempre ligado, no entanto, às questões de intersubjetividade e aplicáveis ao vínculo conjugal. No Capítulo 3, refletimos sobre os trabalhos psíquicos decorrentes da constituição *psicossexual* do humano e, neste capítulo, estamos considerando os esforços decorrentes de sua constituição *psicossocial*. Vejamos como Kaës apresenta os trabalhos psíquicos exigidos pela intersubjetividade.

O trabalho psíquico da intersubjetividade

A partir das considerações sobre as alianças inconscientes, a ideia dos intensos trabalhos psíquicos inerentes à vida intersubjetiva torna-se evidente e se confunde com o que estamos denominando de trabalhos psíquicos na conjugalidade. Vejamos como Kaës apresenta essa ideia.

Kaës (2011) entende a exigência de trabalho psíquico no sentido que Freud deu a essa noção ao construir a primeira teoria das pulsões: a pulsão impõe à psique um trabalho psíquico em razão de sua relação com o "biológico". O encontro com o outro exige mais trabalho psíquico para que as psiques, ou parte delas, associem-se e juntem-se, para que elas se experimentem em suas diferenças e se ponham em tensão, para que elas se regulem.

Kaës distingue quatro principais exigências de trabalho psíquico impostas pelo vínculo intersubjetivo:

1ª) A obrigação que o sujeito tem de investir o vínculo e os outros com sua libido narcísica e objetal a fim de receber em troca os investimentos necessários para ser reconhecido como sujeito membro do vínculo. Essa exigência de trabalho se forma com base no modelo do contrato narcisista descrito por Aulagnier (1979/1975).

2ª) A colocação em latência, a repressão, a renúncia ou abandono de certas formações psíquicas próprias do sujeito. Em "Psicologia do grupo e análise do ego" (1955g/1921), Freud indicou que o *eu* deve abandonar parte de suas identificações e de seus ideais pessoais em prol de ideais comuns, em troca dos benefícios esperados do grupo e/ou do líder. Todo vínculo faz imposições de crença, de representação, de normas perceptivas, de adesão aos ideais e aos sentimentos comuns.

Estar na intersubjetividade, entretanto, não implica apenas que certas funções psíquicas sejam inibidas ou reduzidas e que outras sejam eletivamente mobilizadas e amplificadas. A clínica evidencia também a exigência *de um não trabalho psíquico* que se manifesta por abandonos de pensamentos, apagamentos dos limites do *eu* ou de partes da realidade psíquica que especificam e diferenciam cada sujeito, como ocorre nos grupos sectários, por exemplo. São processos de autoalienação postos a serviço das exigências do vínculo.

3ª) A necessidade de pôr em funcionamento operações de repressão, de recusa da realidade ou de forclusão para que os vínculos se formem e se mantenham. Essas operações dizem respeito a toda configuração vincular que garanta e mantenha os dispositivos metadefensivos necessários para a sua autoconservação e para a realização de seus fins. Elas são, portanto, requisitadas pelo vínculo e pelos interesses pessoais que os sujeitos tenham para adotá-las. É esse o estatuto e a função das alianças inconscientes defensivas. Essas alianças são os processos que produzem o *inconsciente atual* no vínculo; elas formam seus enredamentos neuróticos e psicóticos

250 A INTERSUBJETIVIDADE

e, por esse conjunto de razões, elas são peças fundamentais da formação da realidade psíquica própria a uma configuração vincular.

4ª) As interdições fundamentais em suas relações com o trabalho de civilização e os processos de simbolização. Em o "O mal-estar na civilização", Freud (1955e/1930) insistiu na necessidade da renúncia mútua à realização direta das metas pulsionais para que se estabeleça uma "comunidade de direito" que é garantia de vínculos estáveis e confiáveis. O resultado dessa exigência são as alianças inconscientes estruturantes, em cuja categoria incluímos o contrato narcisista, o pacto entre os irmãos e com o pai e o contrato de renúncia mútua. O resultado dessa exigência de trabalho é a formação do sentido, a atividade de simbolização e de interpretação, mas também a capacidade de amar, de brincar, de pensar e de trabalhar.

Para Kaës (2011), essas quatro exigências concorrem para a criação de um espaço psíquico comum e compartilhado. Consideradas do ponto de vista do sujeito a quem são impostas, essas exigências são tanto estruturantes como conflitivas. A conflitividade central situa-se entre a necessidade de ser um fim para si mesmo e a de ser um sujeito no grupo e para o grupo. Ao realizarem esse trabalho psíquico, os membros de um grupo atribuem-se e recebem em troca benefícios e encargos. Estabelece-se um equilíbrio econômico, positivo ou negativo, em relação ao que eles ganham e ao que eles perdem em satisfazer essas exigências.

De certo modo, segue Kaës, não nos é dada a escolha de nos furtarmos a essas exigências. Temos que nos submeter a elas para entrar num vínculo e para existir como sujeitos. Mas também devemos nos afastar delas sempre que essas exigências e as alianças que as selam passam a estar a serviço de nossa autoalienação e da alienação que impomos aos outros, em geral, à revelia de ambas as partes. É desse ponto de vista que podemos definir o campo prático do trabalho psicanalítico em situação de grupo.

Deve-se enfatizar que um aspecto fundamental num vínculo de casal é exatamente o que Kaës chama de trabalho da intersubjetividade, isto é, a maneira como as pessoas processam a experiência da relação com o outro e seus conflitos. Se os parceiros entendem que a vida amorosa inclui um trabalho psíquico referido ao outro e à relação, é diferente do que se tiverem uma visão que não considera essa exigência de trabalho psíquico, embalando-se na ilusão de que o amor tudo resolve. Como diz Badiou, "existe um trabalho do amor e não apenas um milagre". Essa é uma questão fundamental na clínica de casais. Por outro lado, como esta pesquisa evidencia, trata-se de um laborioso trabalho de construção a dois.

Tendo em vista a articulação entre as proposições de Kaës sobre a intersubjetividade e a clínica psicanalítica de casal e família, abordaremos brevemente aqui as características dos grupos estudados por Kaës, com o objetivo de, mais adiante, colocar em evidência no que eles se diferenciam.

Antes, no entanto, faremos uma reflexão sobre como Mezan apresenta o efeito do objeto de reflexão clínica de cada autor sobre as conclusões metapsicológicas a que ele chega.

As matrizes clínicas e a construção conceitual

Segundo Mezan (2014), as diferentes *matrizes clínicas* sobre as quais se debruça cada autor em psicanálise explicam as diferentes nuances conceituais em suas construções metapsicológicas.

Para ele, matriz clínica implica um tipo determinado de organização psicopatológica, com sua estrutura própria, seus conflitos

252 A INTERSUBJETIVIDADE

originadores e suas modalidades características de defesa. Dessa forma, a matriz clínica básica de Freud é constituída pelas neuroses de transferência, especialmente pela histeria no início de sua carreira, podendo-se, além disso considerar que, em Freud, encontram-se quatro matrizes clínicas: a da histeria, a da neurose obsessiva, a da melancolia e a da psicose.

Partindo desse raciocínio, como poderíamos compreender a matriz clínica sobre a qual Kaës construiu sua metapsicologia da intersubjetividade?

Segundo ele próprio, e como citamos no início deste capítulo, a prática clínica na qual se baseou para construir suas proposições foram a psicanálise individual, a psicanálise em grupo e o acompanhamento de equipes terapêuticas em instituições psiquiátricas.

Dessa forma, não poderíamos considerar o objeto de estudo de Kaës partindo propriamente de uma matriz clínica, como a considera Mezan (uma organização psicopatológica, com sua estrutura própria, seus conflitos originadores e suas modalidades características de defesa), mas, sim, como diz o próprio Kaës, como o resultado de sua tripla prática da psicanálise, enfatizando-se aqui sua experiência com grupos que, como veremos a seguir, apresentam características bastante específicas.

Vejamos como Kaës (2010/2007) propõe qual seria o objetivo mais amplo de suas pesquisas. Diz que sua intenção era que

> as investigações que comecei há quarenta anos sobre os grupos e a grupalidade psíquica pudessem contribuir para um debate importante no campo da psicanálise contemporânea. A questão central consiste, na realidade, em compreender como o sujeito singular, o que tratamos no

divã, é também um sujeito cujo inconsciente se sustenta e se molda nos vínculos intersubjetivos dos quais é parte, nas alianças inconscientes que o precedem e que ele subscreve por sua própria conta, nos espaços psíquicos comuns que compartilha com outros. A abordagem psicanalítica dos grupos é uma das maneiras de colocar essa questão e para encontrar alguns elementos de resposta. (p. 13)

Kaës aponta que o dispositivo psicanalítico de grupo é um método que permite ao sujeito viver a experiência do efeito produzido por ele e nele no encontro de seu inconsciente com o do outro, de mais de um outro, em uma configuração vincular como o grupo. Esse dispositivo dá acesso a uma organização da realidade psíquica inacessível de outra maneira: a do grupo enquanto tal.

Podemos então concluir que Kaës contribui para a construção de uma teoria da intersubjetividade a partir de uma matriz de conhecimento que são seus grupos, situações clínicas montadas para servirem como um *locus* de pesquisa e com o intuito de compreender o funcionamento tanto do psiquismo em grupo como do grupo no psiquismo individual. A transposição de seu pensamento para uma clínica de casal e família exige, como foi dito anteriormente, um segundo nível de articulação.

Voltemos, então, às características dos grupos estudados por Kaës para podermos, no Capítulo 5, refletir sobre esse segundo nível de articulação.

Os grupos estudados por Kaës

Kaës chamou de características morfológicas da situação de grupo a pluralidade de sujeitos, o posicionamento cara a cara e a interdiscursividade, isto é, os vários discursos que nele se entrecruzam. Seu objetivo é compará-lo e diferenciá-lo da situação individual, além de verificar seus efeitos sobre o inconsciente de cada sujeito e sobre o grupo como um todo.

A pluralidade de sujeitos

Segundo Kaës, a pluralidade gera uma combinatória relacional cujos efeitos se inscrevem nos objetos das transferências, nos processos associativos, na diversidade das formas de vínculo (duplas, trios, subgrupos) e nos recursos disponíveis para a figuração das cenas psíquicas. Em seus grupos, reúnem-se vários sujeitos estranhos uns aos outros, o que dá ensejo a que cada um deles veja-se diretamente confrontado com um encontro múltiplo e intenso com vários outros. Para cada um deles, são outros tantos objetos de investimentos pulsionais, de emoções, de afetos e de representações que entram em complementaridade ou em antagonismo, em ressonância ou em dissonância uns com os outros. Pode-se supor que, nessa situação, vai se produzir um grau de excitação importante, que provavelmente se alimentará da excitação dos outros, em um jogo muito complexo de projeções e identificações recíprocas.

De fato, nos grupos, Kaës mostra como a pluralidade de sujeitos provoca efeitos de coexcitação interna e de coexcitação mútua, dando ensejo a ocorrências de experiências passageiras de transbordamento e de fracasso da capacidade de associar os estímulos com as representações. Essas experiências podem ser traumáticas quando os dispositivos de proteção antiestímulo são insuficientes, gerando mecanismos de defesa específicos.

Esse tema merece aqui uma observação no que se refere ao atendimento do casal (e da família), pois o efeito excitatório ocasionado pela presença de mais de uma pessoa da mesma unidade familiar, e a quem se apresenta a possibilidade de trazer suas queixas uns dos outros, torna-se um dos aspectos mais sensíveis de seu manejo clínico. Escapar dos aprisionamentos mortíferos dos discursos e dos afetos e sustentar *Eros* circulando nessas situações é, a nosso ver, a tarefa primordial do analista (voltaremos a esse tema no Capítulo 5).

Para Kaës, no caso dos grupos, os mecanismos de defesa específicos, gerados pelas experiências traumáticas de transbordamento quando os dispositivos de proteção antiestímulo são insuficientes, darão origem a alianças defensivas cujos conteúdos inconscientes retornarão ao grupo, tanto segundo as vias próprias de cada um como também por meio das modalidades grupais das transferências, da formação dos sintomas e do processo associativo. Devemos, pois, considerar esses mecanismos de defesa uma parte constitutiva do vínculo de grupo, do vínculo com o grupo, mas também da realidade psíquica do grupo e dos sujeitos no grupo.

Como resultado desses diferentes tratamentos da pluralidade, produz-se um acondicionamento inconsciente das zonas psíquicas nas quais o vínculo é possível. Por meio desses processos, a pluralidade se transforma em agrupamento, dota-se de um objeto unificador e de um espaço comum a partir dos quais se efetuam as primeiras delimitações do dentro e do fora.

O cara a cara

Sabemos, continua Kaës, como, a partir da análise de Dora, Freud (2005b) instaurou um dispositivo espacial tal que o analista se posiciona fora do campo de visão do analisando. Estabelece-se, dessa forma, a necessidade de a comunicação passar predominantemente pela palavra, abrindo-se o caminho para as representações de palavra e a cena da fantasia. Alguns objetam contra a situação

256 A INTERSUBJETIVIDADE

cara a cara, argumentando que esse posicionamento remete a um espaço e tempo pré-psicanalítico. Para Kaës (2010/2007), a experiência clínica mostra constantemente que, se o cara a cara mobiliza as modalidades de comunicação não verbal e facilita as identificações especulares, a necessidade de dizer a propósito do que ocorre aqui e agora no cenário do grupo abre a via para a representação de palavras e para a palavra proferida e escutada.

A interdiscursividade

Nas situações de grupo, os enunciados de palavras e os significantes associados às mímicas, posturas e gestos constituem uma pluralidade de níveis de discurso. Estes se organizam segundo um duplo eixo sincrônico e diacrônico, individual e intersubjetivo. De fato, quando os membros de um grupo falam, seus enunciados estão sempre situados em um ponto de entrelaçamento de duas cadeias associativas: uma, própria de cada um, está regida pelas representações metaindividuais; a outra, formada pelo conjunto dos enunciados, está regida pelas representações inconscientes organizadoras dos vínculos de grupo.

Kaës chama de interdiscursividade o estatuto do discurso que se constrói nesses dois níveis intercorrentes: o discurso de cada sujeito e o que forma os de todos em conjunto. As enunciações e os enunciados estão determinados segundo esse duplo eixo. O discurso associativo no grupo se arma de tal forma que cada sujeito entrelaça ou desentrelaça nele suas próprias representações com as dos outros. Daí resulta um modo de funcionamento do processo associativo diferente e mais complexo que o da cura individual.

Kaës tem caracterizado o processo associativo grupal como um dispositivo de reativação e transformação da atividade do préconsciente dos sujeitos membros do grupo. Certas representações inconscientes que até então não haviam podido encontrar as vias até o pré-consciente podem se tornar disponíveis e utilizáveis. As análises das funções fóricas (porta-palavra, porta-sintoma, porta-sonho) abriu também novas vias para a compreensão da atividade do pré-consciente e das condições intersubjetivas do pensar. Um aspecto particular dessa propriedade interdiscursiva do processo associativo é a informação acerca das condições que facilitam a construção ou a reconstrução da memória individual na presença do grupo.

Podemos considerar que, no decorrer do processo terapêutico com casal ou família, essa interdiscursividade a que Kaës se refere – que ativa aspectos pré-conscientes de seus membros e transforma em disponíveis e utilizáveis representações até então inconscientes – configura-se como o alvo principal de todo o esforço analítico. Dessa forma, a partir de determinada fase do atendimento, com "Eros circulando mais e melhor", o analista "assiste" a cada vez mais longos segmentos de uma associatividade conjugal ou familiar na qual não há mais necessidade de maiores intervenções propriamente psicanalíticas suas, apenas um sustentar do *setting* necessário para que essas novas "possibilidades de comunicação" possam sedimentar-se. Não é incomum ouvir "só conseguimos conversar de verdade aqui no seu consultório, fora é impossível". Nessa fase, e também como disse Kaës anteriormente, assiste-se ao esforço de historização dos trajetos constitutivos das subjetividades individuais e seus inter-relacionamentos. Podemos considerar aí um início de possibilidade de aceitação da alteridade do outro.

As transferências em situação de grupo

Kaës (2010/2007) aponta que a transferência é o resultado da propriedade da situação e do transferido específico convocado nela. Essa proposição, válida para a cura individual, é válida também para o grupo. No entanto, na situação grupal, a complexidade dos níveis nos quais se produzem os processos psíquicos, às vezes, torna difícil a detecção clínica dos movimentos de transferência e dos conteúdos transferidos de um nível a outro. Encontramo-nos com uma economia e uma tópica das transferências absolutamente particulares, que requerem uma leitura precisa da articulação desses diferentes níveis. Um dos pontos de articulação consiste nas funções fóricas, pelo fato de que são emergências das transferências.

Para Kaës, a primeira consequência da pluralidade é que o grupo é lugar de emergência de configurações particulares da transferência. O transferido não são somente objetos, mas conexões de objetos com suas relações. O espaço grupal permite uma atualização sincrônica de partes de conexões e relações que o sujeito mantém com seus objetos inconscientes e entre seus objetos inconscientes.

Outra característica da transferência em situação de grupo, diz ainda Kaës, é que os conteúdos transferidos na sincronia são organizações psíquicas heterogêneas: arcaicas, originárias, neuróticas, psicóticas, simbióticas. Aqui se expressam de um modo, ao mesmo tempo, sincrônico e diacrônico, enquanto na cura individual tendem a se manifestar de maneira sucessiva.

Continuando, Kaës afirma que as transferências laterais são a forma normal das situações de grupo: produzem-se na sincronia, segundo o processo primário predominante da difração da transferência. Mais adiante, veremos como esse autor explicita o conceito de difração como um processo de repartição das cargas pulsionais sobre vários objetos. Essas transferências difratadas proporcionam uma figuração das conexões de objetos transferidos, isto é, o que ele denomina de grupo interno.

Para ele, a distribuição ou difração das transferências sobre o conjunto dos membros do grupo, sobre o grupo e sobre o analista não seria, portanto, uma diluição da transferência. Pode-se dizer que, no dispositivo do grupo, as transferências plurais, multilaterais e conectadas entre elas são difratadas nos objetos predispostos a recebê-las no cenário sincrônico do grupo. Podemos observar como se efetua, para um sujeito determinado, o desenrolar sincrônico, na transferência, dos objetos transmitidos e recebidos em sua história intersubjetiva.

Dessa forma, por necessidade morfológica do grupo, nele o psicanalista é objeto de transferências simultâneas ou sucessivas de vários sujeitos e não é o único objeto da transferência.

No Capítulo 5, apresentaremos a questão das transferências intraconjugais.

A constituição dos grupos estudados por Kaës (2010/2007)

Kaës descreve a montagem de um desses grupos: trata-se de um grupo de curta duração, cujo objetivo é possibilitar que os participantes experimentem e estejam em condições de pensar certos efeitos do inconsciente neles mesmos, entre eles e no grupo. O objetivo não é nem terapêutico, nem de formação, nem de induzi-los a conduzir grupos, embora todos esses efeitos possam ocorrer.

Kaës prefere apresentar esse tipo de clínica porque ela intensifica os processos da organização psíquica grupal e mobiliza os processos individuais mais sensíveis aos efeitos do grupo.

Esse grupo tende a ter em torno de doze pessoas que não têm relações de parentesco, de amizade ou hierárquicas e não são selecionadas mediante uma entrevista prévia. As sessões ocorrem durante três, quatro ou seis dias, com quatro sessões de 75 minutos por dia: duas de manhã e duas à tarde, com intervalo de meia hora nas jornadas da manhã e da tarde. Após a apresentação das regras que organizam o trabalho, fazem-se contratos de sigilo sobre o

260　A INTERSUBJETIVIDADE

que se fala nas sessões e de trazer para a sessão o que conversam fora dela. Os participantes são convidados a dizer o que lhes vem à mente, da forma que lhes aparece, sem crítica nem restrição. Trata-se, é bom frisar, de um encontro entre desconhecidos.

Segundo Kaës, o objetivo do trabalho psicanalítico na situação de grupo é tornar possível a experiência do inconsciente, nas formas e nos processos que se manifestam no grupo para os sujeitos que o constituem. Os movimentos das transferências, a organização e o funcionamento dos processos associativos dão acesso a essa experiência.

O trabalho de análise concerne aos vínculos que se constituíram nas relações com os objetos do grupo originário e que se repetem, se ajustam, se reordenam e se transformam no espaço grupal da transferência e da contratransferência. A situação psicanalítica grupal apresenta outra característica essencial: é um encontro com desconhecidos, com o desconhecido, o imprevisível. Nesse duplo registro da repetição e de encontro aleatório, ativam-se as relações que o sujeito mantém com seus próprios objetos inconscientes, com os objetos inconscientes dos outros e com os objetos comuns e compartilhados.

A partir de suas pesquisas com os grupos, Kaës propõe novos conceitos sobre a grupalidade psíquica ou o grupo como formação intrapsíquica, como veremos a seguir.

A grupalidade psíquica

O grupo como formação intrapsíquica

Como se pode deduzir de suas considerações, para Kaës, os grupos não são somente entidades específicas relativamente independentes dos sujeitos que os constituem. Eles estão dentro de nós mesmos, nós somos grupo. Ele chamou de grupos internos as formações e os processos intrapsíquicos cujas propriedades atuam tanto no espaço interno como no dos grupos.

Na psicanálise individual, conhecemos os efeitos desses grupos na estrutura das fantasias, na rede das identificações, na organização das relações de objeto, nos complexos edípicos e fraternos, na imagem do corpo e até na organização dos sonhos.

Para Kaës, a grupalidade psíquica designa formações intrapsíquicas dotadas de uma estrutura e de funções de ligação entre as pulsões, os objetos, as representações e as instâncias do aparelho psíquico, na medida em que formam um sistema de relação que liga seus elementos constituintes uns aos outros.

Suas pesquisas sobre os processos associativos e sobre o sonho levaram-no a considerar a grupalidade psíquica uma propriedade geral da matéria psíquica. Essa propriedade é a de associar, desligar, nivelar objetos psíquicos, formar conjuntos com eles segundo leis de composição e transformação, por efeito dos movimentos pulsionais de vida e morte, assim como também da repressão e de mecanismos de defesa alheios a ela, como a cisão, a recusa e a forclusão. Dessa forma, a grupalidade psíquica é a forma, a função e o processo que o grupo ocupa no espaço da realidade psíquica interna.

Ainda para Kaës, os grupos internos não são somente resultado da internalização de experiências relacionais, de uma interiorização de relações de objeto e de uma organização das identificações. Eles respondem a uma organização inerente a esta propriedade da matéria psíquica: a de associar-se e organizar-se em grupo. Kaës chega a propor o que ele chamou de "minha proposição lacaniana lúdica", ou seja, que "*o* inconsciente está estruturado como um grupo". Posteriormente, essa hipótese de trabalho adquiriu um alcance maior.

262 A INTERSUBJETIVIDADE

Ele afirma que "a matéria psíquica tende a organizar-se estrutural e dinamicamente segundo um modelo de grupo" (p. 128).

Mais adiante, ele afirma: "é provável que o ser vivente seja grupo: movimento de agrupamento e desagrupamento, sob o efeito de Narciso, Eros e Tánatos" (p. 129). Para circunscrever-se ao domínio da vida psíquica, o autor reservou a noção de grupo psíquico originário para dar conta da ligação originária dos objetos em uma estrutura e em formas que constituem o inconsciente. O inconsciente, estruturado como um grupo, recombina-se permanentemente em suas figuras, em sua energia, em suas formações e em seus afetos.

Os grupos internos primários

Os grupos internos primários constituem-se por interiorização, internalização ou introjeção: são a rede das identificações, o grupo das relações de objeto, a estrutura grupal do *eu*, os complexos edípico e fraterno, a imagem do corpo. Em todos os grupos internos, o sujeito se representa em suas relações com outras partes de si mesmo e/ou com seus objetos internos.

As identificações

Freud, em 1897, a propósito da identificação, já escrevera sobre a "pluralidade de pessoas psíquicas". Para Kaës (2010/2007), os grupos internos não se reduziam à pluralidade ou à multiplicidade de objetos psíquicos reunidos em um simples conglomerado. De fato, o que confere sua especificidade e seu caráter próprio a um grupo, interno ou intersubjetivo, é o vínculo entre os elementos que o compõem, e sobretudo a unidade estrutural, dinâmica e funcional que esses vínculos estabelecem entre esses elementos e com o conjunto. A primeira definição freudiana não descreve um simples conglomerado, mas um grupo interno formado pela rede de identificações do *eu* do sujeito.

No marco da segunda tópica, a segunda teoria das identificações refere-se ainda mais a um modelo grupal (identificações plurifacetadas, personalidades múltiplas ou dissociadas). Segundo Freud (1955g/1921 e 1923), articula-se mais precisamente com uma teoria grupal do *eu* e do *supereu*.

O SISTEMA DE RELAÇÕES DE OBJETO

O que interessa aqui é compreender o modo pelo qual a noção de relação de objeto descreve um grupo interno. Nessa noção, a palavra relação toma um sentido que inclui não somente a forma pela qual um sujeito constitui seus objetos, mas também aquela em que estes modelam sua atividade. Essa inter-relação implica a coconstituição do sujeito e do objeto: falar de uma relação com o objeto significaria a preexistência de um ou outro. Kaës entende que o sistema de relações de objeto funciona como um grupo interno na medida em que resulta da introjeção ou da incorporação dos objetos e das relações entre eles.

O COMPLEXO DE ÉDIPO E O COMPLEXO FRATERNO

O complexo é um grupo interno. É um conjunto organizado de representações e investimentos inconscientes, constituído a partir das fantasias e das relações intersubjetivas nas quais a pessoa toma seu lugar de sujeito desejante em relação com outros sujeitos desejantes. Assim ocorre com o complexo de Édipo e com o complexo fraterno. A concepção estrutural do complexo o inscreve em uma organização intrapsíquica triangular, em que cada elemento se define pela relação privilegiada que mantém com cada um dos outros elementos e por aquela da qual está excluído. Este último ponto destaca que é necessário levar em consideração o negativo, ou a não relação, como uma dimensão do complexo, bem como a maneira como é representada no complexo. Por complexo fraterno, Kaës denomina uma organização fundamental dos desejos amorosos, narcisistas e objetais e do ódio e da agressividade dirigidos a esse outro que o sujeito reconhece como irmão ou irmã. O autor acrescenta que, embora esse complexo se funde, em parte, nos vínculos interpessoais e intergeracionais constituídos na história infantil, ele não se confunde com eles. Voltaremos ao tema do complexo fraterno na segunda parte deste capítulo.

Os processos da grupalidade psíquica

Segundo Kaës, os grupos internos estão regidos pelos mesmos processos gerais que atuam no aparato psíquico. Encontramos neles os processos originários, segundo o modelo do pictograma de Aulagnier (1979/1975), e os principais processos primários (condensação, deslocamento, permutação ou inversão), que estão a serviço da figurabilidade dos representantes pulsionais, das representações de objeto e dos representantes do *eu*. No entanto, alguns processos primários são preferencialmente mobilizados nos grupos internos: são eles a difração e a multiplicação do elemento idêntico.

A difração e a multiplicação do elemento idêntico

O processo primário da difração é, de certo modo, o antagonista da condensação, embora cada um organize de maneira específica a figuração múltipla dos aspectos do *eu* representado por seus personagens e por seus objetos, que juntos formam um grupo interno.

O processo consiste em uma descondensação do *eu* que se representa na multiplicidade de suas pulsões, objetos, imagens e *eu*(s) parciais, em que cada elemento representa um aspecto do conjunto e mantém com os outros relações de equivalência, analogia, oposição ou complementaridade.

Do ponto de vista da economia interna, a *difração é um processo de repartição das cargas pulsionais* sobre vários objetos. Nesse sentido, deve ser diferenciado de um mecanismo de defesa por fragmentação contra o perigo que o objeto possa representar.

Os diversos membros de um grupo (de uma família) podem representar, para um dado sujeito, os diferentes aspectos de seu grupo interno. O grupo é, para cada um, o cenário para a colocação em figuração de seus grupos internos, cujos elementos estão repartidos em diversos lugares psíquicos, por várias razões: de figuração tópica ou dinâmica, mas também econômica, devido à derivação ou à fragmentação das cargas pulsionais.

Ao lado da difração e da condensação, também a repetição ou a multiplicação do elemento idêntico são processos a serviço da dramatização, de colocação em cenário intrapsíquico e das exigências da censura.

Grupos internos e transferências

No caso Dora, Freud (1955t/1905) trata da questão da transferência concebendo-a como a reprodução sucessiva ou simultânea, sobre o analista, dos objetos e das pessoas do desejo infantil inconsciente. No entanto, para o paciente, não se trata somente de substituir uma pessoa pela do analista. O paciente substitui, também, a relação entre várias pessoas pela relação com o analista. Kaës (2010/2007) propõe que seria razoável supor que Freud não concebia somente as transferências em sua dimensão plural, mas também que o modelo do grupo estava igualmente presente em sua concepção das conexões entre os objetos transferidos.

Dessa forma, conclui Kaës, em situações de grupo, encontramo-nos com um duplo processo de difração e conexão das transferências. Tanto podem ser transferidos para o grupo objetos parciais ou personagens como também elementos recompostos das redes de interações familiares, processo pelo qual o transferido são as conexões.

Como já citado anteriormente, essas observações coincidem com o vivido na clínica de casal, em que as relações *entre* os pais dos cônjuges desempenham um papel significativo em sua vida conjugal, dando ensejo à percepção de que, diante de um casal, o analista está, de fato, diante de um grupo de seis personagens, o casal e seus pais. Da mesma forma, num atendimento de família, frequentemente ocorre que, sobre um filho, pode haver um depósito transferencial de objetos internos paternos ou maternos não discriminados ou mesmo que diferentes objetos internos paternos ou maternos sejam repartidos entre os filhos.

A partir de seu conceito de grupalidade psíquica, Kaës propõe: "somos grupos e, em virtude da grupalidade psíquica, somos sujeitos singulares-plurais; o inconsciente está estruturado como um grupo e o sujeito do inconsciente é sujeito do grupo" (p. 140).

Voltemos agora à noção de aliança inconsciente defensiva, na tentativa de acompanhar a amplificação do conceito do negativo, já mencionado anteriormente, fundamental tanto no processo da escolha amorosa como na manutenção do vínculo. Acompanharemos os desenvolvimentos da noção de pacto denegativo como proposta no texto de 2009 e já prenunciado no texto de 1989.

As negatividades

Nos textos de 1989 e 2009, Kaës tece considerações a respeito das três modalidades do negativo, ou seja, a negatividade de obrigação, a negatividade relativa e a negatividade radical, as quais, mais adiante, articularemos com o tema da conjugalidade.

Em 2009, ele escreve:

A clínica me ensinou que o grupo, e mais geralmente todo laço, não é somente o meio e o lugar de realizações de desejos inconscientes individuais e de sonhos de desejos irrealizados, mas que é também o meio e o lugar da experiência do ódio, da destruição, da morte, do impensável. Dito de outro modo, os sujeitos também estabelecem seus laços sobre a base do que eles negam ou denegam. Com a categoria do negativo, o laço e a aliança podem ser pensáveis na dimensão do que falha, do que falta ou do que se perdeu, do que desafia a morte, do que marca o laço com o selo do impossível. É essa negatividade, em suas diversas figuras, que deve ser reprimida, ou recusada, ou forcluída e apagada. É ela, também, que, nas diferentes configurações do laço, nos casais, nos grupos, nas famílias, nas instituições, está na origem da ilusão... Aqui também, tanto como para a realização de desejos inconscientes, o tratamento da negatividade não pode se realizar sem uma aliança com o outro, com mais de um outro. E a clínica nos ensina que as tentativas para "positivar" o que surge são frequentemente tentativas de fazer aliança para que, dessa negatividade não haja nenhum questionamento. (pp. 103-104)

Mais adiante ele afirma que, no decorrer de suas pesquisas, o negativo apareceu como um dos componentes constantes das alianças inconscientes: ele está presente no contrato de renúncia à realização direta das pulsões interditadas; no pacto dos irmãos e na aliança com o pai; no contrato narcisista; nos pactos denegativos; e em todas as outras formas de alianças defensivas e alienantes.

Kaës distingue três modalidades do negativo: a negatividade de obrigação, a negatividade relativa e a negatividade radical. Essas três modalidades são objeto das alianças inconscientes, de pacto ou de contrato entre os sujeitos desde os primeiros laços. Elas estão presentes na origem da psique humana, e também na origem da formação e da manutenção do laço entre vários sujeitos.

E o autor acrescenta:

> *É importante prestar atenção ao fato de que toda a negatividade não pode ser absorvida, reabsorvida, transformada pelo laço e pelo trabalho psíquico que aí se realiza. Da mesma forma e pelas mesmas razões, o pensamento não pode pensar senão sobre uma parte da negatividade sobre a qual ele se apoia e se funda. Subsiste um resto irredutível que, não podendo se deixar figurar por imagens ou se representar pelo pensamento, surge como ato ou como enigma no real. (p. 105)*

A negatividade de obrigação

O autor entende como negatividade de obrigação o que sobressai da necessidade, para o aparelho psíquico, seja de efetuar operações defensivas para suprimir, reduzir ou modular as representações ou as percepções que ameaçariam a constância e a integridade do aparelho psíquico individual ou a dos laços nos quais o sujeito está envolvido. Seja a de abandonar ou apagar certas formações psíquicas individuais em proveito do laço, ou, ainda, renunciar à realização direta dos fins pulsionais que o ameaçariam.

As operações psíquicas que suscitam a negatividade de obrigação têm por objetivo preservar um interesse maior da organização psíquica, do próprio sujeito e dos sujeitos aos quais ele está ligado também por um interesse maior.

A REPRESSÃO, A RECUSA, A FORCLUSÃO COMO TRATAMENTO DA NEGATIVIDADE DE OBRIGAÇÃO

Essas operações defensivas apresentam um custo psíquico variável segundo os interesses a preservar e a ameaça da qual é necessário se proteger. Elas se efetuam principalmente por repressão e negação de um lado, e por recusa e forclusão de outro. As operações psíquicas que especificam essa forma de negatividade se produzem seja sobre uma representação inadmissível – ela deve ser reprimida –, seja sobre uma percepção inaceitável para uma instância do aparelho psíquico – ela deve ser recusada ou forcluída. A recusa e a forclusão estão na origem de processos e de organizações inconscientes extratópicos: exportação, depósito, criptas.

A noção de obrigação sublinha ao mesmo tempo a pressão que é exercida sobre o aparelho psíquico para que tais operações sejam efetuadas e o laço que se estabelece entre estas e os interesses intrapsíquicos e interpsíquicos assim preservados.

As alianças que geram a negatividade de obrigação são essencialmente alianças "para" realizar e manter a repressão ou a recusa, e "contra" o retorno do reprimido ou das percepções renegadas. Segundo o mecanismo de defesa prevalente em sua organização, as alianças estruturantes, defensivas ou alienantes são fundadas sobre esse primeiro tipo de negatividade. Dessa forma, a repressão implica que, sobre um tal acordo, não é para dizer nem saber nada sobre isso, para não ser confrontado com um conteúdo sentido como perigoso para os laços do grupo.

OUTRAS EXIGÊNCIAS PSÍQUICAS IMPOSTAS PELA NEGATIVIDADE DE OBRIGAÇÃO

Mais geralmente, e ao lado da repressão de uma representação, da recusa de uma percepção ou da forclusão de um afeto, outras operações, estas não defensivas, são necessárias para que a vida em comum seja possível, para que o laço se organize e que seus elementos constituintes tenham lugar.

O autor aponta o apagamento dos limites do *eu* que as identificações impõem, o abandono dos ideais pessoais em proveito do ideal comum como Freud (1955g/1921) o propôs e também a renúncia à realização direta dos fins pulsionais submetidos à interdição do incesto, do canibalismo e do assassinato, como indicado por Freud (1955u/1913-1914, 1955e/1930) em vários textos.

É necessário, aponta Kaës (2009), compreender a negatividade de obrigação nas alianças estruturantes, como a do Édipo é para a psique individual e a do trabalho da cultura para a vida social. Devemos admitir, no entanto, que somente a repressão dos desejos incestuosos não é suficiente para assegurar o declínio do Édipo. Freud (1955m/1924) diz: "quando o ego não pode provocar mais do que uma repressão do complexo, este permanece no *id* em estado inconsciente; mais tarde ele manifestará sua ação patógena" (p. 177). Para sua resolução é necessária, portanto, acrescenta Kaës (2009), uma instância interditadora e à altura de barrar o acesso à realização pulsional incestuosa; que a renúncia se realize segundo as modalidades próprias ao menino e à menina; que as identificações consecutivas encontrem seu lugar; dessa forma, as instâncias do *supereu* e do *ideal do eu* podem constituir-se e instalar a permanência das aquisições pós-edípicas.

Também o contrato fraterno, a aliança simbólica com o pai e o contrato de renúncia à realização direta das pulsões destrutivas requerem, da mesma maneira e pelas mesmas razões, que uma instância interditadora exija a renúncia para formar a comunidade.

O tratamento da negatividade de obrigação no laço efetua-se segundo diversos tipos de aliança: os pactos denegativos correspondem àquelas que são organizadas sobre a repressão, sobre a recusa ou a forclusão, enquanto o pacto dos irmãos, a aliança com o pai e a renúncia à realização direta dos fins pulsionais correspondem às que são estruturadas pela interdição, pela repressão e pela renúncia. Sob esse aspecto, *as negatividades de obrigação são dirigidas para a produção da positividade do laço e à sua manutenção.*

A negatividade relativa e o campo do possível

A negatividade relativa define, ainda segundo Kaës, um outro espaço e uma outra experiência psíquica. O negativo refere-se aqui ao que não foi realizado na realidade psíquica, o que ficou como sofrimento na formação dos continentes e conteúdos psíquicos, o que não teve lugar ou não encontrou o laço ou os meios. Essa negatividade é relativa na medida em que permanece aberta para a possibilidade de uma realização, que essa potencialidade se efetue ou que ela permaneça em projeto. Em todos os casos, a potencialidade se manifesta como perspectiva organizadora de um projeto ou de uma origem. O objeto e a experiência do objeto foram constituídos, mas sua desaparição, sua insuficiência, sua falha, deixam aberta uma expectativa, um desejo. A negatividade relativa define assim um campo do possível.

É esse tipo de negatividade que sustenta o investimento narcísico e objetal do recém-nascido e dos pais no contrato narcísico, o dos amantes em sua sintonia, o do paciente e do analista na aliança terapêutica.

Sabemos como aqui se ancoram certos projetos e expectativas dos parceiros amorosos que, após efetuarem as renúncias necessárias para formar o vínculo, dele esperam a retribuição em forma de amor e confirmação. A frustração dessas expectativas dá, muitas vezes inconscientemente, origem às várias formas de desarmonias que encontramos na clínica de casais, como o retorno emocional à família de origem, a nostalgia de relacionamentos pregressos, as hostilidades latentes ou manifestas, as dificuldades sexuais e tantas outras. Afinal, como propõe Kaës, as alianças inconscientes requerem dos sujeitos comprometidos com elas obrigações e sujeições, distribui-lhes benefícios e promete-lhes gratificações. Os benefícios que elas aportam devem ser julgados segundo os custos psíquicos que elas exigem de seus sujeitos.

Continuando com Kaës (2009), ele propõe que, ao pensarmos que a negatividade relativa é o espaço do possível no laço, levemos em consideração o que, em nosso espaço psíquico, é tributário da psique de um outro: mais precisamente, de sua capacidade de tratar o negativo e de constituir um continente e uma atividade temporária de pensamento sobre os quais virá apoiar-se o processo psíquico falho para que ele retorne como possível.

As alianças que geram a negatividade relativa são em geral as alianças "para", embora elas se constituam também "contra". A negatividade relativa é fonte de pensamentos, de projetos de ação; ela suscita a esperança de uma transformação da realidade, de um retorno possível ou de um acontecimento de outra ordem de realidade.

Em seu texto de 1989, Kaës aponta que não podemos retornar ao lugar e ao vínculo de origem, ou seja, existiram um lugar e um vínculo que já não existem mais, salvo na marca deixada pela experiência inaugural de expulsão do corpo materno, da separação da envoltura placentária, do corte do cordão umbilical. Todas as separações posteriores, todos os desligamentos, todos os desmames posteriores lançarão o sujeito na direção desse vínculo, desse grupo, dessa raiz. E ele afirma:

> *nenhum vínculo, nenhum agrupamento, nenhuma formação de casal se estabelecerá sem que esteja envolvida a tentativa de restabelecer o ser-juntos das origens, de ultrapassar essa descontinuidade, de opor à experiência da angústia, a do socorro e do recurso na manutenção da não separação. O vínculo e o grupo são, em princípio, um asseguramento contra toda expulsão, uma negação da negatividade do corte. (p. 146)*

Por outro lado, ele aponta para a necessidade do reconhecimento, pelo sujeito, de que sempre permanecerá um resto, uma negatividade irredutível que o ser-juntos nunca será capaz de atingir. Desconhecer ou recusar essa persistência do negativo conduz a uma busca repetitiva de experiências corretoras e a instalação aditiva do sujeito com o outro.

A negatividade radical

Em 1989, Kaës propôs que a negatividade radical é, no espaço psíquico, aquilo que tem o estatuto "do que não é". Ela admite ser representada como não vínculo, não experiência, como algo irrepresentável, nas figuras do branco, do incógnito, do vazio, da ausência, do não ser. No entanto, não pode ser inteiramente elaborada pelo pensamento que, se a tomasse como objeto, perderia sua própria condição de funcionamento. A negatividade radical seria, nessa perspectiva, a relação de contato do pensamento com o que não é, com o que ele não é e com o que ele não pode pensar: é o que permanece refratário a toda ligação.

Trata-se aí do *não ligado* irredutível, distinguindo-se do *des--ligado*, que afeta as outras modalidades do negativo. A fase de desenvolvimento em que se pode efetuar um trabalho para conferir um estatuto de representação à negatividade radical é contemporâneo daquela em que a criança fazia e refazia perguntas sobre o que não era *eu*, sobre o não *eu*, sobre o não tu, sobre o que não são as coisas. Ela o fazia, pois, perguntando sobre o que ela era quando ainda não era e, mais adiante, sobre o que ela não é, por ser o que é, e também, mais radicalmente, sobre o que não é e nunca será. Perguntas sobre a origem, sobre o não ser, sobre o outro, sobre o incógnito, o inconcebível, o impossível. Perguntas sobre o sexo, o desejo e o risco de supor o não desejo. Essas perguntas só podem ser colocadas por um sujeito cujo pensamento constituiu-se por um escoramento na experiência corporal e conjuntamente na experiência psíquica e a palavra do outro. Trata-se de um pensamento que supõe que a primeira distinção dentro e fora pode se formar tanto sobre os continentes de pensamento como sobre processos de ligação-transformação.

Essa perspectiva não deixa de lado a angústia suscitada na psique pelo contato com o que não é ela, com o que está em suas margens e a atravessa em seus próprios espaços. Essa angústia pode encontrar sua saída na falta de continentes de pensamento, na destruição do pensar com o desígnio de nele suprimir o intolerável. Também pode ser tratada segundo as outras modalidades da negatividade relativa ou de obrigação. Pode contribuir para formar um espaço depositário das partes não *eu* da psique. Pode elaborar--se nas figuras do absurdo. Esse encontro do pensamento com seu limite pode ser vivido no pasmo, no terror ou no êxtase.

Nesse espaço vazio, aponta Kaës, "nessa periferia sem margem que escapa do povoar-se de si e de seus objetos, podemos alojar a experiência mística, a ausência de Deus, o Absoluto, a expectativa do Todo na apelação ao Nada" (p. 151).

E Kaës conclui:

> *Nós nos vinculamos sobre o fundo infinito do não vínculo, do incógnito, do espaço vazio. Por um lado, o vínculo tropeça com a negatividade radical, apoia-se nela, e, no que ela tem de intolerável, nega-a. O vínculo, desde a origem, mantém seus sujeitos juntos na ilusão compartilhada e mantida de que poderiam ligar o que permanece refratário a toda ligação, do que poderiam ser, do que não podem ser, escapar a seu destino de seres mortais, sexuados, nascidos de pais sexuados e mortais; de que seria possível reduzir todo o incógnito. (p. 152)*

Em 2009, Kaës comenta que, das três formas de negatividade, a negatividade radical é a mais difícil de ser pensada, porque ela nos confronta com o impossível, com o irredutível, com a morte. Ela poderia caracterizar o que Lacan chamou de real, um real não percebido, não contido. As figuras do vazio e do branco lhe dão uma representação aproximada; no entanto, apenas aproximada, pois esse limite de irrepresentável da negatividade radical tem, por sua vez, como pano de fundo a separação e a angústia originária, que não podem ser tratadas pela repressão nem pela recusa.

Entretanto, ainda que ela não se resolva inteiramente, nem no pensamento nem no laço, a negatividade radical é um motor poderoso para o pensamento e para o laço. As questões que ela suscita interrogam as origens, o desconhecido, o inconcebível, o outro, o impossível. São as questões sobre o sexo, sobre o desejo e sobre o não desejo. Essas questões podem ser colocadas desde que o sujeito não as tenha obturado pela repressão nem pela recusa. Pode-se supor que, nessa situação, o pensamento do que não veio – e que não virá – instala-se sem prejuízo para o aparelho psíquico, pois a castração simbólica pode operar.

Da mesma forma, a negatividade radical disponibiliza o espaço vazio não patogênico necessário para a vida psíquica e o trabalho do pensamento contra a tendência a fechar seus objetos e seu próprio espaço nos limites do conhecido, a esterilizá-los nas representações que lhes dá. A negação da negatividade radical produz efeitos destruidores do pensamento. A negatividade radical não pode ser abolida na positividade à qual tentamos incessantemente reduzi-la. Essa negatividade concerne ao ser (e ao não ser) mais que ao ter.

As alianças suscitadas pela negatividade radical

A negatividade radical pode sustentar uma aliança para fazer face à dor e ao impossível de ser consolado. Sem dúvida, o sentimento e o laço religioso têm uma de suas fontes nessa forma de negatividade. E não se pode dizer que a negatividade radical seja intransformável. O autor cita "Totem e tabu", no qual se apresenta uma transformação da negatividade radical em negatividade de obrigação. A necessidade de sobrevivência e de coexistência impôs a cada um e a todos fazer aliança com seus semelhantes ao preço da renúncia à violência pulsional que até então regia suas trocas.

Dessa forma, diz Kaës (2009), devemos fazer laço contra a força de atração do vazio, e para lutar contra as angústias do aniquilamento individual ou coletivo que ela suscita. A negatividade radical, porém, continua a existir para além do que é pensável e para além das alianças que ela engendra. A experiência do luto nos convoca com acuidade ao irremediável da perda, do que foi e não é mais e, mais ainda, à perda do que jamais foi. Mesmo no melhor dos casos, estaremos aí em contato com a negatividade radical.

Além dessas formas extremas, um pacto sobre a negação da negatividade radical está no fundamento de certos laços e de certas alianças. É esse pacto que mantém a ilusão de que o laço pode desmontar a negatividade radical e a precariedade que a acompanha.

A ILUSÃO ENTRE A NEGATIVIDADE RELATIVA E A NEGATIVIDADE RADICAL

A ilusão do laço apresenta duas faces: numa ela é uma formação defensiva idealizante contra o reconhecimento da realidade, ela "costura" os indivíduos em torno de uma visão imaginária transcendental unificadora, para além da tristeza, da dor, do vazio e da morte. Trata-se de uma aliança organizada sob a prevalência da negatividade radical: a ameaça de destruição unifica o grupo e seus membros. Ela não tolera a desilusão e persegue quem tenta produzi-la. Nesse sentido, é geradora de violência.

A outra face é a de uma formação paradoxal na qual a flexibilidade sobre os limites de dentro e de fora, o *eu* e o não *eu*, possibilita experiências de exploração e de criação de laços internos e externos. São alianças que se organizam sob o primado da negatividade relativa. Diz ele:

a incerteza é explorada sem perigo graças à crença no laço, na união possível na separação, numa sobrevivência criativa à destruição, e na possibilidade de sustentar um laço aberto sobre o encontro de si e do outro, nesse momento precioso em que eles não se excluem. (p. 113)

Os pactos denegativos

Em 1989, Kaës propõe que o pacto denegativo é um pacto sobre o negativo e, mais especificamente, sobre a negatividade radical. Segundo ele, trata-se de um pacto sobre a negação da negatividade radical no próprio funcionamento do vínculo. É esse pacto que mantém a ilusão de que o vínculo escapa da negatividade radical. Pacto sobre o incógnito, a não experiência, o não vínculo. Ele sustenta o vínculo pelo acordo inconsciente concluído entre seus sujeitos sobre a base da repressão, a recusa e a forclusão das moções insustentáveis para o sujeito e para o vínculo. Os efeitos desse pacto são diversos: pode contribuir para manter o espaço vazio e de indeterminação necessário para a formação do pensamento, ou constranger o pensamento para que se ataque a si mesmo, ou destruir certos aspectos da vida psíquica nos outros, ou fetichizar o próprio vínculo.

O saber sobre o pacto é aquilo do qual não se pode fazer questão entre os vinculados por ele, em seu interesse mútuo. Trata-se de um pacto cujo enunciado, como tal, nunca é formulado, mas se deixa registrar na cadeia significante formada no vínculo pelos sujeitos do vínculo.

No texto de 2009, esse conceito inclui as defesas por negação, por recusa ou por forclusão. De maneira geral, ele se refere ao trabalho de produção do inconsciente, necessário para a formação e a manutenção do laço intersubjetivo quando os sujeitos do laço são mobilizados pelas diferentes figuras e modalidades do negativo: a negatividade de obrigação, a negatividade relativa e a negatividade radical.

Para Kaës, o laço intersubjetivo organiza-se, portanto, segundo duas polaridades conjuntas: uma se funda *positivamente* sobre os investimentos mútuos, sobre as identificações comuns, sobre uma comunidade de ideais e de crenças, sobre um contrato narcisista, sobre modalidades conjuntamente consentidas para a realização de certos desejos, sobre a ilusão geradora do espaço potencial. A outra é organizada *negativamente* sobre as diversas operações defensivas que, em todo laço, são demandadas de cada sujeito para que o laço possa se constituir e se manter, sob risco de sua destruição: essas operações defensivas vão da repressão à recusa, à clivagem, à forclusão.

O pacto denegativo apresenta, assim, uma dupla face: por certos aspectos ele faz parte das alianças necessárias para a estruturação do laço e, por outros, ele funciona como alianças alienantes. De toda forma, os pactos denegativos são concluídos nos casais e nas famílias, nos grupos e nas instituições por meio de um "fechamento" dos inconscientes dos sujeitos que concordam em produzi-los. Seus efeitos se manifestam nas repetições e nos sintomas partilhados, nos objetos bizarros ou enigmáticos, nos *actings*.

Quando o pacto denegativo é construído sobre a repressão e sobre a renúncia à realização direta dos fins pulsionais destrutivos, dele resultam conteúdos reprimidos, "deixados de lado" e restos, cujas irrupções apresentam-se sob forma de sintomas de estrutura neurótica, resultado de conflitos entre desejos e defesas.

Quando o pacto denegativo é construído sobre a base da recusa, da forclusão, ele apresenta outras consequências, ao criar no laço e em cada um de seus sujeitos fenômenos enigmáticos, não significáveis, não transformáveis: os apagamentos, as zonas de silêncio, os bolsões de intoxicação, os espaços-lixo nos quais as linhas de fuga mantêm o sujeito estrangeiro à sua própria história e à história do outro. Estamos aqui nos desvãos patológicos das alianças inconscientes.

Um terceiro tipo de pacto denegativo apresenta características mistas ou heterogêneas: por exemplo, a recusa é o mecanismo de uns, enquanto outros utilizam a repressão.

Se o negativo funda o laço, ele também é induzido pelo próprio laço. O estabelecimento e a manutenção do laço "fabricam" a negatividade relativa e a de obrigação para preservar seus interesses. Kaës coloca, então, a questão: "que parte do trabalho da negatividade é convocada para se desligar de um laço cujos componentes alienantes ou mortíferos entravam a capacidade de ligação das pulsões de vida?" (p. 123). Ele não dá uma resposta para essa questão, e sabemos como ela se complica ao se levarem em consideração os processos de transmissão intergeracional.

A transmissão intergeracional, as alianças inconscientes e os pactos denegativos

Para Kaës (2009), o conceito de transmissão intergeracional assume atualmente um conjunto de questões que ultrapassam a diferença entre as gerações, essencialmente constituída por seu desenvolvimento edípico e por suas categorias do desejo, da interdição, do recalcamento e da culpabilidade. Essa problemática ampliou-se. Ela não se refere mais somente ao conhecimento dos processos e formações psíquicas que *organizam* positivamente as relações entre as gerações, ou seja, o que sustenta e assegura as continuidades narcísicas, a sustentação dos laços intersubjetivos, o conjunto de formas e de processos de conservação e de complexificação da vida: ideais, mecanismos de defesa, identificações, certezas.

A problemática da transmissão refere-se também aos processos que *desorganizam* as relações entre as gerações e a intersubjetividade no seio da família. Em suas diversas figuras, o conceito de aliança inconsciente requalificou a consistência psicanalítica do problema sob o aspecto da transmissão do negativo. Nessa perspectiva, o que se transmite seria o que não se contém, o que não se retém, o que não é lembrado: o erro, a doença, a vergonha, o reprimido, os objetos perdidos e ainda enlutados. São tais objetos, munidos de seus laços e incluindo as subjetividades inerentes aos objetos, que se transportam, se projetam e se difratam nos outros, em mais de um outro. A transmissão intergeracional pode se definir fundamentalmente como a transmissão do inconsciente, de suas formações e de seus processos.

Uma aliança estruturante de base pode se desviar para um pacto narcísico: este é mantido pela força da aliança que o adulto impõe à criança ou ao adolescente, em benefício do primeiro. Essa imposição forçada apresenta determinantes no adulto – constituição de um objeto antipsicótico ou perverso, utilização da criança para realizar o desejo de poder sobre ela, ou para reparar destruições não elaboradas – e na criança, que aí fica alienada.

Fica evidente nessas situações a inscrição da pré-história dessas crianças nas alianças já atadas no grupo familiar. Elas revelam a face intergeracional do pacto narcísico alienante nos quais elas foram constituídas. Surgem aí os fenômenos que Kaës chama de funções fóricas. As crianças apresentam-se como porta-palavras, porta-sonhos, porta-sintomas, porta-ideais, situações estas que, segundo ele, só podem ser tratadas na perspectiva de uma dupla escuta: a do sujeito singular, na intersubjetividade.

Alianças inconscientes no laço conjugal

Cabe aqui uma observação: como vimos no início deste capítulo, Kaës fez questão de afirmar que suas teorizações não procediam da experiência com casais e famílias, mas sim da experiência com grupos. No entanto, temos aqui, em seu texto de 2009, várias considerações sobre funcionamentos de casais e famílias. Vejamos como ele as apresenta.

Kaës aponta que as alianças inconscientes que se formam no casal repousam, em uma parte decisiva, sobre as escolhas de objeto (semelhantes ou antagônicos) dos parceiros e sobre os mecanismos de defesa que eles acionam contra certas implicações dessas escolhas.

Além disso, as alianças que organizam um casal e uma família são fundadas, segundo modalidades específicas, mas constantes, sobre a sexualidade e seus conflitos, especialmente levando-se em consideração as exigências do narcisismo.

Concomitantemente, observa-se que a família e o casal vêm sofrendo profundas modificações em sua estrutura. A consistência social e jurídica das alianças, os conteúdos e a estabilidade destas modificaram-se, assim como também o estatuto das pessoas em relação aos laços consanguíneos que definiam a família (famílias recompostas, monoparentais, relacionamentos intergeracionais complexos), as normas sexuais que caracterizavam as relações dos parceiros no casal (mudança do estatuto da mulher e do homem, casais temporários, com múltiplos parceiros, homossexuais) e as transformações que afetaram o estatuto do pai e da mãe. O autor, então, coloca uma questão: levando-se em consideração o caráter inconsciente das alianças, estaríamos autorizados a pensar que as modificações sociais observáveis seriam negligenciáveis? As alianças inconscientes seriam invariantes porque o inconsciente não muda, somente suas manifestações, ou, ao contrário, estamos observando mutações estruturais e funcionais significativas?

É provável, diz ele, que as alianças familiares e de casal também tenham mudado, seja como causa, seja como consequência dessas mudanças: "teremos que avançar prudente e modestamente sobre esse assunto e ir abrindo alguns caminhos de pesquisa, ainda tão escassos nessa área" (p. 146).

Como toda instituição, continua Kaës, a família funda-se sobre alianças inconscientes entre sujeitos. A realidade psíquica que aí se forma e a identidade familiar que daí resulta repousam sobre um conjunto de alianças, de pactos e de contratos diversos e variáveis, não somente em suas formas, seus conteúdos e suas funções, mas também na qualidade e quantidade dos parceiros que eles ligam. Nesse ponto, a família liga famílias: os casais parentais, as gerações, filhos e filhas, irmãos e irmãs, mães e pais a seus bebês, às suas crianças, a seus adolescentes, a seus próprios pais e à parentela.

Como já apontado, um traço comum ao casal e à família é a dimensão sexual de seu laço. As alianças que os sustentam, essencialmente o contrato narcisista e o pacto denegativo, as interdições que os limitam e que estruturam as condições de realização de desejos são tributárias dessa dimensão. Todas as alianças estruturantes primárias são atravessadas pelas diversas organizações da sexualidade, e especialmente pelo corte entre a sexualidade infantil e a adulta, e entre estas e a sexualidade da adolescência e a da velhice.

Dessa forma, o que especifica o laço de casal é certamente a dimensão da sexualidade realizada nos atos sexuais entre os parceiros, enquanto ela é proibida no laço familiar. São as condições e as consequências da sexualidade que formam a matéria psíquica das alianças que nos interessam aqui. Podemos, no entanto, questiona-se ele, "falar de casal referindo-nos somente à sexualidade, sem falar de amor? O problema que surge é que é difícil definir o que significa amar. O que é um casal é da ordem do inapreensível, se quisermos remeter as variações a um modelo unívoco e unificado" (p. 164).

Se o acordo amoroso é, em grande parte, uma tentativa de recuperação de um acordo narcísico perdido, ele, por outro lado, não pode ser somente fundado sobre o narcisismo e sua completude ilusória, pois exige o reconhecimento da alteridade do objeto e supõe de modo suficiente a complementaridade e a diferença. Dessa forma, o acordo, ou laço amoroso, funda-se sobre vários acordos inconscientes que formam o núcleo inconsciente do casal. Esses acordos são, eles também, tributários dos laços que cada sujeito conheceu em sua própria família. Por outro lado, são também construídos de maneira original, dada a imprevisibilidade do encontro com o outro que, por ser outro, não pode ser reduzido à posição e às funções de duplo narcísico ou de objeto das relações de objeto.

Portanto, segue Kaës (2009), se para fazer casal sempre aparece a necessidade de zonas de indiferenciação, do imaginário do Um, há também a necessidade de espaços e objetos partilhados, que são, ao mesmo tempo, nem só de um, nem só de outro. Diz ele: "o laço de casal é, desse ponto de vista, uma configuração particular do laço, e se inscreve, de um modo especial, na lógica: não um sem o outro e sem o conjunto que eles formam, que os liga e que os identifica" (p. 165).

Amar-se, amando

Para falar de amor, Kaës cita o trabalho de Minolli e Coin (2007), as quais sugerem que o amor é um ato que requer a participação de cada um, tanto na presença a si próprio como na presença ao outro. Não se trata somente de uma questão de proximidade. É também a capacidade do dom, do abandono da dominação. Essa capacidade aperfeiçoa-se na duração: é ela que instaura a presença como condição para se compreender a si mesmo no seu laço com o outro, e para compreender o outro, para além dos inevitáveis mal-entendidos e enganos sobre si e sobre o outro.

Essas autoras apontam que o casal sustenta a consistência psíquica das modulações amorosas nessa dupla capacidade: ama-se a si mesmo enquanto ama o outro e é amado por ele ou ela. O si mesmo reflexivo do se amar indica uma reciprocidade característica do casal. Amar não é um ato intransitivo, é um processo que produz o ato mesmo e a experiência de amar. Sem dúvida poderíamos qualificar essa experiência de amar e ser amado como um estado amoroso: um estado que se desejaria imóvel e definitivo para desmontar as intermitências do coração e os tumultos dolorosos que elas implicam. Mas o que é aqui apresentado é um processo subjetivo que se forma na intersubjetividade.

O título dessa obra, *Amar-se, amando*, dá conta do equilíbrio tão instável do amor narcisista e do amor pelo outro, bem como da condição necessária para que essa "composição" se transforme em aliança. A concepção do casal proposta pelas autoras é a de um investimento dual e partilhado sobre a estabilidade de uma união fundada sobre laços de natureza sexual e afetiva. Ele é sustentado pelo projeto de dar conta da tensão entre a realidade psíquica do casal e a realização de certos desejos de seus sujeitos. Essa perspectiva dá prioridade à relação de casal sobre o casal em si mesmo. Esse investimento psíquico entre duas pessoas supõe um ajustamento, uma coincidência suficiente entre os desejos que presidem ao acordo amoroso. Mas, como é de natureza sexual e afetiva, tal investimento é também gerador de conflitos e sofrimentos.

Kaës (2009) comenta que essa perspectiva dá prioridade à relação de casal sobre o casal em si mesmo, e sua observação coincide com vivências clínicas frequentes, nas quais as expectativas de um dos cônjuges sobre o outro pode ser totalmente defasada em relação ao que o outro pode oferecer. Vejamos num exemplo:

Ele, completamente retraído, introspectivo, com dificuldade de colocar seus sentimentos em palavras.

Ela, muito extrovertida, exige dele expressões verbais de afeto e desejo por ela.

Analista, dirigindo-se a ela: "Você deseja mesmo que este 'senhor' aqui presente comporte-se da forma que você está sugerindo?".

Caindo em si, ela ri muito. Ele sorri.

Ou seja, para estar nessa relação, ela terá que se conformar, no duplo sentido da palavra, e adaptar-se à realidade dessa relação. O que se persegue é o equilíbrio, ou a harmonização da relação, o ajuste necessário entre eles para que a relação possa ser suficientemente satisfatória. Se isso for possível...

Kaës e sua influência na clínica psicanalítica de casal e família

A partir das pesquisas de psicanalistas de grupo, como Pichon-Rivière (1980/1965), em Buenos Aires; Foulkes (1948) e Bion (1961), em Londres; e posteriormente Kaës, pode-se considerar que a clínica de casal e família adquiriu uma "consistência própria" (para usar uma expressão cara a ele). Sem nunca abrir mão dos conceitos construídos para a clínica individual, Kaës propõe que a própria convivência em grupo agrega um algo a mais ao funcionamento psíquico de seus componentes, chegando inclusive a neles promover novas formações do inconsciente.

É assim que Kaës postula uma consistência própria à realidade psíquica do vínculo, paralelamente à consistência própria da realidade psíquica freudiana. A partir daí, e como já vimos, abrem-se as duas alternativas diante da clínica de casal e família: a) considerar o vínculo a partir de cada sujeito considerado isoladamente, mas do ponto de vista de que suas relações de objeto e suas identificações são efeitos do vínculo; ou b) admitir que a realidade psíquica nos vínculos adquire uma consistência específica de formações e de processos próprios, abrindo-se, então, todo um campo de pesquisa sobre o funcionamento do sujeito em sua relação com o outro.

Na introdução deste trabalho, observei que, ao longo dos anos, e na então ausência de uma teorização específica sobre o tema, vinha pensando a psicanálise de casal como a reflexão sobre as formas de encaixes complementares, de conexões, de engates, vitais e criativos, ou repetitivos e mortíferos, de um psiquismo no outro. O casal surgiria enquanto imbricamento de dois inconscientes, cada um deles efeito de um percurso único e particular na direção da subjetivação e inevitavelmente marcado pelos enredos ancestrais dos quais cada um é herdeiro.

Tratava-se aí de uma "solução" possível diante das requisições do atendimento psicanalítico aos casais que procuravam ajuda, "solução" essa que focalizava a interseção de duas subjetividades sem ter, no entanto, instrumentos teóricos que pudessem abarcar toda a gama de fenômenos que surgem quando dois psiquismos passam a funcionar juntos, ou seja, o que ocorre *entre* os dois sujeitos, e não só *em* cada um deles.

288　A INTERSUBJETIVIDADE

Fora do âmbito da psicanálise, a forma de considerar o vínculo conjugal e familiar a partir do intersubjetivo é antiga, mas, naturalmente, sem levar em conta os pressupostos que constituem o *corpus* teórico psicanalítico. Foi a partir de Kaës e outros autores contemporâneos, como Eiguer (1983) na França, bem como Berenstein (1992) e Puget (1988), na Argentina, que a clínica psicanalítica de casal (e família) englobou os novos aportes, mergulhando, com entusiasmo, nos meandros dos funcionamentos intersubjetivos e, pensamos, tendendo a passar um pouco por cima dos funcionamentos intrassubjetivos. Voltaremos a essa questão no Capítulo 5, quando apresentaremos os posicionamentos de Kaës em contraposição aos de Spivacow, produtos que são de matrizes clínicas diversas.

Vamos nos deter agora na influência do complexo materno na vida amorosa dos filhos a partir da visão de Kaës.

O complexo materno e o vínculo conjugal

Retomemos como Kaës (2008) propõe a noção de complexo e de imago. Diz ele:

> *Do ponto de vista psicanalítico, o complexo é classicamente definido como um conjunto organizado de representações e investimentos inconscientes, constituído a partir de fantasmas e de relações intersubjetivas nas quais a pessoa toma seu lugar de sujeito desejante em relação a outros sujeitos desejantes. (p. 5)*

Segundo ele, a conflitualidade é uma das características de todo complexo. Trata-se da propriedade do aparelho psíquico de se organizar e reorganizar a partir de seus próprios conflitos. Conflito é aqui entendido como resultado de exigências psíquicas opostas, antagônicas ou inconciliáveis. O conflito intrapsíquico estabelece-se entre forças pulsionais, entre desejos e defesas, entre representações; sua resolução se efetua segundo formações de compromissos, ao modo do sonho, do lapso ou do sintoma na neurose, ao modo da ambivalência e ao modo da clivagem na psicose. O conflito interpsíquico refere-se às exigências psíquicas opostas, antagônicas ou inconciliáveis entre os sujeitos de um laço ou de um grupo, e sua resolução traduz-se por formações de compromissos (sintomas partilhados), por alianças inconscientes fundadas na repressão ou na recusa, ou por cisões e rupturas.

Já a imago é um elemento da estrutura do complexo. As imagos materna, paterna e fraterna são esquemas imaginários adquiridos, relativamente estáveis, por meio das quais o sujeito representa objetos (a imago do seio materno) ou personagens internalizados (a imago do irmão ou da irmã) e por meio das quais ele estabelece laços com os outros. Algumas imagos são organizadas segundo as estruturas arcaicas da psique; outras, segundo estruturas mais diferenciadas. Voltaremos às noções de complexo e imago quando nos ocuparmos do complexo fraterno.

Como poderíamos compreender o papel da mãe de João, ou seja, de sua imago materna, na constituição de sua vida amorosa com Teresa? Teria essa imago alguma relação com o que estamos chamando de seu sintoma na situação, ou melhor, a "cerimônia" diante de sua mulher para impor seu desejo de homem?

290 A INTERSUBJETIVIDADE

João e a mãe

Em 1977/1938, Lacan nos indica a íntima relação entre o vínculo primitivo com a mãe e a vida amorosa adulta. Falando dessa primeira relação, ele assim a descreve:

> *Canibalismo, mas canibalismo fusional, inefável, simultaneamente ativo e passivo, que sobrevive sempre nos jogos e palavras simbólicas que ainda no amor mais evoluído recordam o desejo da larva; reconheceremos nesses termos a relação com a realidade sobre a qual repousa a imago materna. (p. 64)*

Vimos no Capítulo 3 como Leclaire (1992/1979) aponta para a importância dos processos erotizantes na relação mãe-bebê. Segundo ele, as bases mais primitivas do fenômeno de psicossexualização da criança constituem-se nessa sustentação, dada pela mãe, à dupla constituição de ambos – mãe e bebê – enquanto seres que são, ao mesmo tempo, orgânicos e psíquicos, isto é, seres de necessidades e seres do prazer, do desejo erógeno, inscrito em seus corpos pelos cuidados maternos.

Vimos, também, como Laplanche (1988) apresentou a justaposição entre erotismo e função materna, apresentando-os como indissociáveis: a mãe propondo ao bebê "significantes não verbais, tanto quanto verbais e até comportamentais, impregnados de significações sexuais inconscientes" (p. 119), e, quanto ao seio, adverte ele, "não se pode negligenciar seu investimento sexual e inconsciente pela mãe, percebido ou suspeitado, pelo bebê" (p. 119).

Freud (1905) já nos dera as linhas mestras desse posicionamento ao afirmar com toda a clareza que a mãe trata seu bebê como seu objeto sexual, tanto como ela própria é o objeto sexual da criança. E apontou tratar-se de amor inibido quanto à meta.

No caso de João, algo dessa ordem ficou como lacuna; ele foi "corretamente" cuidado pela mãe, mas faltou um desejo "suficientemente" erotizado dela por ele, um olhar que se iluminasse "suficientemente" ao vê-lo, de forma que ele pudesse sustentar a segurança necessária de ser desejável como homem por uma mulher.

É importante enfatizar aqui que, como sinalizamos no início deste trabalho, não estamos nos ocupando das patologias mais graves, e que a situação clínica relatada, assim como as vinhetas, refere-se mais ao que estamos denominando "psicopatologias da vida cotidiana conjugal", ou que poderíamos também chamar de "vicissitudes do vínculo amoroso". Dessa forma, se estamos apontando para certa lacuna afetiva na relação de João com sua mãe, certamente essa não foi de monta a causar nele prejuízos significativos maiores, ou seja, a mãe foi "suficientemente boa", mas, como sempre é o caso, deixou sua marca, ou sintoma, e que aqui estamos localizando como certa "cerimônia"/insegurança para assumir seu desejo de homem perante a mulher. Naturalmente, como já assinalamos anteriormente, o afastamento emocional do pai também terá tido seu efeito na configuração desse quadro.

Foi assim que, nos movimentos transferenciais do processo analítico, a analista captava em João, desde o primeiro contato, algo que, a seu ver, foi fundamental para a modificação da situação de desconforto sexual desse casal. João buscava na analista uma confirmação de que sua queixa era válida, que havia sim uma necessidade de harmonização das necessidades e desejos sexuais na relação. Essa confirmação por parte da analista parecia tirar João da desorientação diante dos manejos defensivos de Teresa e o ajudava a se colocar com mais clareza diante dela.

A essência mais profunda dessa confirmação, no entanto, situava-se muito além desses aspectos mais conscientes: tratava-se, para João, de encontrar, em seu vínculo transferencial com a analista, uma saída para a insegurança causada pela relação com uma mãe "correta, porém fria no trato afetivo". O fato de ser ouvido e validado pela analista em suas necessidades mais íntimas de expressão de amor e sexualidade por Teresa, e sua também necessidade de que esta confirmasse seu amor e seu desejo por ele, parece ter funcionado para João como um marco referencial de seu posicionamento na relação. Algo que poderia ser verbalizado da seguinte forma: "Mereço ser amado e desejado como homem, e desejo ser amado, não tanto como minha mãe me amou, mas como ela ama meu pai e é por ele amada. É esse tipo de relação que quero para mim".

João não apresentava maiores problemas para adequar o modelo da relação conjugal parental aos tempos atuais, mas não estava disposto a abrir mão do essencial para ele: a sensação de amar e ser amado que o casal parental lhe transmitiu (modelo que Teresa não recebeu de seus pais). Podemos constatar por aí como o modelo da relação entre os pais pode ser o referencial fundamental, mesmo diante de certa carência de expressão afetiva da mãe para com ele, de um afastamento do pai e de uma situação fraterna que lhe era desfavorável.

Teresa e a mãe

A relação de Teresa com a mãe apresentava um imbricamento complexo de fenômenos que envolviam a culpa, num nível mais próximo da consciência, mas, especialmente, uma aliança inconsciente mais típica dos desenvolvimentos mãe-filha e que Kaës (2009) chamou de pacto narcísico entre mãe e filha e que desenvolveremos a seguir.

Antes, porém, retomemos as colocações de Fonagy, expostas no Capítulo 3, sobre a falta de espelhamento materno da excitação sexual do bebê. Como vimos, Fonagy (2008) aponta para a possível não integração ao *self* das primeiras experiências de excitação sexual do bebê devido à ausência do espelhamento materno em relação a elas.

Nesse texto, Fonagy não está se referindo especificamente à menina, mas podemos inferir o quanto, no caso dela, esses fenômenos de falta de espelhamento adquirem um significado especial dada a ausência de um órgão visível de expressão pulsional imediata. Esse fato nos auxilia a compreender melhor a complexidade que se estabelece na relação mãe-filha, sempre lembrando que a mãe também esteve submetida a essa não visibilidade nos primórdios de sua sexualização.

Lembremos, também, como exposto no Capítulo 3, que André (1995) constrói toda uma teorização sobre a sexualização precoce da menina partindo de uma lógica não fálica e na qual o pai tem um papel significativamente maior.

Vejamos, no entanto, como Kaës (2009) desenvolve seu pensamento sobre a relação mãe-filha.

Ele cita Freud (1964e/1932), que, em seu texto sobre a feminilidade, nos indicava a importância dessa relação primeira na constituição da sexualidade da mulher:

> *Sabíamos, naturalmente, que havia um estágio preliminar de ligação com a mãe, mas não sabíamos que ele poderia ser tão rico em conteúdo e tão duradouro e que poderia deixar para trás tantas oportunidades para fixações e disposições... quase tudo que encontramos mais tarde na re-*

lação [da menina] com seu pai já estava presente em sua ligação anterior e foi transferido subsequentemente para o pai. Resumindo, temos a impressão de que não podemos entender as mulheres a menos que consideremos essa fase de sua ligação pré-edipiana com sua mãe. (p. 119)

Nesse texto, Freud nos aponta as várias frustrações que acabam por levar a menina a se afastar da mãe e, especialmente, entre elas, a inveja do pênis, e ele agrega:

O amor [da menina] era dirigido para sua mãe-fálica; com a descoberta de que sua mãe é castrada, torna-se possível descartá-la como objeto, de forma que os motivos para a hostilidade que foram se acumulando ao longo do tempo passam a prevalecer. Isso significa, portanto, que como resultado da descoberta da falta de pênis na mulher elas perdem seu valor para as meninas assim como para os meninos, e talvez, mais tarde, para os homens. (p. 126)

No caso de Teresa, podemos considerar que sua mãe, de certa forma, nunca deixou de assumir um posicionamento fálico na família em decorrência da imaturidade do pai como provedor. Digamos que a idealização inicial da mãe pela menina, no caso de Teresa, nunca chegou a se dissipar, de fato. E que esta foi ocupando um lugar compensatório da figura do pai, não chegando ao ponto de masculinizar-se no sentido de se tornar "o marido da mãe", mas de assumir para si o cuidar dela e lhe trazer as alegrias que esta não encontrava em seu próprio casamento. É dessa mãe fálica que Teresa tem dificuldade de se diferenciar na direção de assumir sua própria falta existencial e a necessidade do outro sexual.

Também Mezan (2002), referenciando-se em Freud e Laplanche, apresenta uma característica própria à relação mãe-filha. Se o primeiro objeto libidinal dos dois sexos é a mãe, no caso do menino, quem proíbe esse amor é o pai, imaginado, então, como agente da castração e ocupando o lugar de rival. Já na situação da menina, o agente da proibição é o próprio objeto das fantasias masturbatórias incipientes, isto é, a mãe. Mezan cita, então, Laplanche (1980), que considera que, como essas fantasias se situam numa constelação pré-edipiana, o efeito da proibição pode ser muito mais devastador do que no caso do menino, para o qual o pai, na posição de rival, é garantia de certa limitação da punição. Como o objeto mãe foi o primeiro indutor da sexualidade da menina, ela é, portanto, a primeira sedutora e, ao mesmo tempo, a primeira interditadora. Daí o perigo de uma condenação e de uma renúncia muito mais maciças, que alvejam a sexualidade em geral, e não apenas um objeto determinado.

Esse é um tema desenvolvido por Kaës (2009), com a noção de uma aliança originária entre mãe e filha, aliança que se declina em pacto denegativo e em contrato narcisista e que dá conta das bases sobre as quais se fundam as relações de filiação do feminino.

Kaës cita Ternynck (2000), que aborda a filiação sob o ângulo do despertar da força pulsional na menina, de sua percepção pela mãe e da resposta que esta lhe dá. A questão que se coloca é a seguinte: por quais mensagens inconscientes a mãe facilita ou entrava a integração da força pulsional no desenvolvimento psicoafetivo de sua filha?

Para Ternynck, diz Kaës, a aliança originária tacitamente instaurada entre mãe e filha formula-se nos termos de uma mensagem materna de negação, visando inibir, desaprovar, ignorar em todas as suas manifestações essa sexualidade precoce. Essa mensagem denegativa atesta em primeiro lugar uma estratégia de defesa, com sua visada protecionista. Dirige-se a uma criança que, por identificação projetiva, sua mãe percebe como exposta aos perigos de ser violentada. Por seu silêncio sobre a sexualidade genital de sua filha, a mãe tenta desencorajar a força pulsional que penetra na psique daquela e que fica, dessa forma, impossibilitada de ser elaborada. O posicionamento da mãe é essencialmente narcísico e, além de sua dimensão negadora, verdadeiramente antipulsional, o pacto originário tem uma função de união. O acordo inconsciente estabelecido da mãe para a filha sobre essa rejeição em comum de uma moção pulsional inaceitável sustenta a não separação das duas.

Ternynck, citada por Kaës, propõe três possibilidades de como o pacto originário se formula no discurso materno.

A *figura fálica* organiza uma primeira versão da mensagem materna, fornecendo um apoio à denegação para ocultar o feminino primário, para silenciar as representações orificiais às quais o *eu* não pode fazer face sem correr o risco de se desorganizar. Graças ao pacto denegativo, um primeiro ordenamento pré-genital das zonas erógenas ocorre em torno da precedência do fálico. O primeiro contrato de denegação busca, assim, depois de reconhecê-la, reprimir a representação vaginal e sua pulsão incorporadora. A aliança é selada sobre a base do pacto denegativo que se instaura em torno da repressão requisitada pela mãe e é imposto à filha. Mas esse pacto também é estruturante; ele anuncia o desejo e a interdição edipiana: de um lado, obriga a criança a conservar, a colocar em compasso de espera em sua psique uma pulsionalidade feminina não integrável no estado em que está. De outro, impõe à mãe cuidar, abrigá-la homossexualmente no seio de sua própria feminilidade. Essa primeira interpretação do feminino só é possível se o inconsciente da mãe que a significa estiver estruturado pelo Édipo.

A outra possibilidade apontada por Ternynck é a *figura de um hímen comum*. Enquanto a figura fálica, essencialmente móvel, portadora da conflitualidade e criadora de um espaço psíquico, induz à repressão da representação vaginal, a do hímen comum é estática: ela escapa a toda colocação em tensão, a toda dialética. Ela oculta menos do que obtura. Ela veda, ela cliva, ela é sinônimo de restrição psíquica. Ela é a defesa narcísica por excelência, a proteção maior contra toda a alteridade virtualmente invasiva. Seu rompimento, sempre temido, simbolizaria a perda do objeto primário e a morte interior.

A terceira possibilidade refere-se à *figura do órgão-furo*. Nela, a interpretação materna suscetível de ajudar a criança a metabolizar seu potencial libidinal é impedida pelo pacto denegativo. Dessa forma, o órgão-furo, indistinto da força pulsional, invade e perturba o *eu* imaturo. Este, agora demasiadamente seduzido, não pode fazer em face do afluxo de pulsões pré-genitais que o submergem e o mergulham num estado de grande insegurança, o qual tende, ao mesmo tempo, para um superinvestimento erógeno das zonas orificiais e à sua confusão. Privada do apoio denegativo, já agora menos eficiente em sua função, e excessivamente despertada, a menina encontra-se sozinha diante da tormenta pulsional de um órgão-furo que não é reprimido nem pela figuração fálica nem pela figuração do hímen comum.

Nessa situação, aponta Kaës (2009), para sobreviver à angústia, a criança não tem, por vezes, outra solução que não a de dessolidarizar-se dessa loucura do feminino, de desconsiderá-la, clivando-a. Uma tal dissociação, que tem por efeito desconflitualizar o *eu*, pode permanecer silenciosa durante a infância e revelar-se traumática na época dos remanejamentos pubertários.

Nesse caso, a tormenta pulsional que suscita a figura de um órgão-furo não se apazigua numa elaboração psíquica. Na falta da conflitualidade psíquica, sem o apoio do investimento narcísico de sua feminilidade pela mãe e pelo pai, o triunfo fálico da mãe implica a ameaça de morte na filha. Sem dúvida, poderemos pensar que o inconsciente da mãe, insuficientemente estruturado pelo Édipo, não pode situar nem sustentar uma aliança originária de filiação ao feminino e ao materno. Uma vez mais, o que cada uma delas contratou como aliança inconsciente interna, o que não pode ser sabido e deve permanecer recalcado, é fortalecido tanto na mãe como na filha pelo pacto denegativo associado ao pacto narcísico. O contrato narcisista entre mãe e filha nos leva a considerar suas derivações patológicas e alienantes, chegando ao que algumas autoras denominaram de pacto negro entre mãe e filha.

Assim, Couchoud (1986), citada por Kaës, enfatizou um dos princípios ativos dessa derivação: o que se transmite da mãe à filha e faz a aliança entre elas é a parte não subjetivada do inconsciente materno; essa transmissão-ação mantém na filha uma alteridade não subjetivada, estrangeira, como pode testemunhar o delírio.

Kaës também cita Godfrind (1994), que descreve como pacto negro a aliança alienante que liga mãe e filha numa relação de dominação mortífera. Ela descreve um caso que, por trás de uma raiva feroz em relação à sua mãe, deixa adivinhar a nostalgia de uma aproximação amorosa com ela, um amor que foi perdido: momentos precários, sufocados tanto quanto entrevistos, negados mais que pressentidos. Godfrind interroga a natureza dos fantasmas que fariam do encontro amoroso com a mãe um perigo catastrófico: uma dependência absoluta, uma desintegração psíquica, um encontro insensato, perda de identidade e risco de loucura. Para se proteger e sair de tais perigos, o ódio é um contrainvestimento absoluto desse amor enlouquecido. Os reencontros inconscientes com a mãe são costurados em torno de uma fascinação por um encontro inefável no não-pensamento, no não-sentido, por vezes mesmo a loucura, em que se perderiam juntas mãe e filha; mas, ao mesmo tempo, elas se inscrevem numa filiação feminina fantasmática que fixa as mulheres em papéis que, portados pelos segredos e mitos familiares, transmitem-se inexoravelmente de mãe para filha.

Do lado da mãe, o pacto inscreve a filha numa exigência de perenização de uma feminilidade imposta pela fantasmática maternal: a filha deve perpetuar a feminilidade tal qual o inconsciente da mãe o transmite, e é por essa missão que lhe impõe essa relação de similitude que sua identidade se aliena. Godfrind mostra que o excesso de proximidade com a mãe impõe à filha a necessidade de usar uma violência particular para se contrapor ao risco de uma alienação materna; o gerenciamento adequado dessa violência permite à filha se separar da homossexualidade primária em benefício de uma homossexualidade secundária estruturante, mas o contra-investimento absoluto dessa violência dá lugar a um assujeitamento rígido à mãe; seu excesso não faz mais do que mascarar o pacto negro de fidelidade à mãe.

Todas essas perspectivas sombrias nos levam à questão: onde estará o pai nessas teorizações? É justamente nessa direção que Kaës (2009) nos encaminha.

Ele questiona a razão de a referência à função paterna estar ausente dessas análises. Poderia a identidade feminina construir-se somente na aliança original entre mãe e filha? O reconhecimento pelo pai dessa aliança não seria uma condição conjunta? Trata-se, na realidade, de um duplo reconhecimento pelo pai da função original da mãe (como mulher) e da feminilidade de sua filha.

O reconhecimento pela mãe e pelo pai não significa que eles sejam simétricos e que o tempo cronológico em que eles se estabelecem seja idêntico. Trata-se mais de tempos lógicos diferentes. A aliança originária, tanto para a menina como para o menino, é sem-

300　A INTERSUBJETIVIDADE

pre uma aliança com a mãe. Essa aliança organiza sucessivamente a composição pré-genital e o desenvolvimento genital da identidade sexuada. A função paterna intervém nessa aliança, ao mesmo tempo que a enquadra de alguma forma no tempo lógico da separação e da estruturação edipiana. Ela se aplica à relação mãe-filha como à relação mãe-filho, como também à relação pai-filha e pai-filho. Essa é a própria essência da aliança estruturante, que se manifesta na dupla exigência de uma interdição, de uma separação e de um conjunto de reconhecimentos cruzados e complementares: o da mãe e da mulher, o da paternidade do pai e de sua masculinidade, o da feminilidade da filha e da masculinidade do filho. A função paterna, organizadora das alianças sobre as quais repousam a filiação e as identidades sexuadas, aplica-se a todos, inclusive ao pai.

Voltemos ao trecho citado de Godfrind, em que ela aponta que a filha se inscreve numa filiação feminina fantasmática que fixa as mulheres em papéis que, portados pelos segredos e mitos familiares, transmitem-se inexoravelmente de mãe para filha. Nessa situação, a filha deve perpetuar a feminilidade tal qual o inconsciente da mãe o transmite, e é por essa missão, que lhe impõe essa relação de similitude, que sua identidade se aliena. No caso de Teresa, vimos como o pertencimento ao grupo feminino do clã mineiro ditou-lhe formas de ser mulher, passadas como tradição familiar desde a avó e que a deixava um tanto sem referências no que se refere a dar continuidade à vida de casal após a conquista amorosa de João e o nascimento dos filhos. Ela exerceu sua capacidade sensual de atrair João para ter um marido e com ele ter filhos, mas e depois? O que é o desejo sexual feminino para além de ter um homem que a valide como mulher e com ele gerar filhos?

Também devem ser consideradas, na situação de Teresa, as características do relacionamento entre seus pais. Sabemos que, se a mãe não direciona seu próprio desejo sexual para o pai da criança, ficando totalmente envolvida na experiência do amor materno, torna-se mais difícil para esta "visualizar" os caminhos exogâmicos futuros. Estes terão como disparadores, entre outros fatores, as marcas deixadas na criança pelo espelhamento recíproco do desejo sexual do casal parental um pelo outro. Ao sentir-se excluída dessa relação, além dos sentimentos de competição, raiva, ciúme e inveja, serão lançadas, também, as direções do desejo futuro: "Quando eu crescer...". Sem essa exclusão primordial, que caracteriza a vivência edípica, pode ficar dificultado o encaminhamento da menina no sentido da erotização adulta.

Falando de outra forma, faltou aí uma função paterna que oferecesse a ancoragem segura para Teresa poder discriminar-se da mãe e voltar-se para o pai. Se, de alguma forma, isso estava acontecendo em seus primeiros anos, as decepções com o pai levaram-na a uma regressão ao amor primitivo. Foi quando João pôde cumprir essa função para ela que Teresa conseguiu, finalmente, dar o passo na direção do amor exogâmico.

Vamos nos deter, agora, nas contribuições de Kaës e Kancyper sobre o tema do *complexo fraterno*, e tentar fazer uma reflexão sobre sua influência na constituição da conjugalidade, tanto em seus aspectos rivalitários quanto em seus aspectos de marcação erótica, que irão colorir a escolha de objeto amoroso e a vida sexual futura.

O complexo fraterno e o vínculo conjugal

Dando continuidade à proposta de seguir as "associações livres teóricas" da analista no atendimento de um casal, vejamos como a noção de complexo fraterno pode auxiliar na compreensão da situação clínica em questão.

302　A INTERSUBJETIVIDADE

Nesta, vimos como João provinha de uma história familiar na qual chamava a atenção o lugar de destaque ocupado por seu irmão mais velho, que atraía para si boa parte das atenções da família, especialmente as do pai. Que marcas teriam deixado em João esse desbalanceamento dos lugares ocupados na família? Como a competição e a rivalidade fraterna foram por ele elaboradas? Em sua relação com Teresa, João apresentava certa insegurança para colocar seu desejo de homem, certa "cerimônia" diante dela. Poderia a questão fraterna de João estar envolvida nessa sua dificuldade? De fato, na clínica de casais não se pode ignorar o papel das vivências fraternas dos cônjuges, ou sua inexistência, se algum deles é filho único, tanto no que se refere à escolha amorosa quanto no desenrolar da relação. Da mesma forma, como a relação de Teresa com seu irmão dez anos mais novo e seu "sócio" nos cuidados com a "mãe sofredora" terá influenciado a maneira como ela "estabeleceu as regras" de sua intimidade com um marido/irmãozinho?

Vejamos como Kaës apresenta sua visão sobre o complexo fraterno e em que aspectos ela diferencia-se dos posicionamentos de Freud e Lacan a respeito do mesmo tema.

Em 2008, Kaës afirma:

> O complexo fraterno não se reduz ao complexo de Édipo, do qual seria o deslocamento; ele também não se limita ao complexo do intruso, que seria seu paradigma. Ele não se caracteriza somente pelo ódio, pela inveja e pelo ciúme; compreende essas dimensões, mas ainda outras, todas também importantes e articuláveis às precedentes: o amor, a ambivalência e as identificações com o outro semelhante e diferente. A especificidade do complexo fraterno está em sua organização e sua função. Sua estrutura é organiza-

da conjuntamente pela rivalidade e pela curiosidade, pela atração e pela rejeição que um sujeito experimenta diante desse outro semelhante, que em seu mundo interno ocupa o lugar de um irmão ou de uma irmã. Nesse sentido, a atração não é apenas uma reviravolta do ódio nem a curiosidade um contrainvestimento da rejeição (p. 1).

Tendo se posicionado, Kaës apresenta as visões de Freud e Lacan sobre o tema, as quais, segundo ele, ao focalizarem prioritariamente os aspectos hostis e ciumentos da relação fraterna, deixam de fora outros aspectos a ela inerentes.

Kaës e a relação fraterna em Freud

Kaës comenta que a posição de Freud sobre o ciúme e a rivalidade fraterna foi contraditória ao longo do tempo. Em 1917, aludindo ao ciúme que Goethe, aos três anos de idade, havia sentido por ocasião do nascimento de um irmãozinho e depois aos sentimentos semelhantes que se haviam apoderado dele próprio diante de sua irmãzinha Cornélia, nascida quando ele não tinha mais que quinze meses, Freud afirmara que essa pequena diferença de idade a colocava fora de questão como objeto de ciúme.

Por outro lado, em seu artigo sobre a feminilidade (1964e/1932), Freud escreve:

A criança, mesmo quando não tem nem onze meses a mais que o recém-nascido... tem pelo intruso, pelo rival, um ódio ciumento. O recém-vindo não destronou e desapossou o primogênito? E o rancor é tenaz também contra

304 A INTERSUBJETIVIDADE

a mãe infiel que partilha entre os dois filhos seu leite e seus cuidados. (p. 123)

Em "Lições introdutórias à psicanálise" (1955h/1916-1917), ele acrescenta:

> *A criança não ama necessariamente seus irmãos e irmãs e geralmente não os ama absolutamente... ela vê neles concorrentes... e geralmente é a atitude hostil que é a mais antiga... consequentemente, a criança aproveita todas as ocasiões para desqualificar o intruso, e as tentativas de prejudicar, os atentados diretos, não são raros nesses casos. (p. 204)*

Kaës (2008) assinala que, para Freud, o ódio e as pulsões fratricidas, o ciúme e a rivalidade são primárias no laço entre irmãos e irmãs, e o ciúme fraterno decorre da percepção de que o irmão ou a irmã privam a criança do seio e do amor da mãe. Segundo Kaës, Freud não faz distinção entre a inveja, a rivalidade e o ciúme, e é essencialmente do ciúme que ele fala.

Nesse sentido, Freud (1955l/1922) considera que o ciúme pertence aos estados afetivos que podem ser qualificados de normais, assim como o luto. O ciúme normal está ligado à dor sentida pela perda do objeto amado, à humilhação narcísica que está ligada a ela.

O ciúme é, portanto, normal e necessário. Diz Freud:

> *O ciúme pertence aos estados de afeto que temos o direito de qualificar de normais. Quando o ciúme parece faltar no caráter e comportamento de um ser humano, é jus-*

tificável pensar que ele sucumbe a uma forte repressão e desempenha, por esse fato na vida da alma inconsciente, um papel tanto maior... Os sentimentos hostis contra o rival que foi preferido estão profundamente arraigados no inconsciente. Remontam ao complexo de Édipo e ao complexo fraterno do primeiro período sexual. (p. 223)

Dessa forma, afirma Kaës (2008), para Freud, o ciúme, a rivalidade e a inversão do ódio em ternura homossexual constituem o essencial da experiência psíquica no laço fraterno.

Sobre o conceito de *complexo fraterno* em Freud, Kaës afirma que, ainda que de forma hesitante, este ocupa um lugar importante em sua obra e desenvolve-se segundo três eixos: o primeiro, que é a orientação dominante, explica o efeito do relacionamento entre irmãos e irmãs sobre sua organização psíquica posterior; o segundo tem por tema o papel desempenhado pelos laços fraternos na formação dos laços sociais; o terceiro encaminha-se para a construção de um conceito de complexo fraterno.

Primeiro eixo

Para Kaës (2008), Freud sempre esteve atento às consequências psicopatológicas das relações sexuais entre irmãos e irmãs e assinala seus efeitos na cura: a irmã é a sedutora do "Homem dos Lobos" (1964h/1918), e lá ele observa como a vinda de um rival ao mundo constitui uma ameaça à supremacia do primogênito, suscitando nele sentimentos de ciúmes, de hostilidade e de ódio diante do intruso e também vivos ressentimentos contra a mãe a propósito dos irmãos e irmãs que ela lhe impôs.

Também no caso do "Pequeno Hans" (1955a/1909), continua Kaës, Freud admite outros efeitos com a chegada da irmãzinha: ela permite à criança construir certo número de teorias sexuais infantis que respondem ao seu desejo de investigação e à sua curiosidade sexual, incitando-a a um trabalho mental que mantém a pulsão de saber na criança "destronada". Freud aí também sublinha a queda narcísica e o impacto traumático que a vinda ao mundo de um novo bebê ocasiona no primogênito. A criança não é mais o centro do mundo; ela é invadida pelo ciúme e pelo ódio desse intruso que a expulsa da posição que ela pensa ter no amor dos pais. Naturalmente, diz Kaës, o ciúme e a rivalidade não se concentram no primogênito, podendo ser observada em qualquer criança.

Quanto à noção de *complexo familiar*, Kaës aponta que Freud não lhe deu um conteúdo explícito, e este aparece apenas mencionado em "Lições introdutórias à psicanálise" (1955h/1916-1917), mas Kaës (2008) sugere que ele seria composto pelo complexo de Édipo espontâneo da criança, pelos efeitos nos pais de sua atração sexual em relação a seus filhos e pelo complexo fraterno, tanto como este se forma espontaneamente nos irmãos como também sob o efeito do complexo fraterno dos pais. Kaës conclui, no entanto, que o pensamento de Freud sobre o complexo fraterno continua sendo o de uma subordinação, incluído que está no complexo familiar, cuja estrutura de base é a do complexo de Édipo.

Segundo eixo

Sobre o eixo que articula a organização dos laços fraternos com a organização das relações sociais, Kaës menciona que, em "Totem e tabu", Freud (1955u/1913-1914) mostra como a saída da rivalidade pela inversão do ódio em aliança dos irmãos contra o pai qualifica a força do *ser-juntos* que será buscada em todo grupo, conforme o modelo da fraternidade. Por aí, diz Kaës, pode-se constatar que, para Freud, o complexo fraterno não é um simples deslocamento do complexo de Édipo, embora o apresente sempre articulado a ele.

Terceiro eixo

O terceiro eixo, diz Kaës, é o que fornece material para a construção do conceito de complexo fraterno. Dessa forma, em "A interpretação dos sonhos" (1955o/1900), Freud explora o espaço interno do irmão ou da irmã quando confrontado(a) com a experiência e com a representação de morte de outro irmão ou irmã, com o lugar que eles ocupam em seus sonhos e fantasias, com a ambivalência dos sentimentos a seu respeito. Ele abre, assim, o caminho para outros questionamentos: sobre o lugar e a função de um irmão ou da irmã na escolha do objeto de amor (1955u/1913-1914), sobre os irmãos e irmãs como objetos do fantasma de fustigação (1919).

Para Kaës, no entanto, é em "O delírio e os sonhos na Gradiva de Jensen" (1955f/1906) que Freud lançou as bases do que seria chamado muito mais tarde de complexo fraterno. Lá, embora de forma alusiva, ele evoca os componentes essenciais do complexo fraterno: a imago da irmã e o fantasma incestuoso, noções que abordaremos mais adiante. Mas, continua Kaës, é só em 1955l/1922 que ele fala abertamente sobre esse conceito, quando propõe, como já vimos, "que o ciúme se enraíza profundamente no inconsciente, ele perpetua as primeiríssimas moções da afetividade infantil e remonta ao complexo de Édipo ou ao complexo fraterno do primeiro período sexual" (p. 223).

Nesse texto, no entanto, Freud não propõe um desenvolvimento significativo quanto à organização, à função e aos conteúdos desse complexo. Mais uma vez, aponta Kaës, o que aparece é a preponderância do ódio, do ciúme e da rivalidade pela posse do amor dos pais e pela posse dos objetos e do espaço disponíveis.

308 A INTERSUBJETIVIDADE

Kaës e o complexo do intruso em Lacan

Vejamos, primeiramente, como Lacan, em 1977/1938, apresenta o complexo do intruso:

> *O complexo da intrusão fraterna representa a experiência primitiva do sujeito quando vê um ou vários de seus semelhantes participarem junto com ele na relação doméstica, ou seja, quando percebe que tem irmãos. Essa situação é, portanto, muito variável, em virtude de diferenças culturais, extensão da família, posição do indivíduo na ordem dos nascimentos, se ele vem como herdeiro ou como usurpador. (p. 71)*

Ele acrescenta que o ciúme infantil participa da gênese da sociabilidade e do próprio conhecimento humano. O ponto crítico é que o ciúme, na sua base, não representa uma rivalidade vital, isto é, uma competição pela vida, mas sim uma identificação baseada num sentimento imaginário do outro, a *imago* do semelhante. No semelhante, confundem-se, então, amor e identificação.

Para Lacan, a agressividade surge, nesse caso, como secundária à identificação. Constata-se, diz ele, que o ciúme aparece diante da visão do irmão sendo amamentado e, na realidade, pode manifestar-se em casos em que o sujeito já foi desmamado há muito tempo e não se encontra em uma situação de competição pela vida com seu irmão. O fenômeno parece exigir, como condição prévia, certa identificação com o estado do irmão. Por outro lado, ao caracterizar como sadomasoquista a tendência típica da libido nessa fase, a psicanálise sinaliza que a agressividade domina a economia afetiva, mas ela é também, em todos os casos e ao mesmo tempo, suportada e atuada, isto é, subentendida por uma identificação com o outro, objeto da violência. A imagem do irmão não desmamado somente suscita uma agressão especial porque repete no sujeito a imago da situação materna e, com ela, o desejo de morte. Esse fenômeno é secundário à identificação.

Dessa maneira, antes que o *eu* afirme sua identidade, ele se confunde com essa imagem do semelhante que o forma, mas também que o aliena primordialmente. Essa origem do *eu* conservará a estrutura ambígua do espetáculo que se manifesta nas situações do despotismo, da sedução e da ostentação, outorgando sua forma a pulsões sadomasoquistas e escoptofílicas, destrutivas do outro em sua essência.

E Lacan declara: "o *eu* constitui-se, ao mesmo tempo que o outro, no drama do ciúme" (p. 82). E continua:

> *Dessa forma, o sujeito comprometido no ciúme por identificação desemboca numa alternativa nova em que o destino da realidade está em jogo: ou a de reencontrar o objeto materno e se agarrar à recusa do real e à destruição do outro; ou, levado a algum outro objeto, ele o recebe sob a forma característica do conhecimento humano, como objeto comunicável, já que concorrência implica ao mesmo tempo rivalidade e concordância; mas, ao mesmo tempo, ele reconhece o outro com o qual se engaja em luta ou contrato; em resumo, ele encontra, ao mesmo tempo, o outro e o objeto socializado. Ainda aqui o ciúme humano se distingue, portanto, da rivalidade vital imediata, já que ele forma seu objeto mais do que o determina; ele se revela como o arquétipo dos sentimentos sociais. (p. 83)*

310 A INTERSUBJETIVIDADE

Para Lacan, portanto, o papel traumático do irmão constitui-se por sua intrusão. O fato e a época de sua aparição determinam sua significação para o sujeito. A intrusão origina-se no recém-chegado e afeta o ocupante. A reação deste depende de seu desenvolvimento psíquico. Surpreendido pelo intruso no desamparo do desmame, o trauma é reativado constantemente ao vê-lo: realiza então uma regressão – que, segundo os destinos do *eu*, será uma psicose esquizofrênica ou uma neurose hipocondríaca – ou, senão, reage por meio da destruição imaginária do intruso, o que dará lugar também a impulsos perversos ou a uma culpa obsessiva.

Se o intruso, ao contrário, manifesta-se logo depois do complexo de Édipo, ele o adota em geral no plano das identificações paternas, afetivamente mais densas e de estrutura mais rica. Já não constitui para o sujeito o obstáculo ou o reflexo, e sim uma pessoa digna de amor e de ódio. As pulsões agressivas sublimam-se em ternura ou em severidade.

Vimos como, para Lacan, a hostilidade fraterna estará em grande parte determinada pela diferença de idade entre os irmãos. Podemos verificar, na situação clínica relatada, como a diferença de dez anos entre Teresa e seu irmão mais novo determinou entre eles um vínculo mais do tipo materno-filial que, por sua vez, pode tê-la influenciado a assumir uma posição mais controladora sobre seu companheiro. João, por outro lado, quatro anos mais novo que seu irmão-estrela-esportiva, da mesma forma parece não ter desenvolvido com ele uma identificação alienante de maior expressão. Possivelmente, além da diferença de idade, também contribuiu para esse efeito certa rigidez da figura do pai em sua relação com seus filhos, o que fazia com que João se sentisse aliviado por não ter uma convivência tão próxima com ele – e talvez, também, por ter ficado com a "mãe-pouco-afetiva-porém-correta" mais dedicada a ele.

Partindo desse texto de Lacan de 1977/1938, Kaës (2008) vai elaborando o pensamento do autor sobre o tema. O complexo do desmame é aquele que a criança vivencia primeiro: é a experiência da separação, da impossível completude. O complexo fraterno é, antes de tudo, o complexo do intruso, forma arcaica do outro, cujo destino evolutivo é tornar-se um rival. O complexo do intruso descreve o momento no qual o ego se constitui ao mesmo tempo que o Outro no drama do ciúme. Ele sucede o estágio do espelho caracterizado, em sua primeira definição, pela busca de similitude postural que induz na criança a percepção da atividade do outro. Resulta daí uma participação fusional nessa atividade, na qual a criança não se distingue da imagem do outro.

Kaës aponta quatro componentes que, segundo ele, constituem, para Lacan, o princípio do complexo fraterno: 1) a identificação com o semelhante fundada no sentimento do outro imaginário; nesse objeto, confundem-se duas relações afetivas, uma de amor e outra de identificação; 2) a agressividade consecutiva a essa identificação com o irmão; ela é, ao mesmo tempo, sofrida e praticada; 3) a ambiguidade especular da estrutura do ego narcísico; o ego é formado no estágio do espelho de cuja imagem ele não se distingue e que o aliena primordialmente; e 4) o drama do ciúme, que se especifica como constituição correlativa e simultânea do ego e do outro.

Para Kaës, portanto, Lacan considera o ciúme infantil em termos de "identificação mental", fundada num "sentimento do outro imaginário", consequência da experiência da intrusão. A criança diferencia, por meio de suas frustrações, seus próprios motivos dos motivos do outro, permitindo a passagem da confusão especular ao pleno reconhecimento do outro em sua realidade, isto é, na medida em que ele constitui obstáculo à realização dos desejos do sujeito.

Kaës mostra como Lacan toma aqui uma posição diferente de Freud, pois, em seu pensamento, a agressividade nasce da identifi-

312   A INTERSUBJETIVIDADE

cação narcísica alienante, de que "o ego é um outro". A identificação com esse outro o designa como agente e objeto da agressividade. Um segundo efeito notável da identificação narcísica é constituir o irmão como imago ou duplo, com sua bivalência de ideal e de perseguidor.

Kaës indica que a forma como Lacan apresenta o triângulo pré--edípico contribui para a compreensão das rivalidades primordiais. O triângulo pré-edípico designa a relação mãe-bebê-falo, representando o falo para o filho, imaginariamente, o objeto fantasmático do desejo da mãe. O filho identifica-se com esse objeto, sendo a mãe a portadora de sua primeira memória de castração (oral, anal) à medida que seu investimento sexual enquanto "ser o falo" o expõe à experiência fundamental de ser excitado/seduzido na coexcitação materna e de ser privado do gozo pela recusa que a mãe lhe opõe. O pai está presente em seu campo psíquico pela referência metafórica introduzida pela mãe, mas ele não é percebido nem constituído pelo filho como o rival portador do pênis e como o interditador. O rival é o objeto parcial concorrente da criança, como um irmãozinho ou o próprio pai. O irmão ou a irmã podem tomar seu lugar sem que tenhamos de nos defrontar com um verdadeiro deslocamento do complexo de Édipo. Dessa forma, os objetos, as imagos e as questões da rivalidade, das identificações e dos interditos não são os mesmos no triângulo pré-edipiano nem no triângulo edipiano.

Cabe aqui mencionar, sucintamente, os posicionamentos de Melanie Klein sobre os conceitos de inveja, ciúme, voracidade e gratidão, sempre lembrando, no entanto, que suas teorizações foram construídas tendo em vista a relação do bebê com o seio materno, não se dirigindo, portanto, especificamente para a questão da relação fraterna. Vejamos como Kaës os apresenta.

Ele assinala que, em Melanie Klein (1968/1957), a inveja é uma manifestação sádico-oral e sádico-anal das pulsões destrutivas, que intervém desde o início da vida e tem uma base constitucional. Kaës (2008) aponta, também, que Klein distingue a inveja do ciúme e da voracidade. A inveja seria o sentimento de cólera sentido pelo sujeito quando ele crê que um outro possui algo desejável e dele usufrui. O impulso invejoso tende a desejar apoderar-se desse objeto ou danificá-lo. A fórmula genérica é a de querer possuir o que o outro possui, para ser o que ele é. A destruição do objeto é, portanto, também uma destruição do outro. O ciúme funda-se sobre a inveja, mas implica a triangulação. O sentimento ciumento refere-se ao amor que um ou uma rival roubou, ou poderia roubar do sujeito que considera esse amor como algo que lhe é devido. Aqui, a crença maior é de perder o que se possui. A fórmula genérica do ciúme é diferente da fórmula da inveja: trata-se de ter e não mais de ser, ter o que o outro tem, ou seja, o amor do objeto. O ciúme está para além da inveja. A voracidade seria a marca de um desejo imperioso e insaciável, sempre insatisfeito e que vai além daquilo de que o sujeito tem necessidade e além do que o objeto pode dar. A voracidade se sustenta por um fantasma de esvaziamento, de esgotamento do seio materno; seu objetivo é uma introjeção destrutiva, sendo a destrutividade ou o estrago um traço comum à inveja primitiva e à voracidade. Enquanto os ataques sádico-orais e sádico-anais contra o seio e os conteúdos do ventre maternos predominam, a experiência do bom objeto e seu gozo não podem estabelecer-se e dar acesso à experiência da gratidão, isto é, da capacidade de amar, de ser generoso e criativo.

Voltando a Kaës (2008), este observa que, tanto para Freud como para Klein, o ciúme e a inveja estão associados à rivalidade com o pai e estreitamente relacionados com as características da primeira relação exclusiva com a mãe, sendo, portanto, fenômenos essencialmente inscritos no complexo de Édipo. As relações imaginárias com os outros membros da família, e especialmente

314 A INTERSUBJETIVIDADE

com irmãos e irmãs, são tratadas sobre a base do complexo nuclear, descartando, portanto, a especificidade do complexo fraterno.

"Atritos infinitos na conjugalidade"

Refletindo sobre as considerações de Lacan (e Kaës) sobre os primórdios da relação fraterna, como esses fenômenos da ambiguidade especular primitiva deixarão seus rastros na vida amorosa adulta? Quanto do que aqui está sendo chamado de "atritos infinitos na conjugalidade" não terá seus fundamentos na herança dessa ambiguidade especular primordial da relação fraterna para cada parceiro?

Vejamos uma situação clínica simples:

Ele, irmão mais velho de uma irmã 11 meses mais nova e sempre mais gordinha do que devia, dirigindo-se à companheira: "Acho que você não se alimenta corretamente, por isso não emagrece!".

Ela, muito surpreendida: "Mas como, se eu estou e sempre fui magra; só que adoro esta mousse *de chocolate, deixe-me curti-la em paz! Irritada, ela levanta-se da mesa e vai comer sua mousse sozinha em frente à televisão".*

Nele, a idealização e a identificação primitiva com a irmã, sua protegida desde sempre, entram em choque com o sobrepeso desta e, inconscientemente, ele confunde mulher e irmã, a partir do objeto *mousse* de chocolate. Como se pode constatar, trata-se, nesse caso, de restos ainda indiferenciados da ambiguidade especular com a irmã, transferidos para a mulher, contra todas as evidências da situação presente. Fenômenos como esse podem se repetir ao infinito na relação conjugal, na maioria das vezes de forma complexa e totalmente inconsciente, dificultando sua elucidação e contribuindo para o afastamento amoroso do par. Naturalmente, o que cada parceiro transferirá de seu "complexo fraterno" para a relação conjugal dependerá da importância que este teve em sua infância e adolescência, bem como de suas características específicas.

Num movimento oposto ao exemplo anteriormente citado, sentimentos ternos e erotizados, vividos no passado com uma irmã ou irmão, podem ser transferidos para a situação amorosa adulta.

Os destinos das pulsões destrutivas fraternas

Kaës (2008) pergunta-se: como derivam, transformam-se e pacificam-se as pulsões destruidoras implicadas na violência e no ódio fraterno? Diversas possibilidades se abrem como saídas para esses movimentos.

Kaës observa como, em Freud, o amor na fratria é uma formação reativa aos movimentos hostis suscitados pelo nascimento de uma irmã ou de um irmão. A hostilidade e o ciúme não têm outra saída senão a repressão ou sua superação pela ternura homossexual. Essa ternura é a do irmão pelo irmão, da irmã pela irmã. Kaës aponta que, quando Freud diz que é o ciúme que leva ao amor fraterno, ele não diz nada sobre a consistência desse amor, nem sobre a ambivalência que o confronta com o ódio. Nota-se em suas postulações, diz Kaës, que não se trata de ternura mútua entre irmão e irmã, mas de um laço que evoca imediatamente a suspeita do desejo do incesto e de sua consumação, o que, acrescenta, algumas vezes bem pode ser o caso.

316 A INTERSUBJETIVIDADE

Kaës passa, então, a fazer uma diferenciação entre o fantasma de incesto, o fenômeno incestual e a consumação do incesto. Sobre este último, ele sugere que, quando ocorre, está essencialmente fundado numa perturbação do laço fraterno, pois a psicanálise, na maioria das vezes, trata apenas das manifestações patológicas do amor, atravessadas que são por perturbações nas formas da sedução, da paixão, da loucura, do incestual e do incesto. Importa, no entanto, diferenciar entre o fantasma ou o sonho de incesto, o incestual e, de outro lado, a consumação do incesto. Os sonhos e os fantasmas do incesto são universais, são partes constituintes do complexo fraterno; o incestual corresponde a uma organização psíquica sob o primado da relação de sedução narcísica; o incesto consumado é um ato cujo sentido e valor de transgressão dependem de fatores estruturais que organizam o laço fraterno no seio da família. Ele acrescenta que o desejo de incesto fraterno é um poderoso vetor das pulsões libidinais, da erótica e, em certos casos, do amor fraterno. Ele é universal e tem sua consistência própria.

Mais adiante, ele agrega que o fantasma do incesto fraterno se impõe como um componente do complexo fraterno, como uma figura de desejo pelo duplo e como uma modalidade sexual de sua realização. Os fantasmas do incesto entre irmãos e irmãs, ou entre irmãos, ou entre irmãs, fazem surgir a questão da sexualidade no cerne desse complexo, especialmente na adolescência.

Nesse sentido, podemos supor, como de fato a clínica evidencia, que as marcas eróticas oriundas das relações fraternas podem ser tão significativas quanto as marcas rivalitárias e ciumentas, tanto na escolha amorosa quanto no desenrolar do vínculo.

Como se pode constatar, Kaës (2008) propõe um posicionamento muito mais nuançado a respeito dos destinos das pulsões destruidoras implicadas na relação fraterna, apontando as diversas possibilidades que se abrem como alternativas. Aponta que a experiência da formação correlativa do ego e da alteridade é um dos principais resultados da superação da inveja. Associados ao ciúme e à rivalidade, a curiosidade e o desejo de saber são também superações da inveja. O nascimento do outro fraterno obriga a tomar conhecimento da origem da vida e da atividade sexual dos pais, levando a criança a construir ou a reelaborar suas primeiras teorias sexuais infantis. Ela é confrontada com a necessidade de reconhecer o desejo do outro, o da mãe pelo pai, o da mãe e do pai por um outro semelhante. A transformação dos sentimentos de rivalidade em um amor pelo objeto anteriormente odiado e a virada do ódio em ternura homossexual produzem-se no movimento de identificação com o irmão que se torna, então, o objeto eletivo das exigências homossexuais da libido. As identificações secundárias com o pai sustentam a aliança simbólica com os irmãos contra o retorno das pulsões parricidas ou contra a deflexão dessas pulsões sobre eles mesmos. A gratidão é a memória ativa das boas coisas recebidas e das pessoas de quem elas provêm e implica o reconhecimento de um outro. Ela não está reservada somente à mãe ou aos pais. Ainda que não seja expressa tão frequentemente, também é sentida em relação ao irmão ou à irmã. A gratidão fraterna é a da camaradagem que mantém irmãos e irmãs em suas explorações deles mesmos como semelhantes e diferentes.

E ele se posiciona:

> *Penso que o amor entre irmãos e irmãs não se reduz a uma formação reativa, a uma inversão do ódio e do ciúme, que ele não é somente a reversão do ódio em ternura homossexual. Pode-se opor a essa concepção, casualmente justa, todas as nuances do amor: não somente a ternura, mas também a confiança, a conivência, o apoio, a*

318 A INTERSUBJETIVIDADE

> *solidariedade, mais ainda a gratidão, a camaradagem, a*
> *atenção para com o outro e o dom de si; por outro lado,*
> *também, todos os excessos do amor: a paixão, o incesto, as*
> *perversões, a afinidade com a morte. O tempo desse amor*
> *pode ser precoce ou tardio, breve ou durável, pode ter sido*
> *precedido ou seguido de ódio, marcado pela ambivalência*
> *habitual, ou ter sido isento dele, ou quase. (p. 119)*

Ele faz, a esse respeito, uma importante observação ao apontar como a teoria pode induzir um possível viés na escuta. Pode ocorrer, diz ele, que nossa escuta seja obnubilada por uma teorização normativa sobre a impossibilidade do amor no complexo fraterno, como a concepção clássica o estabeleceu, e tal posição deve ser repensada.

Nesse ponto, Kaës levanta uma questão relevante para a clínica de casal e família, que é o papel dos pais no encaminhamento das relações na fratria. Diz ele:

> *Há análises em que predominam não o ciúme e a rivali-*
> *dade, mas os sentimentos amorosos pelo irmão ou a irmã,*
> *sem que esses sentimentos sejam formações reativas, mas*
> *antes o efeito de uma segurança suficiente do filho ou da*
> *filha diante da vinda do recém-nascido. Neste caso, o pa-*
> *pel dos pais está longe de ser negligenciável. (p. 119)*

Vale aqui relembrar uma indicação de Lacan, mencionada neste trabalho, e muitas vezes confirmada na clínica. Lacan (2001) afirma: "o sintoma da criança está no lugar de responder ao que há de sintomático na estrutura familiar" (p. 373).

SONIA THORSTENSEN 319

Voltando a Kaës (2008), este enfatiza, portanto, a importância de se compreender, nas associações dos pacientes, o que eles apreenderam do que os pais disseram e comunicaram de seu desejo em relação a seus filhos, o apoio que trouxeram ao reconhecimento de suas diferenças e de sua singularidade, as identificações do ego ao semelhante que eles sustentaram em seus filhos, o contrato narcísico no qual eles os inscreveram. Todas essas dimensões encaminham o complexo fraterno para uma direção em que a experiência do amor é possível. A solidariedade entre irmãos e irmãs nutre-se disso; mesmo que ela se exerça contra os pais, mesmo que ela instigue a rivalidade fraterna, ela também é uma manifestação do amor no complexo fraterno.

Esse posicionamento de Kaës sobre as diversas possibilidades do amor fraterno, ao lado da hostilidade, da rivalidade, do ciúme e da inveja, leva à suposição de que ele pode surgir mesmo em situações aparentemente mais desbalanceadas no que se refere ao depósito narcísico dos pais nos filhos, como foi o caso de João e seu irmão mais velho. Tomar conhecimento desse posicionamento de Kaës facilitou-me uma compreensão alternativa do que estava em jogo na "cerimônia" que João apresentava diante de Teresa. De início, "obnubilada pela teoria normativa" sobre a prevalência e permanência dos sentimentos hostis entre irmãos, deixei de "ouvir" algo que se passava sutilmente na transferência, desde o início do processo. Pois foi na transferência com a analista/mãe e na validação por parte desta dos anseios de intimidade amorosa com Teresa que a questão se encaminhou do lado dele. A validação da analista foi "escutada" por João como uma confirmação de que ele "merecia" sim, ser amado sexualmente por Teresa. Não se tratava, pois, de uma falha constituída na relação com o irmão admirado por todos, embora esse aspecto terá tido seu peso, mas de uma falha de confirmação narcísica pela mãe "muito correta", mas pouco afetiva no trato com cada um de seus dois filhos. Como aproximar-se sexualmente de Teresa, de uma forma mais decisiva, se o olhar de sua primeira mulher, a mãe, não o marcou com um erotismo materno suficiente, não o confirmando como um homenzinho desejável? Sem dúvida, a relação com o pai também é parte dessa problemática, como vimos anteriormente.

Como podemos constatar, e como sempre ocorre na conjugalidade, trata-se de um verdadeiro "complexo familiar" do lado de João, que deverá imbricar-se com o "complexo familiar" aportado por Teresa ao vínculo, ao que se deve acrescentar a sobreposição do novo complexo a ser criado entre o casal com a vinda dos filhos.

O complexo fraterno em Kaës

Pensar em complexo fraterno, propõe Kaës (2008), implica pensar em conflitos. Se no complexo de Édipo a conflitualidade se organiza sobre os movimentos antagônicos de amor e de ódio pelos pais, segundo modalidades distintas para o menino e para a menina, no complexo fraterno ela designa uma organização fundamental dos desejos amorosos, narcísicos e objetais, do ódio e da agressividade diante desse outro perante o qual o sujeito se reconhece como irmão ou como irmã. No complexo fraterno pré-edipiano, a conflitualidade se organiza segundo os polos antagônicos dos triângulos rivalitário e pré-edipiano, nos quais prevalecem as figuras do intruso e do concorrente de mesma geração. Na forma arcaica do complexo fraterno, a conflitualidade toma a forma radical do antagonismo entre a vida e a morte, entre a autoconservação e a afirmação narcísico-fálica, de um lado, e a destruição dos objetos parciais, do outro.

Kaës faz uma distinção entre imago fraterna e laço fraterno. Imago, para ele, é um elemento da estrutura do complexo. São esquemas imaginários adquiridos e relativamente estáveis, por meio dos quais o sujeito representa objetos ou personagens internalizados e por meio dos quais ele estabelece laços com os outros. Algumas imagos são organizadas segundo as estruturas arcaicas da psique; outras, segundo estruturas mais diferenciadas. Existem, portanto, imagos fraternas arcaicas e imagos fraternas diferenciadas.

Já o laço fraterno inscreve-se num outro nível de análise. Ele coloca em jogo as relações entre os diversos complexos dos irmãos e irmãs quando estão em relação. Em suas pesquisas, o autor preocupou-se sobretudo em compreender como o complexo fraterno é um dos organizadores psíquicos inconscientes do laço fraterno, tanto no sentido estrito como no sentido amplo do termo. Como todo laço, esse integra também as relações entre os fantasmas, as imagos, as relações com objetos, as identificações e os mecanismos de defesa dos sujeitos que estabelecem entre si um laço. Da mesma forma, implica as diversas modalidades de alianças, conscientes e inconscientes, que mantêm unido o espaço da realidade psíquica do laço.

Se o complexo se funda, por um lado, nos laços interpessoais constituídos na história infantil, o complexo não se confunde com esses laços. Do ponto de vista psíquico, os laços fraternos são organizados pelo complexo fraterno. Evita-se assim, diz ele, a confusão entre o registro dos laços sociais e o da realidade psíquica.

A concepção estrutural do complexo, em Kaës, inscreve-se numa organização intrapsíquica triangular, na qual cada elemento se define pela relação privilegiada que mantém com cada um dos outros elementos e pela relação da qual ele é excluído. Kaës sublinha, portanto, que é necessário levar em consideração o negativo, ou a não relação, como uma dimensão do complexo e a maneira pela qual ela é representada no complexo. Em termos de sua consistência psíquica, o complexo é constituído por fantasmas de desejo, investimentos pulsionais, modelos de objeto e de relações de objetos, identificações e imagos, mecanismos de defesa etc.

Segundo o autor, essa definição concorda tanto com o conceito do complexo de Édipo como com o de complexo fraterno. Neste último, designa uma organização intrapsíquica triangular dos desejos amorosos, narcísicos e objetais do ódio e da agressividade em relação a esse outro no qual um sujeito se reconhece como irmão ou irmã. Seu fantasma surge sob várias versões: entre elas, o fantasma incestuoso é um componente insistente do complexo fraterno, porque o duplo bissexual interno é objeto de um desejo universal. *Todos os seres humanos são trabalhados pelo fantasma do incesto fraterno, assim como eles o são pelo fantasma do incesto parental.* Se é provável que o fantasma do incesto fraterno se organize em relação ao objeto do desejo da mãe ou do pai, ele tem, no entanto, sua consistência própria na escolha do irmão ou irmã como co-realizador desse fantasma.

Kaës propõe que o complexo de Édipo pode ser representado como o eixo vertical da estruturação da psique: suas diferentes formas que fazem variar o amor e o ódio pelos pais, especialmente pelo do mesmo sexo, ligam conjuntamente a sexualidade e a geratividade, diferença de sexos e de gerações. Esse complexo, que direciona o sujeito para seu devenir humano singular, mergulha também suas raízes nas relações intergeracionais, ao lado das heranças e das obscuridades originais.

Já o complexo fraterno é o eixo horizontal dessa estruturação. Também ele mantém, nas diversas formas, o amor e o ódio, mas, desta vez, pelo semelhante contemporâneo: aquele outro, o intruso, que se tornará até mesmo familiar e diferente, e com o qual se viverão experiências distintas daquelas que geram as relações com os pais.

Esses dois eixos se cruzam, combatem, incitam um ao outro; às vezes se lançam bruscamente um sobre o outro, mas nenhum pode existir em plenitude sem o outro.

Kaës aponta, também, como o deslocamento do complexo fraterno dos pais para seus filhos, por exemplo, a idealização da fratria dos pais, projetada sobre a dos filhos, não é uma exceção, mas uma configuração bem frequente.

De toda forma, o destino do complexo fraterno deve ser assinalado na formação do sujeito, de seus objetos e de suas identificações, na constituição dos conflitos psicossexuais da infância e da adolescência, nas singularidades da neurose infantil e, especialmente, em suas implicações narcisistas, homossexuais e bissexuais e na escolha do objeto amoroso.

Para Kaës, portanto, o que deve ser sustentado no conceito de complexo fraterno é sua complexidade, pois a concentração das abordagens clássicas na problemática da rivalidade, do ciúme e da inveja exclui suas outras dimensões. Assim, por exemplo, embora Freud e Lacan tenham chamado a atenção para a bivalência do duplo enquanto figura do ideal e do perseguidor, Kaës aponta que a clínica evidencia outros tipos de figuras do duplo. Vejamos como ele os apresenta.

- *O duplo narcísico especular*, irmão ou irmã, é a forma perfeita de si mesmo, o ideal sublime e genial que representa em espelho um irmão (ou irmã) para o outro. O duplo é a figura por excelência do narcisismo originário. As identificações especulares por inclusão recíproca têm como específico o fato de que o que acontece a um acontece também ao outro, como se eles tivessem, naquele momento, um mesmo espaço psíquico, um mesmo corpo para dois. O gêmeo imaginário e a gemelidade seriam como paradigmas da fraternidade perfeita. O gêmeo real é uma figura da especularidade narcísica encarnada.

No caso de João, podemos supor que, embora seu irmão mais velho pudesse ter sido, em sua primeira infância, seu "ideal sublime e genial", dadas as suas habilidades atléticas valorizadas pelos pais, o fato de o pai ter feito uma identificação muito forte com seu primogênito (com características que analisaremos a seguir com Kancyper) e de ser muito rígido e pouco amoroso, e considerando também a diferença maior de idade entre os irmãos, o resultado parece ter sido que, após alguns anos de idealização do irmão, houve certo afastamento, por parte de João, da dupla pai-primogênito.

- *O duplo e a homossexualidade fraterna*. A homossexualidade narcísica originária, presente em cada um, mantém, ao mesmo tempo, a relação com o duplo primordial e o sentimento da inquietante estranheza na relação com esse duplo. Sobre o fundo do narcisismo especular e do investimento homossexual da libido, os principais processos engajados nessa relação com o irmão duplo são as identificações com uma forma similar, a reunião de si consigo mesmo ou a coincidência como realização da forma do Um, a utilização do outro semelhante como dublê, delegado ou depositário de uma parte de si mesmo.

- *O duplo como figura da inquietante estranheza*. A figura do duplo está associada à experiência da inquietante estranheza, na medida em que o duplo corresponde a uma identificação ainda instável entre o ego e o objeto. Ela sobrevive nas diferentes formas do superego, como duplo cruel ou como duplo autocrítico.

- *O duplo obtido por incorporação de um outro em si mesmo ou por desligamento e clivagem de uma parte de si mesmo.* O duplo obtido por incorporação de um outro em si mesmo é a versão negativa, perseguidora, do duplo narcísico especular. Pode ser o resultado de um luto não cumprido ou de um ódio. O duplo formado por clivagem corresponde à salvaguarda de uma parte de si mesmo que poderia deteriorar-se ou perder-se. Ou serve de objeto de deflexão das pulsões destruidoras visando à mãe, para preservá-la.

- *O duplo como companheiro imaginário.* A existência do companheiro imaginário é, na maioria das vezes, secreta e invisível. É algumas vezes um irmão ou uma irmã inventados por ocasião da experiência do abandono ou da separação da mãe (nascimento de um bebê), ou ele ressuscita um filho morto que permaneceu inominado. Suas funções e seus estatutos podem ser, portanto, muito diversificados: duplo narcísico, duplo de objeto interno perdido, substituto da mãe, função defensiva contra a rivalidade, rivalidade com a mãe quando o companheiro imaginário é concebido como um filho. Pode ocorrer que a invenção de um companheiro imaginário seja sustentada pelo desejo de ter um filho único, a fim de preservá-lo dos sofrimentos da inveja e da rivalidade que eles mesmos sofrem ou para concentrar seus sonhos de desejos irrealizados. Pode, também, cumprir as funções de consolador ou ser uma figura do ideal ou da perseguição.

O duplo como substituição do objeto perdido: o filho de substituição. A forma geralmente tomada por essa variante do duplo por incorporação de um outro em si mesmo está associada à figura daquele que retorna e suscita o sentimento da inquietante estranheza. A situação se reveste de um grau suplementar de complexidade quando o filho substituto é, para um dos pais, e às vezes para os dois, a substituição de um irmão ou de uma irmã mortos na infância deles. O filho de substituição cumpre, portanto, as funções de duplo narcísico, de representantes de partes de si mesmo enlutadas, ou de substitutos de filhos mortos, cujo luto não pôde ser assimilado pelos pais.

Podemos observar que todas essas possibilidades do duplo apontadas por Kaës nas relações fraternas nos indicam que, para existirem como descritas, é necessário que a diferença de idade entre os irmãos seja bem pequena, permitindo, então, que o fenômeno da ambiguidade especular ocorra. A maior diferença de idade entre os irmãos já direciona para o que Lacan apontou como "identificações paternas, mais ricas e mais densas", como ocorreu com Teresa e seu irmão, e que veremos mais abaixo.

Kaës também aponta para a relação entre a bissexualidade psíquica e o duplo no complexo fraterno. Para ele, a questão da bissexualidade não se situa no mesmo plano que a do duplo, existindo, no entanto, uma zona de correspondência entre o duplo narcísico e o duplo bissexuado. A questão da bissexualidade psíquica inscreve-se, fundamentalmente, na da diferença dos sexos. Tem, portanto, ligação com a castração e com a renúncia ao prazer com o outro sexo, estando assim no centro do acesso ao princípio da realidade. Ela é, antes de tudo, um fantasma, em seguida uma identificação e, algumas vezes, uma reivindicação.

Kaës cita Anzieu (1973), para quem

> *a bissexualidade psíquica não deriva da bissexualidade biológica: essa explicação é da ordem das teorias sexuais infantis. A bissexualidade resulta de identificações ao mesmo tempo masculinas e femininas, isto é, de um processo puramente psíquico: lá estará a explicação propriamente psicanalítica. (p. 189)*

Para Kaës (2008), a bissexualidade psíquica inscreve-se na textura dos desejos que ligam as gerações umas às outras. Ele cita Green (1973), que coloca o acento sobre o desejo parental no destino da sexualidade infantil, particularmente no poderoso papel indutor do fantasma materno. A atribuição pelos pais de um sexo ao filho é uma marca psíquica que se forma depois de sua percepção do corpo do filho como forma sexuada, forma que deve ser confirmada ou anulada por eles ulteriormente. Os próprios pais estarão presos num conflito relativo à bissexualidade psíquica.

Kaës menciona que todos os autores consultados por ele retomam a proposição de Freud, de que o fantasma bissexual é uma defesa do narcisismo contra a angústia de castração, diante dos desejos homossexuais e heterossexuais interditados.

Continua citando Green (1973), para quem

> *as identificações paternas e maternas, governadas pelo complexo de castração, obedecem a uma lei de circulação das trocas: o complexo de castração não é operatório, senão quando ele adquiriu o sentido do sexo ao qual pertence o filho; ele não é contemporâneo da descoberta da diferença dos sexos, mas do momento em que esta toma*

> *um significado organizador. Sua superação depende dos estágios anteriores que são reinterpretados no* après-coup *como precursores da castração (perda do seio e desmame, dom das fezes e controle esfincteriano). É necessário que os estágios pré-edipianos não sejam por demais conflitualizados para que o complexo de castração seja elaborado.* (pp. 251-262)

Kaës (2008) resume apontando um triplo valor ligado ao fantasma da bissexualidade: o valor nostálgico da unidade desfeita; o valor defensivo contra a angústia de castração; e o valor reparador da aflição de ser uma metade apenas da coisa sexual.

A escolha amorosa e o complexo fraterno

Kaës aponta que, na teoria freudiana, a escolha do objeto amoroso aparece sempre articulada à relação com os pais e com as diversas formas do complexo de Édipo. É assim nos "Três ensaios sobre a teoria da sexualidade" (1955t/1905a), em "Considerações sobre a vida amorosa" (1955c/1910) e depois em "Introdução ao narcisismo" (1955j/1914). Neste último, Freud distingue entre dois tipos de escolha de objeto amoroso: segundo o tipo narcísico e segundo o modelo de apoio, como vimos anteriormente. Buscamos, então, no outro, a mulher maternal e nutriz ou o homem protetor. A oposição entre esses dois tipos de escolha mostra que os laços que unem dois parceiros amorosos são libidinais e narcísicos em proporções variáveis. Em muitos casos, diz Kaës, a escolha de objeto de amor não é apenas narcísica, nem somente por apoio, é uma condensação dessas duas modalidades. E conclui que se deve dar uma atenção particular ao complexo fraterno e a seus efeitos na escolha do objeto amoroso.

Kaës, no entanto, não explora essas possibilidades, e sabemos que seu objeto de estudo não é o casal nem a família. Pensemos, no entanto, na relação entre Teresa e seu irmão, bem como na possível implicação desta no desenrolar de sua convivência com João. Quando seu irmão nasceu, Teresa já tinha dez anos, e ela relata como se dedicava a cuidar dele especialmente porque, nesse momento da vida familiar, sua mãe trabalhava muito para sustentar a família, ficando boa parte do tempo fora de casa. Entre Teresa e seu irmão, desenvolveu-se uma ligação muito estreita, do tipo materno-filial, e uma sólida aliança na culpa, na pena e na solidariedade para com a mãe e o decorrente esforço de ambos para não sobrecarregá-la com mais problemas. Essa aliança em torno da "mãe sofredora" perdurou ao longo de suas vidas e caracterizava-se por uma sintonia muito grande entre os irmãos, ocupando Teresa o papel de liderança sobre o que devia ser feito pela mãe, seguida pela complacência permanente do irmão com suas indicações.

Em sua relação com João, Teresa tentava repetir o mesmo modelo de liderança de sua relação com o irmão, ao que João respondia com uma resistência passiva, porém constante. Para Teresa, a cumplicidade de João nas suas atenções para com sua "mãe sofredora" era algo que não poderia ser questionado. João, para agradá-la, até procurava acompanhá-la nesse esforço, mas, na expectativa, bem clara, de uma "recompensa amorosa" por parte de Teresa, o que, de fato, não ocorria. Na primeira fase do atendimento, tratou-se desse desencontro, Teresa tentando encontrar em João seu irmão conivente com suas diretrizes, e este buscando comportar-se em casa de uma forma mais "masculina", como vira seu pai fazer em sua infância e adolescência. O desejo de João era reproduzir em seu casamento o tipo de relação que seu pai tinha com sua mãe, referenciando-se no Édipo, portanto, e não no fraterno, como ocorria com Teresa.

Além da tentativa de transferência de determinados tipos de relação fraterna para a relação conjugal, temos também que considerar, conforme já dito, como as marcações eróticas constituídas nas relações fraternas primitivas e na adolescência organizam-se no erotismo adulto e estão, portanto, implicadas nos processos de escolha amorosa e sua vivência posterior.

Vimos como Kaës menciona que todos os seres humanos são trabalhados pelos sonhos e fantasmas do incesto fraterno, da mesma forma como o são pelo fantasma do incesto parental, o que faz surgir a questão da sexualidade no próprio cerne da questão fraterna. Ele acrescenta que o desejo de incesto fraterno é um poderoso vetor das pulsões libidinais e eróticas. Não há, pois, como deixar de considerar sua influência na vida amorosa posterior. Podemos supor, portanto, que as marcas eróticas das vivências fraternas, tanto as mais primitivas como as da infância e da adolescência, poderão ter seu significado, ao lado das marcas edípicas, na constituição do erotismo adulto.

O grupo fraterno e os pais

Vimos anteriormente como Kaës propõe que "o papel dos pais está longe de ser negligenciável" quando há uma predominância não da inveja e da rivalidade entre os irmãos, mas de sentimentos amorosos, sem que estes sejam formações reativas, e sim o efeito de uma segurança suficiente passada para cada filho, de seu lugar na família.

Na escuta clínica de João, surgia um paradoxo: de um lado, a descrição de uma organização fraterna que parecia evidenciar certo desequilíbrio na distribuição, entre os dois irmãos, dos traços valorizados pela família, especialmente pelo pai. Esse fato poderia levar a crer que João seria bastante prejudicado em sua autoestima. No entanto, não era o que a escuta revelava. João relatava brigas na infância, mas as considerava normais e nem se lembrava muito delas. Relatava, também, as brincadeiras com os moleques na rua e como se sentia protegido por estar acompanhado do irmão mais velho nessas aventuras fora de casa. O que, sim, ele lembrava bem era que, em algum momento, seu irmão começou a evidenciar suas aptidões esportivas e que, a partir daí, a vida dele mudou completamente, ocasionando caminhos distintos para os dois.

Penso que aí encontra seu significado a expressão curiosa de João referindo-se à mãe: "Minha mãe foi uma mãe correta, mas não foi uma mãe amorosa", isto é, podemos pensar uma mãe justa na distribuição de seus cuidados e suas atenções e, como disse Kaës anteriormente, reconhecendo as diferenças e singularidades de cada filho. Ela cuidou pessoalmente para que João estivesse sempre fazendo algum esporte, "para o bem de sua saúde", mesmo diante da onipresença do esporte na vida do irmão mais velho. Sua falta de expressividade amorosa ocorria perante seus dois filhos e era por eles comentada: "Minha mãe é muito alemã" dizia João, no que era confirmado por Teresa, que não se conformava com a pouca afetividade da sogra com aqueles que eram seus únicos netos.

Se não se podia afirmar que houvesse entre os irmãos propriamente uma amizade intensa, havia, no entanto, uma solidariedade da parte de João para com o irmão, diante das dificuldades que este encontrava atualmente para deslanchar sua vida, depois que a prática esportiva deixou de ser o eixo em torno do qual essa vida se organizara. João fazia conjecturas sobre qual caminho ele deveria tomar. "Por que não fazer administração como eu fiz para, então, formar uma família?", perguntava-se ele.

Como se pode constatar, "o papel dos pais não é negligenciável" nessas situações. Vejamos como Kaës o apresenta.

Segundo Kaës (2008), se a especificidade do grupo fraterno deve ser examinada como tal, ela deve também ser considerada em sua relação com o casal dos pais, pois a rivalidade fraterna desenvolve-se com soluções variáveis, conforme a maneira como são estabelecidas as relações com a mãe e o grupo dos irmãos e irmãs. Como vimos, o grupo fraterno se organiza no cruzamento de dois eixos. O eixo vertical é constituído pela relação com o casal parental, do qual, cada um e juntos, os irmãos e irmãs procedem por engendramento ou adoção, ou por uma nova composição da família. O eixo horizontal é formado pela geração paritária, quer suas relações sejam de consanguinidade, de adoção ou de recomposição familiar. O primeiro eixo ordena-se às modalidades do complexo de Édipo – o dos pais e o dos filhos – e devemos considerá-los juntos; o segundo é o das modalidades do complexo fraterno. Esses dois eixos devem ser diferenciados, porque permitem situar o grupo dos irmãos e irmãs como uma entidade psíquica específica, mas sempre, no entanto, relativa ao casal parental.

Considerando a relação do complexo fraterno com a realidade psíquica do grupo dos irmãos e irmãs, Kaës propõe examinar o laço fraterno sob o ângulo da intersubjetividade: irmãos e irmãs são sujeitos do inconsciente em suas relações mútuas e em suas relações com cada um de seus pais e com o casal que eles formam. Nessa medida, teremos que explorar que fantasmas, que identificações e que relações de objeto, que imagos e que modalidades do complexo constituem a realidade psíquica do grupo dos irmãos e irmãs e a consistência dos laços entre eles. Importa sublinhar que propor a hipótese da realidade psíquica do grupo fraterno não significa reduzi-la ao conjunto dos laços entre os membros da fratria. Teremos, portanto, que compreender como essa realidade se forma, como ela se constitui em relação à realidade do casal parental e à realidade da família em seu conjunto. Também será preciso evitar o risco que consiste em reduzir o conjunto dos filhos de uma família a um grupo coerente, unificado, no qual a singularidade de cada um desapareceria.

Vejamos agora como Kaës descreve a tessitura das identificações que ocorrem, tanto intrapsiquicamente em cada sujeito como interpsiquicamente em seus entrecruzamentos na família ou no casal.

As identificações cruzadas

A realidade psíquica no conjunto irmãos-irmãs depende do entrelaçamento de seus fantasmas, que destina o irmão e a irmã a situações de objetos correlativos e regula seus investimentos pulsionais. Essa destinação é o resultado de processos que pertencem em partes desiguais ao desejo dos pais (ou de um deles) e ao desejo dos irmãos e irmãs. Mas essas situações fantasmáticas mais ou menos ajustadas entre si não bastam nem para compor a realidade psíquica da fratria nem para dar consistência aos laços fraternos. Reconhecer-se irmão ou irmã supõe identificar-se como membro desse conjunto, e essa identificação é resultante de vários processos identificatórios imbricados.

Vejamos como Kaës os descreve:

- Uns procedem do investimento do desejo dos pais sobre seus filhos, de seus discursos sobre eles e da maneira pela qual eles os identificam entre si como irmãos ou irmãs. Essa identificação os inscreve nas representações imaginárias do romance da família, nos termos do contrato narcísico e das alianças simbólicas. Irmãos e irmãs têm em comum um laço de geração; eles estão ligados por uma herança partilhada. Por outro lado, deve-se levar em consideração a parte da ri-

334 A INTERSUBJETIVIDADE

validade induzida pelos próprios pais na fratria e a violência das rupturas que ela pode provocar no laço fraterno.

- Outro processo de identificação, correlativo ao primeiro, é a identificação dos pais pelos irmãos e irmãs: tornar-se irmão ou irmã é constituir os pais como tal, especialmente o lugar do primeiro nascido, cuja chegada constitui o grupo familiar e transforma o casal em pais. Daí a importância de seu investimento imaginário e simbólico, tanto para os pais como para os irmãos e irmãs que virão, mas também para ele próprio. Em consequência, o laço fraterno que a chegada do segundo filho vem constituir deve ser referido ao seu lugar no desejo dos pais e ao efeito desse desejo sobre o primogênito e sobre sua mudança de lugar de filho único até então.

  Esse poder da fratria de constituir os pais lhe dá o estatuto de uma entidade terceira que situa o casal parental entre duas gerações: a que o precede e a que o segue. Isso equivale a dizer que a fraternidade mantém, com o reconhecimento da diferença das gerações e da diferença dos sexos, a possibilidade de a história operar e se transmitir como consequência do interdito do incesto.

  Esse segundo processo identificatório está associado à eficácia das referências identificatórias simbólicas, transmitidas pela nominação; elas inscrevem o filho numa linhagem e num conjunto sincrônico. Contudo, a única garantia dessa inscrição será a saída do complexo de Édipo, e seu declínio supõe a renúncia dos pais e dos filhos a fazer prevalecer exclusivamente as referências identificatórias imaginárias.

- O terceiro processo identificatório consiste nas diversas modalidades da identificação do irmão a seu semelhante, o que implica o drama do ciúme, a inversão do ódio em amor, como indicado por Lacan. Uma consequência da identificação ao irmão/à irmã é o fundamento que ela traz ao reconhecimento da diferença das gerações. Estamos aqui no cerne do complexo fraterno.

E Kaës conclui propondo uma articulação entre o complexo de Édipo e o complexo fraterno.

Relação entre complexo fraterno e complexo de Édipo

Vimos anteriormente como Kaës propõe que o complexo de Édipo pode representar-se como o eixo vertical da estruturação da psique, e o complexo fraterno, como o eixo horizontal dessa estruturação. Dessa forma, o autor (2008) propõe que o complexo de Édipo e o complexo fraterno são complementares, que um não existe sem o outro, e que as qualidades fundamentais de um complexo, em primeiro lugar sua estrutura triangular, desenvolvem-se em variações que provavelmente encontram correspondências e ressonâncias no outro complexo. É nesse sentido que se pode compreender a permanência e as variações constantes do amor sexual, do narcisismo e do ódio nos dois complexos. Esse deslocamento é o que liga os dois complexos em sua estrutura fundamental e comum, mas também diferente. Diz Kaës: "podemos manter... que o complexo fraterno predomina em sua forma arcaica onde o complexo de Édipo tropeça em assegurar a superação das relações com o duplo narcísico e o acesso a uma identidade sexuada" (p. 217).

Para Kaës, portanto, o complexo fraterno comporta duas formas que podem opor-se: a forma arcaica, aquela que mantém com o irmão ou a irmã relações que apresentam, essencialmente, a consistência psíquica de um objeto parcial, apêndice do corpo materno imaginário ou de seu próprio corpo imaginário. Ao complexo fraterno arcaico pertencem as fixações às *imagos* e às figuras do duplo narcísico, da homossexualidade e da bissexualidade. A outra forma inscreve-se num triângulo rivalitário, pré-edipiano ou edipiano, cujos destinos referem-se à mãe pré-genital no triângulo rivalitário pré-edipiano, ou à relação simbólica que estrutura simultaneamente as relações de diferença e de complementaridade entre os sexos e as gerações. Ao complexo fraterno edipianizado pertence o reconhecimento da alteridade e da articulação vital do parental e do fraterno. Nesse sentido, o Édipo é um fator de transformação do complexo fraterno arcaico.

Sobre as variações desse complexo, articulam-se também experiências e sentimentos diferentes daqueles inspirados pelos pais. É na fratria que se fazem e se instalam as experiências da aceitação do outro, da justiça, da partilha e do amor, da mutualidade e da solidariedade, para além do ciúme, mas pela incessante superação do ciúme e do ódio.

O complexo fraterno lança mão de outra posição do objeto, outra relação de rivalidade e de identificação que não é a do complexo de Édipo e finalmente de outras exigências de trabalho psíquico. O cumprimento edipiano do complexo fraterno exige um duplo movimento das identificações: a identificação ao semelhante da mesma geração, proveniente da mesma origem real, imaginária ou simbólica: é o componente narcísico da identificação; e a identificação com pai/mãe do mesmo sexo que preserva, ao mesmo tempo, o componente bissexual das identificações com o pai e a mãe.

Portanto, o outro fraterno não é idêntico ao outro parental; eles não se situam da mesma maneira na relação de geração. O irmão e a irmã não procedem do irmão e da irmã. Enquanto o complexo de Édipo tem por suporte o incesto e o parricídio/matricídio, e por afeto a angústia da castração, o complexo fraterno esbarra com o fratricídio e a angústia do desmame e do abandono.

O autor conclui apontando que o complexo fraterno, o triângulo pré-edipiano e o triângulo rivalitário não estão inteiramente ultrapassados no declínio do complexo de Édipo. Ele se modifica na morte dos pais e se reativa no nascimento dos seus próprios filhos e em todas as grandes transformações da vida que nos colocam em contato com o infantil. Ele se reestrutura de tempos em tempos.

Vejamos agora outro autor que estudou a relação do pai com o filho primogênito, tão marcante na família de João, para em seguida tentar compreender como ele se organizou diante dela, ou melhor, como dela se excluiu.

Kancyper e a aliança do pai com o primogênito

Kancyper (2002), assim como os autores anteriormente citados, sinaliza o papel fundamental da experiência fraterna nos destinos do sujeito. Diz ele:

> *Não resta dúvida de que a etiologia relativa à formação de uma neurose é altamente complexa... constata-se a importância nodal que exerce o complexo fraterno, tanto por sua própria envergadura estrutural como também por sua articulação com as dinâmicas narcisista e edípica na estruturação e desestruturação das realidades intra-subjetiva, intersubjetiva e transubjetiva. (p. 10)*

Por outro lado, coincidindo com Kaës, ele não considera a rivalidade fraterna a única expressão da relação entre irmãos:

> *Não elevo o protesto fraterno à categoria de único fator que determina uma tipologia fixa, mas sim como um acontecimento de singular importância, junto a outros fatores convergentes, já que todo acontecimento está sobredeterminado e demonstra ser o resultado de várias causas determinantes. (p. 28)*

Refletindo sobre a aliança do pai com o filho primogênito, Kancyper aponta que, em algumas situações, pode haver o que ele chamou de uma "trapaça narcisista", constituída pela dimensão intersubjetiva do contrato narcisista parentofilial, no qual ambos os consignatários atendem ao mandato de serem o inquestionável "sua majestade, o bebê". O abandono dessa crença inconsciente desperta, no primeiro momento, desilusão, dor e violência pelo não cumprimento de um contrato pretérito, por meio do qual o primogênito tinha sido erigido como o natural e único herdeiro e beneficiário do patrimônio parental. Segue-se a esse momento uma desidealização gradual, tanto do lado do filho como do pai.

Acrescenta que a clínica psicanalítica revela e corrobora que, com notória frequência, costuma ser o irmão mais novo aquele que tenta descobrir, conquistar e cultivar os novos territórios. O mais velho costuma assumir-se como epígono da geração precedente, suportando o ambivalente peso de atuar como o continuador e defensor que sela a imortalidade de seus predecessores.

Nesse sentido, o filho mais velho pode ser identificado, a partir do projeto identificatório parental, como o destinado a ocupar o lugar da prolongação e da fusão com a identidade do pai. Essa identificação é imediata, direta e especular, podendo, ao mesmo tempo, ser reforçada pelo próprio filho mais velho, interceptando, dessa forma, ao filho menor, o acesso identificatório com as figuras parentais. Evidencia-se no mais velho um receio quanto a ser questionado seu lugar exclusivo como único e privilegiado herdeiro perante os subsequentes irmãos usurpadores, gerando-se, em um grande número de casos, a "divisão do troféu familiar". O mais velho encontra-se programado como aquele que vem ao mundo para deter as feridas narcisistas do pai e para completá-lo e, o mais novo, para nivelar a homeostase do sistema narcisista materno.

Na situação clínica relatada, a fusão do pai, severo e exigente com o filho mais velho, induz em João um movimento de exclusão protetora diante dessa díade, refugiando-se parcialmente na mãe "correta, mas pouco afetiva", porém suficientemente boa, e abrindo-se para o social, para os amigos de vizinhança e, em seguida, para os estudos, como forma de sair para o mundo e logo formar sua própria família.

Muitas vezes, acrescenta Kancyper, o irmão mais novo exige um percurso identificatório mais complicado para a aquisição de sua identidade sexual porque, por um lado, permanece excluído de um disponível lugar identificatório com os progenitores, circuito já ocupado e vigiado pelo outro, podendo chegar, por meio de um desvio, à busca de novas alternativas exogâmicas e afastadas o máximo possível do território da economia libidinal familiar, na qual o irmão mais velho permanece investido como o legítimo herdeiro, ou o reconhecido duplo, por meio da progenitura.

No que se refere aos aspectos exogâmicos, sem dúvida João os trilhou para bem longe de seu núcleo familiar. Veio estudar e trabalhar em São Paulo, aqui se casou e constituiu família, em oposição ao irmão mais velho, ainda inseguro quanto à escolha

340 A INTERSUBJETIVIDADE

profissional e, talvez, segundo o irmão, devido à sua beleza física, ainda perdido no assédio feminino e incapaz de constituir uma vida amorosa estável.

Kancyper aponta como com o primogênito estabelece-se, preferentemente, um contrato narcisista no qual prevalecem fantasias de fusão e de especularidade, marcadas pela ambivalência entre a mortalidade e a imortalidade. O primogênito é o primeiro herdeiro que anuncia tanto a morte como, por meio de si próprio, a imortalidade de seu progenitor, e suporta uma maior ambivalência e rivalidade por parte deste. O pai pode negá-lo por meio da formação reativa do controle e dos cuidados excessivos sobre o filho, chegando ao extremo de estruturar entre ambos uma simbiose pai-filho. Nessa simbiose, alienam-se numa recíproca captura imaginária. Ambos tendem a encontrar um no outro uma parte de si mesmo, e entre ambos se constitui uma relação singular, que envolve os participantes e gera ao mesmo tempo efeitos alienantes sobre cada um. Essa relação Kancyper chamou de centáurea, na qual o pai representa a cabeça de um ser fabuloso e o filho, o corpo que o continua, completando-o.

Para o autor, as frequentes identificações narcisistas que costumam recair sobre o primogênito têm um aspecto defensivo para a economia libidinal do pai. Servem para sufocar um amplo leque de afetos que envolvem, além das angústias e dos sentimentos de culpa inconscientes e conscientes, outra série de efeitos hostis, como ódio, ciúmes, ressentimento e inveja ante a presença do primeiro filho, que chega como intruso e rival para provocar sua exclusão e gerar uma desarticulação na regulação libidinal do casal.

Além disso, o estabelecimento das relações de objeto narcisistas parentofiliais desmente a diferença entre as gerações e paralisa o ato da confrontação geracional. Dessa forma, o pai tende a perpetuarse na hegemonia do exercício de um poder atemporal sobre o filho e recusa-se a confirmá-lo como seu sucessor e natural herdeiro, aquele que finalmente chegará a suplantá-lo.

Dessa forma, o primogênito é investido como o primeiro suporte do ideal narcisista de onipotência e imortalidade do pai. Recai como um privilégio sobre ele o ego ideal de outro indivíduo por meio das identificações primárias. Kancyper cita Lacan (1966 e 1953-1954), para quem o ego ideal constitui uma formação essencialmente narcisista, que tem sua origem na fase do espelho e que pertence ao registro do imaginário.

O pai procura recuperar, por meio do primogênito, o estado chamado de onipotência do narcisismo infantil. Ele o investe como seu duplo especular, ideal e imortal. Ao primogênito são atribuídas identificações preestabelecidas, prontas para usar, enquanto sobre o segundo filho costumam recair idealizações menos diretas e maciças e identificações menos precisas e mais próximas do ideal do ego do que ao ego ideal parental.

A diferença entre essas duas formações intrapsíquicas é fecunda para salientar a gênese e a função paradoxal do narcisismo parental e seus efeitos sobre as dinâmicas edípica e fraterna.

Kancyper também cita Hanly (1983), para quem

> *O ego ideal conota um estado de ser já alcançado, enquanto o ideal do ego conota um estado de porvir, que é preciso alcançar. Designa uma capacidade ainda não realizada: é a ideia de uma perfeição pela qual o ego deve esforçar-se. O ego ideal é a ideia do ego como digno de ser amado em si mesmo, enquanto o ideal do ego é a ideia do ego como digno de ser amado pelo que procura ser. (p. 192)*

342 A INTERSUBJETIVIDADE

Voltando a Kancyper (2002), este aponta como essa diferença entre o ego ideal e o ideal do ego, distribuídos entre os irmãos, promove diferentes posicionamentos dos filhos em relação às responsabilidades que assumem na transmissão e perpetuação da tradição intergeracional.

Podemos constatar como, de fato, assim se deu entre esse pai e seus dois filhos; o mais velho tendo ficado aprisionado como o duplo atlético, do pai atlético, e incapaz de, a partir daí, encontrar os caminhos para ser si próprio, enquanto João, liberado dessa função, pôde ir tocando sua vida com certa liberdade, estabelecendo para si próprio objetivos condizentes com um ideal de ego mais equilibrado.

Resta a questão de como ficou a figura do pai para João. Se é verdade que sua mãe "correta" soube encaminhar adequadamente a castração, seu pai exigente e distante parecia lhe trazer alívio justamente por estar longe dele. Estaria esse fato também envolvido no sintoma da "cerimônia" diante de Teresa? Afinal, como se elaborou nele o que Lacan (1995/1956-1957) apontou como o "tornar-se alguém, já com seus títulos de propriedade no bolso, com a coisa guardada e, quando chegar o momento... ele terá seu pênis prontinho junto com seu certificado: Aí está papai que no momento certo o conferiu a mim" (p. 176)?

Sabemos, por outro lado, o quanto o modelo da relação parental influencia a constituição da vida amorosa adulta e, nesse sentido, João não fez segredo de que ele queria para si o que assistiu ocorrer entre seus pais. Houve a identificação com o pai, portanto. E o fato é que, nas sessões, apareciam os indícios de que João era um pai presente e afetuoso, talvez na tentativa de inverter a atitude do pai para com ele. E também se pode entender, por aí, porque João se intimidava quando, ao tentar colocar algum limite na invasão de sua vida amorosa pelos filhos, Teresa o acusava de falta de amor por eles.

Kancyper fala, em seguida, sobre o que ele chama de protesto fraterno, e que vimos anteriormente com os nomes de hostilidade, inveja e agressão fraternas. No protesto fraterno, diz ele, um dos irmãos manifesta uma agressão franca e uma rejeição indignada para com o outro irmão que, segundo ele, sustenta um lugar favorecido e injusto. Não oculta sua hostilidade porque, desde a lógica de seu narcisismo, a presença do outro é vivida como a de um rival e intruso que atenta contra a legitimidade de seus direitos.

Nos protestos fraternos, circula uma ampla gama de afetos, fantasias e poderes hostis, não apenas do irmão mais velho para com o mais moço, já que este também acumula, no tesouro mnêmico de seus afetos, uma intensa rivalidade perante o primogênito, originada pela relação de domínio entre eles durante o período infantil e pelos sentimentos de culpa suscitados a partir dos pactos secretos que cada filho estabelece com uma ou com ambas as figuras parentais. De fato, cada irmão, desde seu diferente lugar na ordem de nascimento, carrega diversos protestos fraternos.

Concluindo, para Kancyper, o complexo fraterno é um conjunto organizado de desejos hostis e amorosos que a criança experimenta em relação a seus irmãos. Nele, podem-se diferenciar quatro funções:

- *Substitutiva:* apresenta-se como uma alternativa para substituir e compensar o fracasso nas funções parentais. Pode também funcionar tanto como função elaborativa do complexo de Édipo e do narcisismo como também como função defensiva contra angústia e sentimentos hostis relacionados aos progenitores, mas deslocados para os irmãos.

344 A INTERSUBJETIVIDADE

- *Defensiva:* manifesta-se quando o complexo fraterno encobre situações conflitivas edípicas e/ou narcisistas não resolvidas. Em muitos casos, serve para evitar e desmentir o confronto entre gerações, assim como para obturar as angústias. Com frequência os pais provocam falsos enlaces entre os complexos paterno, materno e parental com o complexo fraterno e promovem, ao mesmo tempo, competições hostis entre os filhos. "Dividem para reinar", interceptando entre os irmãos a possibilidade de construir laços fraternos solidários, os quais permitiriam estabelecer-se entre eles um poder horizontal que contrastasse e confrontasse o abuso do poder vertical exercido pelos pais na dinâmica familiar.

- *Elaborativa:* o complexo fraterno exerce uma função elaborativa fundamental na vida psíquica, não só por sua própria envergadura estrutural, mas também porque colabora no incessante trabalho de elaboração e superação dos remanescentes normais e patológicos do narcisismo e da dinâmica edípica que se apresentam ao longo de toda a vida. Assim como o complexo de Édipo impõe limites à ilusão de onipotência do narcisismo, também o complexo fraterno participa na tramitação e desligamento do poder vertical detido pelas figuras edípicas, estabelecendo outro limite às crenças narcisistas.

  Entretanto, o sujeito que permanece fixado em traumas fraternos não consegue uma adequada superação da conflitiva edípica e permanece em uma atormentada rivalidade com seus semelhantes, que pode cristalizar-se na repetição tanática daqueles que "fracassam ao triunfar". Nessa conduta, além de atuarem as culpas edípicas não elaboradas, também participam culpas fraternas e narcisistas com suas correspondentes necessidades de castigo consciente ou inconsciente.

- *Estruturante:* o complexo fraterno tem um papel estruturante e um caráter fundador na organização da vida anímica do indivíduo, dos povos e da cultura. Participa na estruturação das dimensões intrassubjetiva, intersubjetiva e transubjetiva por meio dos influxos que exerce na gênese e manutenção dos processos identificatórios no ego e nos grupos, na constituição do superego e do ideal do ego, bem como na escolha do objeto de amor.

Kancyper termina seu artigo com uma observação relevante para o tema desta pesquisa. Ele comenta que, em "Introdução ao narcisismo", Freud (1955j/1914) desenvolve um sucinto panorama dos caminhos para a escolha de objeto. Assinala duas possíveis formas de amar: uma do tipo narcisista e outra conforme o modo de apoio, mas não inclui o irmão ou a irmã como um outro e semelhante que conta na vida anímica do indivíduo.

Consideremos agora algumas especificidades da clínica psicanalítica de casais. Antes, porém, vejamos como Spivacow apresenta suas proposições a respeito da noção de intersubjetividade em Kaës.

5. Algumas reflexões sobre a clínica psicanalítica de casais: um diálogo com Spivacow

"Trata-se de ter uma captação dos dois sujeitos individualmente considerados, assim também como de seu vínculo."

"Tanto o intra como o inter são produtos psíquicos e, portanto, intrapsíquicos."

"Nos extratos mais profundos do psiquismo, as duas dimensões não se diferenciam e fundem suas raízes uma na outra."

Spivacow

O papel dos espaços intra e interpsíquicos na prática clínica com casais: Kaës e Spivacow

Como já mencionado, as proposições de Kaës nos colocam diante de dois níveis de articulação. Entre a psicanálise individual e a de grupo, como apresentada por ele, e entre seu trabalho com grupos e a psicanálise de casal e família, tornando-se necessária, portanto, uma reflexão posterior sobre como esse segundo nível pode ser feito. Apresentarei agora algumas reflexões a respeito desse segundo nível de articulação.

Vamos retomar brevemente o cerne do pensamento de Kaës (2010/2007), construído que foi a partir de suas pesquisas com grupos:

> *Por ser simultaneamente servidor, beneficiário e herdeiro dessa corrente [a intersubjetividade], o sujeito "individual", aquele que se singulariza em cada um de nós, constrói-se, de fato, nos vínculos e nas alianças em que se forma, nos conjuntos de que é parte constituída e parte constituinte: a família, os grupos, as instituições. Esse sujeito, enquanto sujeito do vínculo, é um sujeito "singular plural" e é nesse duplo sentido que ele é o sujeito do inconsciente. (p. 157)*

Como vimos no Capítulo 4, Kaës postula uma consistência própria à realidade psíquica do vínculo. Dessa forma, ao propor as duas possibilidades de se considerar o vínculo – ou seja: a) considerá-lo a partir de cada sujeito isoladamente, mas do ponto de vista de que suas relações de objeto e suas identificações são efeitos do vínculo, ou b) admitir que a realidade psíquica nos vínculos adquire uma consistência específica de formações e de processos próprios –, ele indica a segunda possibilidade.

Vejamos agora como Spivacow, partindo da clínica psicanalítica de casais, apresenta a questão da intersubjetividade.

Spivacow (2011), psicanalista argentino, tem se ocupado com as questões conceituais da articulação entre a psicanálise, o pensamento de Kaës e a clínica psicanalítica de casais.

Para ele, a condução de uma intervenção psicanalítica com um casal requer a realização de diferentes avaliações, referentes a âmbitos diversos do psiquismo: os funcionamentos intrassubjetivos, os intersubjetivos e a articulação entre ambos. "Trata-se de ter uma captação dos dois sujeitos individualmente considerados, assim também como de seu vínculo" (p. 61).

Quando Spivacow fala em ter uma captação dos dois sujeitos individualmente considerados, assim também como de seu vínculo, está apontando para o fato de que os processos de subjetivação de cada sujeito, as transmissões geracionais do qual é herdeiro e suas expectativas individuais a longo prazo são ineludíveis na clínica de casal e que, portanto, não há como não considerar que a partir das histórias, representações, significações e ressignificações que são aportadas para a relação e que entram em conflito com as de seu companheiro é que se dá boa parte do trabalho clínico.

Temos aqui, portanto, um posicionamento teórico diante da clínica de casal bastante mais nuançado, no qual não há um protagonismo preponderante dos efeitos intersubjetivos de um cônjuge no outro, como uma leitura mais apressada de Kaës pode dar a entender, mas sim um esforço de captação "dos dois sujeitos individualmente considerados, assim também como de seu vínculo". Como vimos anteriormente com Mezan (2014), cada matriz clínica conduz a um viés específico na construção conceitual.

Kaës (2010/2007) enfatiza constantemente em sua obra que a preocupação central de suas investigações é como o sujeito do inconsciente, em uma parte decisiva, é formado pelo grupo. Ele monta seus grupos de pesquisa justamente para captar o papel do grupo no psiquismo individual e no próprio funcionamento do grupo. Ou seja, sua atenção está voltada para o processo de subjetivação, para o tornar-se *eu* num conjunto intersubjetivo. No entanto, sua ênfase na intersubjetividade, tema central de suas pesquisas, se transposto de modo direto para a clínica de casal e família, pode levar a uma diminuição da importância dos aspectos intrapsíquicos em jogo nessa situação.

Spivacow, por sua vez, atende casais em conflito, uma matriz clínica decisivamente diferente da de Kaës. Para ele, por um lado, a consideração da relação amorosa como um vínculo implica, sim, que os funcionamentos psíquicos não estão determinados somente pelos psiquismos individuais, mas, também, pelos intercâmbios e condicionamentos recíprocos conscientes e não conscientes entre os parceiros, de tal modo que a relação, do ponto de vista psíquico, constitui um a mais não totalmente explicável pelas individualidades em jogo. Ele aponta que o casal não é somente a soma de dois sujeitos, mas torna-se fundamental considerar aquilo que reciprocamente ativam ou desativam um no outro e/ou produzem juntos. O "entre" os dois.

No entanto, por outro lado, se o vínculo tem seu protagonismo na vida do casal, deve-se cuidar, segundo ele, para não antropomorfizá-lo nem imaginar um terceiro homúnculo que se soma ao casal em algum lugar do psiquismo. Diz ele: "não há uma 'mente de casal', mas um terceiro espaço de determinação psíquica que se soma aos dois psiquismos individuais" (p. 46).

Nesse sentido, para esse autor, o intersubjetivo é, de modo geral, o que produzem dois ou mais sujeitos, enquanto o intrassubjetivo é o que mantém o essencial de seus traços em um indivíduo isolado do outro ou do grupo. "Tanto o intra como o inter são produtos psíquicos e, portanto, intrapsíquicos. Opor o intrapsíquico ao interpessoal induz à confusão na medida em que todo o psíquico é sempre, e por definição, intrapsíquico" (p. 62).

Dessa forma, afirmar a importância da constituição intersubjetiva do sujeito não implica considerar o que é da ordem do intrassubjetivo, ou seja, a estrutura de seu aparato psíquico, como a chamou Freud (1955b/1940), como uma entidade lábil e totalmente à mercê de cada relacionamento amoroso que, porventura, um indivíduo possa vivenciar. Seria como considerar que, por exemplo, um indivíduo que experiencia mais de uma relação conjugal ao longo da vida apresentaria em cada união uma configuração psíquica adaptada àquela união, e diferente da apresentada na união anterior, o que seria, evidentemente, uma impossibilidade do ponto de vista psicanalítico. Nessa mesma linha de pensamento, e levando às suas últimas consequências, o vínculo conjugal se aproximaria mais de uma relação simbiótica e empobrecedora em vez de uma relação entre dois sujeitos do inconsciente. Podemos lembrar, aqui, o que Freud (1957/1915) nos indicou a respeito de o amor ser uma relação de um ego com outro ego, sujeito, portanto, às injunções do princípio de realidade. Uma relação de casal não é, definitivamente, do mesmo tipo das relações que ocorrem nos grupos de pesquisa de Kaës.

Vejamos como Spivacow a apresenta.

Para ele, o psiquismo constitui um sistema aberto, que inclui produtos do exterior, não sendo exclusivo nem totalmente intrapessoal ou intrassubjetivo. Ele propõe a *banda de Moebius* (DYLAN, 1997) como uma maneira de metaforizar a relação complexa entre interior e exterior. Nela, um ponto pode se localizar na face interior ou exterior; porém, ao percorrer a totalidade da banda, desfaz-se essa oposição, e o interior aparece em continuidade com o exterior. Interior e exterior se diferenciam ao mesmo tempo que um se funde ao outro.

Tomar a banda de Moebius como um modelo do psíquico implica que o psiquismo inclui produtos de outros e é aberto. Sendo aberto, nem por isso é grupal ou coletivo. Citando Freud (1957/1915), ele agrega que o psíquico é, no mais alto grau, individual em cada sujeito e, ao mesmo tempo, alguns processamentos psíquicos de uma pessoa incluem um outro ou outros. No psíquico há, portanto, espaços de diferentes permeabilidades ao exterior, tal que em alguns a influência do contexto intersubjetivo tende a ser mínima, e em outros, máxima. Para Spivacow, entre o intersubjetivo e o intrassubjetivo há margens de autonomia e independência.

Pensar que somos sujeitos singulares-plurais enquanto constituição psíquica, como propõe Kaës, não implica, portanto, que na prática clínica devamos dirigir nossa escuta exclusivamente para o funcionamento interpsíquico do casal (para o famoso *entre,* ou para o "homúnculo" de Spivacow), esquecendo-nos que, antes de formarem um casal, aqueles dois indivíduos já estavam constituídos como tais, com suas histórias, suas representações e suas significações. Não podemos funcionar como se o "singular", da expressão "singular-plural" de Kaës não existisse.

O que, sim, deve ser considerado é que, diante de um casal, as interpretações certamente deverão incidir sobre o que um membro do casal, considerado em sua individualidade, causa no outro. Nessa situação, estaremos levando em consideração tanto o intra como o interpsíquico. Como aponta Spivacow, trata-se de ter uma captação dos dois sujeitos individualmente considerados, assim também como de seu vínculo. O que, certamente, torna essa clínica muito mais complexa, tanto em sua concepção teórica como em sua prática.

Vejamos como Spivacow (2011) propõe sua noção de *interdeterminação conjugal.*

A interdeterminação conjugal

Para ele, os funcionamentos psíquicos que se dão em um vínculo dependem tanto das características dos indivíduos como das características do encontro e das interinfluências recíprocas, isto é, a interdeterminação que nele se joga. Numa relação amorosa, tanto mais quanto mais se prolonga no tempo, as características que o intercâmbio vai adquirindo derivam de uma seleção bilateral, em parte consciente, e em parte não consciente, do que é possível e não disruptivo para esse encontro singular. Dessa forma, "essas questões vão se pautando numa relação com a mesma força e estabilidade com que a repressão e os mecanismos de defesa vão pautando, em uma história pessoal, os modos de funcionamento intrassubjetivos" (p. 47).

Essa última frase que alinha a força e a estabilidade dos mecanismos de defesa do aparelho psíquico freudiano à força e à estabilidade dos "mecanismos de defesa" do vínculo, como proposto com a noção de aliança inconsciente defensiva em Kaës (anteriormente exposta), explica a tenacidade da resistência à mudança que pode aparecer em certos vínculos quando essas alianças são necessárias para o equilíbrio da economia psíquica de seus membros, mesmo que, por outro lado, cause sofrimentos ou sintomas. Nesse sentido, qualquer mudança no *status quo* pode ser sentida como extremamente perigosa.

Vejamos um exemplo clínico:

Ele: "Temos nos desentendido mais depois que começamos a vir aqui. Antes quase não brigávamos", diz o marido, que ocupa uma posição dominante, não deixando espaço para a expressão emocional de sua mulher, aliás bastante deprimida.

Ela: "É que antes eu fazia tudo o que você queria para não brigarmos. Agora eu comecei a colocar melhor o que sinto. E você não aceita".

Em casos assim, as intervenções por parte do analista deverão ser cuidadosamente dosadas, evitando que o casal se una defensivamente contra o analista e desista do processo. O casal citado desistiu da análise logo em seguida.

Sabe-se, continua Spivacow, que, por outro lado, alguns conflitos vinculares não podem ser modificados em tratamentos individuais. Ocorre que, nas terapias de casal, as negações mais estruturadas são questionadas pelo outro, que as denuncia e as confronta permanentemente, o que permite chegar a um material clínico diferente, o da interdeterminação, e que pode escapar no trabalho individual.

Exemplo dessa situação aparece nos casos relatados nesta pesquisa, em que a indisponibilidade sexual da mulher só surge como material a ser elucidado por iniciativa do marido, sendo bastante amenizada quando a mulher está em atendimento individual.

Nesse contexto intersubjetivo, diz Spivacow, o investimento de um sujeito no outro é modificado, remodelado pelo investimento do outro no sujeito. Os investimentos não são unidirecionais e descontextualizados. Ele dá um exemplo: em uma mulher que idealiza em seu companheiro o objeto edípico, o investimento se remodelará conforme a resposta do companheiro, confirmatória ou não dessa idealização. Dessa forma, a interdeterminação explica algumas das muitas modificações que sofrem os funcionamentos conscientes e inconscientes dos sujeitos que nele se incluem. Ela abarca tanto as modificações transitórias e circunstanciais pertinentes à vida social como as remodelações de maior profundidade que se produzem no inconsciente. Em síntese, a interdeterminação é um conceito que designa as influências recíprocas que sofrem os investimentos dos integrantes de um vínculo, é o aspecto do funcionamento psíquico em um vínculo em razão do qual não se pode entender o funcionamento de um polo sem levar em conta o funcionamento do outro. Para Spivacow, trata-se da expressão clínica da lógica que Kaës aponta como nuclear em um vínculo: "não um sem o outro!".

Para Spivacow, a interdeterminação é uma propriedade do funcionamento global da trama intersubjetiva, e no interior desta há formações de relativa estabilidade e consolidação, que Kaës (2010/2007) chamou de alianças inconscientes, como vimos anteriormente, e que pautam o funcionamento dessa trama na medida em que organizam as posições dos sujeitos e as interações possíveis.

As alianças inconscientes em Spivacow

De fato, continua Spivacow, os funcionamentos de cada sujeito, quando este se acopla com o outro para levar a cabo os objetivos conscientes que o casal almeja desenvolver, vão definindo como possíveis, permitidos e habituais alguns modos de interação, enquanto outros ficam como impossíveis, proibidos ou erráticos. Dessa forma, vão se estabelecendo na relação as posições subjetivas de cada sujeito, cada posição sustentando a outra, e organiza-se bilateralmente a divisão dos papéis e participações.

As alianças inconscientes são, portanto, diz Spivacow, os investimentos entre os sujeitos que dão conta do nível de ajuste e estabilização no intercâmbio e da relativa homeostase narcisista de cada polo, elemento fundamental no casal. Trata-se de articulações entre os sujeitos, facilitações e inibições inconscientes que configuram o mapa do permitido e do proibido, o facilitado e o obstaculizado no vínculo. Dão conta do que inercialmente ocorre no intercâmbio e constituem, como vimos anteriormente, o correlato intersubjetivo da organização defensiva intrassubjetiva.

Spivacow agrega que a base representacional das alianças é inconsciente, e no consciente elas têm uma representação mais ou menos distorcida. Todas cumprem a função de retirar certas representações do intercâmbio consciente entre os sujeitos, em benefício de suas respectivas homeostases narcisistas.

Ele dá um exemplo:

> *Papai nunca trabalhou e ninguém fala disso, mamãe também não trabalha e ninguém fala disso, mas todos dizemos que papai trabalha muito e nos mantém a todos.*

Com essa argumentação consciente/inconsciente, mescla de sabido/não sabido, não se registra que são todos parasitas de uma estrutura familiar feudal, dado que o registro consciente desse elemento da realidade romperia a homeostase estabelecida na família.

Por isso que se diz que a base representacional das alianças inconscientes é inconsciente, e que no consciente elas têm uma representação mais ou menos distorcida.

Para esse autor, as alianças inconscientes configuram articulações entre os sujeitos e, como ocorre com as articulações em anatomia, decidem as possíveis posições na trama dos membros participantes. Considerando um sujeito a partir dessas formações, ele aparece como a falange de um dedo em relação com outra falange: ambos segmentos anatômicos se determinam reciprocamente nas posições que adotam, e é a articulação como totalidade complexa que decide quais movimentos cabem a cada falange em seu funcionamento com a outra.

A imagem das falanges usada por Spivacow dá uma boa ideia da rigidez que se pode encontrar diante das alianças defensivas do casal, caso em que o "manejo" da situação clínica se requer mais sensível, evitando-se assim o abandono precoce do processo. Por outro lado, essa mesma imagem indica também uma impossibilidade de mudança, como se não houvesse possibilidade dessas alianças defensivas serem modificadas no decorrer da terapia. Afinal, as falanges dos dedos não mudam!

As alianças inconscientes constituem-se como uma produção conjunta dos que integram um contexto intersubjetivo e, com Kaës (2010/2007), Spivacow afirma que elas dão lugar a processos de formação de inconsciente não descritos na obra de Freud. Não se trata meramente da "acomodação" de um indivíduo ao outro, senão que a aliança gera novos e diferentes processos de funcionamento e formação do inconsciente em cada membro do vínculo.

Como veremos logo adiante, temos aí um inconsciente neoformado, no dizer de Spivacow, produto de uma nova relação estável, e que se agrega ao inconsciente "historicamente constituído".

Continuando, Spivacow considera que os investimentos que conformam uma aliança abarcam diferentes extratos do psíquico, desde o que faz laço social e a interação consciente e pré-consciente até o inconsciente. As alianças inconscientes organizam o inconsciente do que une o casal sob a forma de aspirações e intenções conscientes: objetivos familiares, econômicos, filhos, lar, amigos, sexualidade e outros interesses.

Ao mesmo tempo, diz Spivacow, as alianças inconscientes, ao decidir as posições subjetivas, influem na definição do que é inconsciente nos sujeitos que a constituem e implicam, portanto, no intrassubjetivo, nas remodelações e influências na repressão e nos processos defensivos dos participantes da aliança. Reciprocamente, os processos que no intrassubjetivo se configuram como repressões, negações, cisões e outras modalidades do defensivo são a base para as diferentes alianças inconscientes. A correlação recíproca, no entanto, não se verifica ponto por ponto, e o excluído no intersubjetivo não corresponde exatamente com o excluído no intrassubjetivo. Os conteúdos e representações que ficam desalojados do intercâmbio intersubjetivo explícito não são obrigatoriamente desalojados do intrassubjetivo consciente-inconsciente.

Nessa linha, podemos acrescentar que é dessa forma que pode ocorrer um retorno do reprimido em um dos parceiros quando, por exemplo, surge para ele um terceiro que aparece como provedor de aspectos do relacionamento que foram desalojados do vínculo original tendo em vista certos objetivos ou necessidades. Traições masculinas por ocasião do nascimento dos filhos trazem à tona angústias e ressentimentos por ser excluído da dupla mãe-bebê, resquícios de exclusões primordiais, embora, conscientemente, o desejo do filho fosse um consenso do casal.

Voltando a Spivacow, ele conclui que as alianças inconscientes irradiam sobre os processos defensivos intrassubjetivos e os condicionam e vice-versa – as defesas intrassubjetivas irradiam e condicionam as alianças inconscientes no qual o sujeito está incluído. Trata-se, porém, de uma irradiação, não de um condicionamento férreo; entre o intersubjetivo e o intrassubjetivo há, portanto, margens de autonomia e independência.

Aqui também é comum a constatação de que, após uma separação, os ex-cônjuges voltam a recuperar aspectos seus que estavam abafados ou reprimidos na relação anterior. As alianças inconscientes que viabilizaram o vínculo original não apagaram anseios e tendências que preexistiam ao vínculo no indivíduo.

Para se aceder ao intersubjetivo, Spivacow propõe que se focalize o discurso conjunto. Neste, ao contrário da associação livre, a resposta do outro desempenha um papel protagonista, e se abrem transferências que unicamente se expressam em função da resposta do outro. A interação com este põe a descoberto, no discurso conjunto, funcionamentos, induções, negações e cisões que aparecem de modo diferente e/ou podem passar desapercebidos na associação livre. Numa sessão vincular, um membro fala: "Não é assim!", e traz à cena funcionamentos cindidos e/ou desmentidos pelo parceiro. No discurso conjunto, o outro se rebela contra sua colocação como mero objeto interno, dando lugar à aparição de um suceder psíquico diferente no qual se ocultam, ou saem à luz, outros bolsões resistenciais com uma expressão mais ampla do intersubjetivo e da interação com o outro. Voltaremos ao tema do discurso conjunto na segunda parte deste capítulo.

Spivacow enfatiza sempre a importância de, no atendimento ao casal, levar em consideração tanto os dois psiquismos em sua individualidade como sua interação. Dessa forma, ele afirma que, quando se diz que o intersubjetivo desempenha um papel a destacar no funcionamento psíquico, a intenção é sinalizar a participação relevante de um outro exterior, mas de modo algum sugerir que se possa deixar de lado o intrapsíquico na análise do funcionamento em questão. Ao contrário, ambas as dimensões sempre desempenham algum papel no psíquico.

Ele aponta que a distinção entre uma faceta intrassubjetiva e outra intersubjetiva no seio de um funcionamento psíquico não se encontra na obra freudiana e se refere ao modo como funciona um sujeito num vínculo. Dessa forma, na situação de dormir, na fantasia diurna e em alguns estados patológicos, o intersubjetivo tende à sua menor expressão: quando a interdeterminação desaparece, as alianças inconscientes perdem algo de sua investidura, como corresponde ao debilitamento do atual e ao reforçamento dos investimentos do passado inconsciente. Nessa situação, o psiquismo tende a funcionar como um sistema fechado.

Para Spivacow, a diferenciação intra/inter tem seu principal fundamento em problemas na abordagem terapêutica, impasses e impedimentos no processo de mudança psíquica, e configura-se como um par de categorias especialmente válidas para planejar a intervenção psicanalítica. Com o enquadre freudiano, muitas problemáticas são abordáveis; porém não são abordadas com eficácia algumas nas quais o intersubjetivo desempenha um papel principal, como certas problemáticas adolescentes, de crianças, da família e do casal.

Ele acrescenta que, no dispositivo freudiano, aborda-se o sujeito separado de seu contexto e aspira-se que o intersubjetivo se presentifique no espaço terapêutico pela via da transferência com o analista ou com outros personagens. A experiência tem mostrado, no entanto, que muitos funcionamentos intersubjetivos não chegam a se expressar adequadamente no dispositivo freudiano. Nesses casos, o que é da ordem do inter não chega a ter uma evidência transferencial suficiente.

Quando escolher um ou outro tipo de atendimento?

Os autores variam em seus posicionamentos. Uns, tendo em vista a gravidade do sintoma, optam pelo atendimento individual. No entanto, como evidenciam os casos de atendimento de graves sintomas anoréxicos ou bulímicos (Ramos & Fuks, 2015) ou os graves sintomas de incestualidade materna (Racamier, 2010/1995), esses autores muitas vezes optam pelo atendimento familiar.

Penso que essa decisão é tomada tendo em vista, além das peculiaridades do caso, o fato de ser um atendimento em clínica particular ou em instituição, e também a disponibilidade de um profissional com a formação específica em atendimento familiar. Deve-se levar em consideração que o atendimento pode ser iniciado em um formato familiar ou de casal, quando alguns funcionamentos interpessoais são esclarecidos e defesas contra o tratamento são amenizadas e, em seguida, pode-se fazer a indicação para o atendimento individual com outro analista, paralela ou sucessivamente, conforme o caso.

Sobre esse tema, Spivacow apresenta alguma contradição. É enfático em afirmar que o dispositivo individual freudiano é o mais conveniente na maior parte dos casos. Diz ele:

> *A concepção que se apresenta neste texto a respeito do intersubjetivo implica a utilização de dispositivos vinculares em algumas situações clínicas, mas não implica, de nenhuma maneira, que um dispositivo vincular seja, em princípio, mais recomendável que o dispositivo chamado individual. Pelo contrário, na maior parte dos casos que chegam a um consultório psicanalítico, a indicação mais conveniente segue sendo o dispositivo freudiano, sempre e quando a intervenção do analista tenha em conta tanto o intrassubjetivo como o intersubjetivo. (p. 75)*

Por outro lado, também agrega:

> *O que mais interessa sinalizar é que o reconhecimento da intersubjetividade tem consequências fortes na clínica psicanalítica, em especial nos tratamentos com crianças,*

> *adolescentes, pacientes regressivos, problemas de família
> ou de casal. (p. 76)*

Ou seja, num número bastante grande de situações clínicas!

Em outro momento, ele também propõe que a avaliação da fronteira intra-inter apresenta importantes consequências clínicas, podendo, por exemplo, ocorrer que em um tratamento, durante certo tempo, realize-se uma série de sessões num dispositivo diferente do que se vinha utilizando.

Como sempre, a avaliação caso a caso, essência da própria psicanálise, permanece aqui soberana.

Continuando com Spivacow, ele acrescenta que, ainda que historicamente a distinção entre o intra e o inter tenha se originado em questões terapêuticas, atualmente a situação é outra e excede o âmbito limitado do terapêutico. O estudo do psiquismo deve agregar aos conceitos freudianos as ferramentas que permitam teorizar o intersubjetivo com a complexidade que este tem e em suas múltiplas influências, seja ele chamado de alianças inconscientes e interdeterminação, seja por qualquer outra terminologia.

Diferenciar no funcionamento psíquico o que é intrassubjetivo e o que é intersubjetivo é, para ele, uma questão em aberto, e há uma fronteira móvel entre as duas facetas do suceder psíquico. Móvel porque o intrassubjetivo não constitui um fato previsível nem imutável: seu desenrolar depende do que o intersubjetivo ativa. Vice-versa, o intersubjetivo também não é um fato imutável: como o outro me afeta, o que produz em mim, o que nós produzimos; essas induções, por exemplo, dependem muito do intrassubjetivo.

Uma dimensão não existe sem a outra, e as diferenças entre ambas não são absolutas. Diz ele:

> *O intersubjetivo e o intrassubjetivo configuram registros organizadores do complexo e indivisível suceder psíquico, um par de eixos complementares úteis para diferenciar modos do funcionamento psíquico, no estilo de outros eixos organizadores, tais como princípio do prazer/princípio de realidade e princípio do prazer/além do princípio do prazer. (p. 72)*

São duas facetas sem fronteiras nítidas; cada uma recorta uma parcialidade, um melhor entendimento de alguns funcionamentos e um melhor desenho da abordagem clínica. Ele acrescenta:

> *Nos extratos mais profundos do psiquismo, as duas dimensões não se diferenciam e fundem suas raízes uma na outra, assemelhando-se à situação das zonas de torção da banda de Moebius. Quando se procura uma diferenciação clara entre o intra e o intersubjetivo, ignora-se que, ao percorrer a totalidade da banda (o que equivale a desenrolar, em sua amplitude, um funcionamento psíquico), desmancha-se a polaridade interno e externo e o interior aparece em continuidade com o exterior. (p. 73)*

Vejamos agora, brevemente, como Spivacow, seguindo Kaës (2010/2007), apresenta um acréscimo à noção do inconsciente freudiano.

O inconsciente à luz do intersubjetivo em Spivacow

Spivacow propõe que o inconsciente, como o psiquismo em seu conjunto, configura um espaço heterogêneo com funcionamentos abertos e fechados, porém não constitui nunca uma cápsula hermética. No inconsciente, junto com os processamentos que, como Freud descreve, têm tendência à repetição e à retroalimentação autônoma como um sistema fechado, estão os processamentos que são abertos e se produzem em articulação com o outro da atualidade. Coexistem no inconsciente, portanto, diferentes graus de abertura, o que dá origem a diferentes formas de funcionamento.

Seguindo o pensamento de Kaës, Spivacow propõe que o inconsciente é tanto um espaço psíquico interior como exterior, superficial e profundo. Em que sentido o inconsciente é exterior ou interior? Isso porque tanto constitui um produto singular e individual, como proposto por Freud (1957/1915) ao descrever a repressão, mas (e aqui surge uma diferença com ele) é também plural na medida em que inclui produtos psíquicos de outros, não só dos próximos significativos, mas também produtos da cultura, do exterior que o sujeito habita, da linguagem, do que Lacan designa como o Outro.

Nesse sentido, diz o autor:

> as produções do inconsciente surgem, tanto enquanto um capital psíquico preexistente quanto como uma neoprodução, que não registra existência prévia na subjetividade. Nesse caso, trata-se de funcionamentos produzidos por um estímulo atual, produto da interação com outro ou consigo próprio. O inconsciente, portanto, é tanto revelado como neoproduzido. (p. 74)

Como Kaës apresenta suas diferenças com Spivacow?

No prólogo ao livro de Spivacow, Kaës apresenta uma síntese das diferenças e semelhanças entre seu pensamento e o do colega argentino.

Kaës aponta que a psicanálise clássica tem dificuldades para pensar a consistência de um vínculo intersubjetivo de outro modo que não em termos das identificações e das relações de objeto que formaram o espaço intrapsíquico de um dos sujeitos constitutivos de um casal. É o que ocorre quando pensamos o vínculo amoroso somente em termos de eleição de objeto, e não como o que liga os sujeitos num casal em uma aliança inconsciente, em seu espaço comum e compartilhado e em suas diferenças. O vínculo, para Kaës, é a experiência e a lógica do "não um sem o outro e sem o conjunto que formam e os une" (p. 18).

Kaës considera que a ideia de que psiquismo é um sistema aberto está no centro da investigação de Spivacow, posição com a qual ele concorda. No entanto, Kaës também considera que os espaços intersubjetivos são dotados de consistência e de qualidades psíquicas. Situa-se aqui, parece-nos, a diferença fundamental entre o pensamento dos dois.

O ponto de vista de Spivacow, segundo Kaës, centra-se na articulação entre os funcionamentos intrassubjetivos e intersubjetivos. Spivacow diz tratar-se de fazer uma captação dos dois sujeitos individualmente considerados, assim como também do vínculo em questão. Entretanto, continua Kaës, ainda que reconheça o vínculo como uma dimensão própria do casal, ele é considerado por Spivacow a partir do ponto de vista de cada sujeito, enquanto a relação se produz por meio da ligação de um com o outro e se inscreve na psique de ambos. A questão central é, portanto, compreender de que modo participa o outro no funcionamento psíquico de um sujeito. Dessa forma, para Spivacow, o psiquismo do sujeito singular é considerado como "incluindo produtos de pessoas que se colocam no mundo exterior".

Kaës considera, portanto, que o objeto de preocupação de Spivacow é o intrapsíquico, mas que o autor aborda esse espaço com matizes, como quando escreve que no psíquico há espaços de diferentes permeabilidades ao exterior, tal que em alguns a influência do contexto intersubjetivo tende a ser mínima, e em outros, máxima. Aí, diz Kaës, nos encontramos com a problemática dos graus de abertura da psique ao exterior.

Kaës, então, explicita, de modo direto, as diferenças entre seu posicionamento e o de Spivacow. Ele pensa, com Freud (1955g/1921), que existe uma psique específica e, com Bion (1961), que existe uma mentalidade e uma cultura de grupo. Pensa que a psicanálise das configurações vinculares, assim chamada por Bernard (2006), implica três espaços psíquicos: o do sujeito, o dos vínculos entre sujeitos e o do conjunto que estes formam. Acrescenta que os dispositivos utilizados nesse novo *setting* fazem trabalhar as correlações entre esses três espaços, sua continuidade e sua descontinuidade. E aponta também que, embora a metáfora da banda de Moebius, proposta por Spivacow, lhe pareça satisfatória para expressar a continuidade, considera-a inadequada, no entanto, para dar conta da descontinuidade e da heterogeneidade desses três espaços.

Por outro lado, concorda com Spivacow que o psiquismo, por estar aberto a outros psiquismos, não se torna de fato grupal ou coletivo e que, considerado do ponto de vista do sujeito singular, é no mais alto grau individual em sua estrutura pulsional e semântica inconsciente e em seus efeitos, como o sonho, o sintoma, o lapso e a fantasia. Seguindo sua linha teórica, porém, para Kaës não é completamente individual se considerarmos que os espaços do vínculo e do conjunto, nos processos e formações específicas que fabricam, dão forma ao espaço próprio do sujeito até em seus fundamentos no inconsciente. Para ele, o que confere à realidade psíquica sua dimensão especificamente grupal, familiar ou própria de um casal supera a noção de identidade de grupo, de casal ou de família: essa identidade se forma nesses espaços comuns e compartilhados, mas não se reduz a eles. É nas concepções do inconsciente, de suas tópicas, de suas economias e de suas dinâmicas que há material para debate.

O que se pode concluir sobre as proposições desses dois autores, suas concordâncias e diferenças? Como essa dicotomia conceitual entre intra e intersubjetivo afeta o dia a dia da clínica de casais?

Gomel (2014), em artigo recente, e discorrendo sobre a transmissão geracional (os legados inconscientes que uma geração passa para as seguintes) na clínica vincular, apresenta um posicionamento dicotômico, porém inclusivo, diante da questão "mundo interno *versus* intersubjetividade". Ela propõe que o analista de casal e família não deve se fixar numa preponderância de escuta, nem dos fenômenos intrassubjetivos, nem dos vinculares, mas, sim, sustentar a possibilidade de que ambos possam ser decisivos, mesmo que contraditórios, na compreensão do conflito em questão. Levar em conta o intrassubjetivo sem que, no entanto, este seja tomado de uma forma determinista e absoluta, mas apreendê-lo como uma possibilidade, dando chance ao acaso e à produção vincular.

Diz ela:

> *Sigo sustentando que a dramática transgeracional [aquela que recebemos e que passa a constituir nosso mundo in-*

> *terno] é uma ferramenta muito rica para a tarefa clínica, pois permite lançar luz sobre alguns aspectos da produção vincular, [desde que] a partir do reconhecimento de uma margem ineludível de incerteza e questões paradoxais que habitam seu próprio seio. Reconhecimento que evite cair em antinomias e abra espaços para a coexistência de vínculos atuais e passados, suportando a tensão do paradoxo entre as lógicas subjetivas e as coletivas. É preciso não converter a transmissão geracional e a produção vincular em inimigos acérrimos. (p. 120)*

Mais adiante, ela acrescenta:

> *A proposta é colocar o conceito [transmissão geracional, intrapsíquica, portanto] fora do determinismo que levaria a aventurar predições certeiras de efeitos hipotéticos, quase bordejando a ideia de destino. Apreendê-lo com sua carga de incerteza... dar ao acaso um caráter necessário e à produção vincular uma possibilidade de acontecimento. (p. 120)*

A autora propõe a imagem do malabarista que faz girar uma pilha de pratos apoiados em varas delgadas, indo e vindo de uma a outra, atento aos seus movimentos para não deixá-los cair.

> *É uma boa representação da posição de um analista vincular diante de sua caixa de ferramentas teóricas e clínicas, atento à multiplicidade e ao movimento e sem ceder aos cantos de sereia de qualquer teoria erigida em dogma. (p. 120)*

A imagem do malabarista de pratos parece bastante conveniente, pois o movimento dos pratos (fenômenos psíquicos) de uma varinha (compreensão intrapsíquica) a outra (compreensão intersubjetiva) garante uma visão mais inclusiva dos conflitos em questão. Por outro lado, como diz Spivacow, "tanto o intra como o inter são produtos psíquicos e, portanto, intrapsíquicos. Opor o intrapsíquico ao interpessoal induz à confusão na medida em que todo o psíquico é sempre, e por definição, intrapsíquico" (p. 62).

Vejamos num exemplo.

Theo e Giulia procuram ajuda para as brigas bastante agressivas que ocorrem entre eles devido à diferença de opinião quanto à escolha da escola para os dois filhos do casal. Ele quer uma escola tradicional que prepare as crianças para a vida competitiva do mundo "aí fora". Ela quer que os filhos permaneçam na escola "alternativa", segundo ela mais respeitadora das individualidades de cada um. Transparece nesse casal uma óbvia competição pelo poder, acirrada pelos posicionamentos mais machistas de Theo no que se refere ao geral da vida do casal, fazendo com que Giulia reserve para si o controle da vida dos filhos ("a única área em que eu mando"). Temos aí uma vertente de trabalho na intersubjetividade. Por outro lado, surgem os dados de que Giulia estudou nessa escola ("foi o tempo mais feliz da minha vida") e, especialmente, o fato de que seu pai, já falecido, foi muito atuante nela, participando, por meio do conselho de pais, de sua organização e administração. O luto desse pai, falecido há muitos anos, permanece nela em estado de não elaboração, e a escola da infância é, para Giulia, um elo permanente com ele.

Temos aqui a vertente intrassubjetiva de um luto intenso e não resolvido da parte de Giulia. Por outro lado, esse luto não resolvido gera outros conflitos no casal, como a obrigação de encontros muito frequentes com a família de Giulia, também aprisionada no mesmo luto não elaborado. O que era intrassubjetivo em Giulia converte-se em intersubjetivo do casal, ao afetar toda a vida de lazer da família, ao que Theo reage com vigor. Qual vertente "priorizar"? As "brigas" pela escola poderão ser tomadas como o conteúdo manifesto e o luto, como o latente, na direção do qual o analista deveria dirigir sua atenção? Não necessariamente, pois, nesse caso, o processo de elaboração das "brigas" também suscita questões eminentemente intrapsíquicas, como a relação tumultuada dos pais de Theo entre si e a decorrente necessidade deste de ter o controle das situações, escapando assim das angústias de abandono que viveu em sua infância.

Na tentativa de uma visão "formal" da compreensão desse casal, pode-se dizer que o luto de Giulia é um conflito intrapsíquico com agravantes intersubjetivos no casal, embora seja também uma questão intersubjetiva em relação à família de origem de Giulia. E, por seu lado, a necessidade de poder de Theo surge como uma questão intersubjetiva que, ao ser melhor examinada, leva a uma dolorosa vivência de angústia pessoal. Como resolver esse impasse "formal"?

Nesse sentido, os aportes de Spivacow são muito úteis. Analisemos algumas de suas colocações já expostas. Para ele, o intersubjetivo e o intrassubjetivo não são fenômenos opostos, mas configuram registros organizadores do complexo e indivisível suceder psíquico, um par de eixos complementares úteis para diferenciar modos do funcionamento psíquico, no estilo de outros eixos organizadores, como princípio do prazer/princípio de realidade e princípio do prazer/além do princípio do prazer.

Essa perspectiva retira da questão inter-intra sua conotação de dicotomia irreconciliável e a recoloca em seu devido lugar, que, no dizer de Spivacow, é o de configurar registros organizadores do complexo e indivisível suceder psíquico.

A metáfora da banda de Moebius, proposta por ele, elucida a relação complexa entre interior e exterior, pois, nela, um ponto pode se localizar na face interior ou exterior; porém, ao se percorrer a totalidade da banda, desfaz-se essa oposição, e o interior aparece em continuidade com o exterior. Interior e exterior se diferenciam ao mesmo tempo que um se funde ao outro.

Para Spivacow, portanto, o intra e o inter são duas facetas sem fronteiras nítidas; cada uma recorta uma parcialidade, um melhor entendimento de alguns funcionamentos e um melhor desenho da abordagem clínica. É importante, no entanto, assinalar como ele enfatiza que, nos extratos mais profundos do psiquismo, as duas dimensões não se diferenciam e fundem suas raízes uma na outra, assemelhando-se à situação das zonas de torção da banda de Moebius.

Sua conclusão a respeito dessa questão apresenta consequências importantes para a clínica de casal e família e marca um posicionamento diante de sua prática. Diz ele: "todo o psíquico é sempre, e por definição, intrapsíquico" (p. 62).

No caso de Theo e Giulia, a vertente do luto evidencia defesas mais estruturadas; exigirá, portanto, uma aproximação mais cuidadosa e sensível. A competição pelo poder é o material trazido, com bastante carga emocional, em todas as sessões. É aí que a imagem dos pratos pode ajudar. O analista-malabarista vai mudando os pratos de uma varinha para a outra, conforme "a direção dos ventos" na sessão, isto é, na direção de onde o inconsciente emerge, num momento dado.

Refletindo a partir dos fenômenos encontrados no relacionamento conjugal, devemos considerar que somos *singulares-plurais* desde os vínculos mais primitivos, e que estes deixam marcas indeléveis para o resto da vida. Os relacionamentos amorosos da vida adulta terão que se compor com essas marcas que, em sua maioria, serão de difícil alteração. Muito pelo contrário, eles lutarão tenazmente para manter seu protagonismo. Nesse sentido, de forma alguma poderíamos dizer que uma nova relação amorosa teria o poder de anular as marcas mais primordiais. O que de fato se pode afirmar é que a maior parte, senão a totalidade do trabalho clínico com casais, dá-se sobre essa discrepância entre as constituições subjetivas de cada um dos parceiros, mesmo quando, aparentemente, o trabalho clínico ocorra nas formações mais recentes, próprias da relação em questão.

A reflexão sobre a articulação entre os conceitos da psicanálise individual, da psicanálise de grupos e da clínica psicanalítica de casal e família conduz diretamente à necessidade de criação de novos conceitos e práticas adequadas a esse novo *setting*. Passaremos agora a tratar dessas questões, sempre lembrando que, no campo da psicanálise, essa é uma área relativamente nova e em processo de construção.

Algumas considerações sobre os conceitos de associação livre, escuta, transferência, interpretação e compulsão à repetição na clínica psicanalítica de casais

A expansão da técnica psicanalítica para outros *settings* requer, obviamente, uma série de reavaliações conceituais e técnicas tendo em vista o objeto a que se destina. Como seria de se esperar, a reflexão a respeito da clínica psicanalítica de casal e família pressupõe, portanto, avaliações e questionamentos de diversos níveis em relação a algumas noções e conceitos estabelecidos, tanto para a psicanálise individual como para a psicanálise de grupo, para, então, a partir daí, podermos verificar de que forma essas noções e conceitos poderiam ser transpostos para esse novo *setting*. Por exemplo, como poderíamos pensar a proposta da associação livre num atendimento de casal e família? Dizer tudo o que vem à cabeça diante do cônjuge, dos filhos?

Nesse sentido, na psicanálise de casal e família, a associação livre não é solicitada da mesma forma, o que não quer dizer que não ocorram momentos associativos familiares que se assemelham aos que ocorrem nas terapias psicanalíticas de grupo. Temos que levar em consideração que o grupo familiar ou conjugal é composto por pessoas que convivem permanentemente sob o mesmo teto, são parte integrante da mesma rede de parentesco e, especialmente, formam um grupo no qual as interdições endogâmicas estão em permanente processo de constituição. Por esse mesmo motivo, não há como propor "dizer tudo o que vem à cabeça". As associações ocorrem, nessa situação, como um discurso familiar que se constrói em conjunto, porém, sempre permeado pelas interdições que caracterizam a família nas várias fases de seu ciclo vital.

Nessa situação, os discursos produzidos não são, obviamente, nem fruto de uma mente associando livremente em transferência com seu analista, nem mesmo de membros de um grupo transferidos para o analista e para as intertransferências grupais, como já descrito por Kaës, mas, sim, de um grupo familiar ou conjugal não só em transferência com seu analista, mas também em *intertransferências familiares*, isto é, para indivíduos que simbolizam funções de um para com o outro, e ao mesmo tempo que essas funções estão se constituindo.

Dessa forma, o pai transfere aspectos de sua relação com seus pais para a esposa e os filhos; a mãe transfere suas experiências com seus pais para o marido e os filhos; os pais transferem suas experiências originárias de competição fraterna para os filhos, e por aí vai, num encadeamento infinito de possibilidades e que, naturalmente, só serão apontadas pelo analista quando o sintoma surgir no receptador da transferência (no caso de um filho, por exemplo) ou quando o entrelaçamento das transferências intraconjugais redundarem em sofrimento para o casal.

Vale lembrar que, na análise de família, transferências massivas também podem ocorrer, por exemplo, na relação de um pai com seu filho, ficando este, então, aprisionado em suas diretivas. Pode ser necessário trabalhar esses aspectos mais "enquistados" da transferência do pai sobre o filho em situação de terapia de casal, protegendo a criança dos aspectos mortíferos de sua relação com seu pai, sendo depois intercaladas ou retomadas as sessões de família. Da mesma forma, muitas vezes é necessário fazer sessões só com o casal, de modo que aspectos da relação conjugal possam ser abordados sem que os filhos sejam colocados como observadores da cena primária em seus aspectos direta ou indiretamente sexuais. Ao fazer esses movimentos de inclusão-exclusão, o analista está, automaticamente, cumprindo um papel de suporte dos interditos familiares, assim como o faz quando coloca limites na expressão da violência verbal ou física que, eventualmente, possam surgir. Não faria sentido, então, falar em associação livre num processo de família ou casal.

Deve-se acrescentar outro fator que interfere decisivamente no que se poderia chamar de associação livre. Além dos aspectos transferenciais mencionados, e que se desenrolam nas sessões, nestas também estará presente, de fato, o outro real, tanto como sujeito como o outro de uma função a ser cumprida na realidade, que pode ser de pai, de mãe, de filho, de irmão, de marido ou de mulher. Esse outro se rebela diante dos depósitos transferenciais que sobre ele se fazem e aparece em sua realidade existencial, o que por si só já desorganiza os discursos intrapsíquicos de todos os envolvidos. O que se desenrola já não é mais, obviamente, o produto das relações de objetos internos, mas a composição destes com a inexorabilidade da reação do outro, em um discurso que, então, se pauta tanto pela expressão do intrapsíquico como também é, ponto por ponto, pautado pelos sinais que vêm do outro, sinais às vezes tão sutis quanto um erguer de sobrancelhas. Poder-se-ia chamar esse discurso assim constituído de associação livre?

O fato é que, como já dissemos anteriormente, estamos diante de dois níveis de articulação conceitual. Um deles seria entre a psicanálise individual e a de grupo, como proposta nos grupos de Kaës (2011). Vale lembrar que Kaës nunca se ocupou com o atendimento de casais e famílias. Trata-se, portanto, de fazer um segundo nível de articulação, entre, de um lado, o trabalho psicanalítico com grupos, como a complexa proposição teórica construída por ele e, de outro lado, a psicanálise de casal e família.

Spivacow aborda a questão do uso de conceitos psicanalíticos na clínica de casal e propõe mudanças na utilização de alguns termos e conceitos. Ele argumenta que, se a associação livre é a produção de um sujeito que permite o acesso a seus funcionamentos inconscientes, qual seria a produção de um casal que nos permitiria aceder aos funcionamentos intersubjetivos inconscientes? E qual seria a ferramenta adequada para uma intervenção psicanalítica equivalente à interpretação freudiana? Como se organizaria a transferência nesse atendimento? Como se dá a escuta de um casal?

Ele sugere as seguintes mudanças: de análise da associação livre para a análise do discurso conjunto; de interpretação para a intervenção vincular; de transferência para intertransferência conjugal. Vejamos como ele as propõe.

376 ALGUMAS REFLEXÕES SOBRE A CLÍNICA PSICANALÍTICA DE CASAIS

A associação livre e o discurso conjunto

Spivacow propõe o termo *discurso conjunto* para substituir o termo associação livre. Diz ele que, na análise individual, a partir da enunciação da regra fundamental, se produzirá a associação livre, na qual se verificam resistências e facilitações, ambas expressões da repressão que, em graus diferentes, operam em todos os níveis do aparato psíquico e o constitui. A presença do companheiro no atendimento de casal impede a produção de algo semelhante à associação livre, e o autor ainda agrega:

> *Os pacientes ocultam e mentem nas curas individuais... a pergunta que se apresenta é se os enganos, os ocultamentos e as resistências que se produzem na cura individual podem ser incluídos na mesma categoria de fenômenos como mentiras, enganos, ocultamentos e resistências que se produzem nos dispositivos vinculares. (p. 78)*

Dessa forma, no lugar de propor ao casal "fazer associação livre", ele propõe: "de que querem falar?". Diz ele que não lhes transmite nada da ordem da regra fundamental freudiana, e fazê-lo lhe pareceria no mínimo ingênuo.

Se refletirmos um pouco sobre o tema da associação livre na psicanálise de casal, seremos levados a pensar que, pelo contrário, muita coisa não deve ser dita nessa situação. Aspectos muito destrutivos do narcisismo do outro, uma vez verbalizados, como o gênio que sai da garrafa, não poderão mais ser recolhidos. Temos que considerar o paradoxo constituinte da conjugalidade, isto é, o fato de que nela convivem, lado a lado, fenômenos regressivos, próprios do processo primário e do princípio do prazer e adaptações e remanejamentos próprios dos processos secundários e do princípio da realidade. Dessa forma, há na conjugalidade um campo de ilusão a ser preservado, e é justamente nessa corda bamba que o analista deve se equilibrar. É por isso que reiteramos que o analista estará lá não só para pensar os conflitos específicos trazidos por cada casal, mas tendo, também, como pano de fundo, a proposta de fazer Eros circular entre eles ou trabalhar para que circule mais e melhor.

Continuando com Spivacow, ele propõe que, por vezes, o discurso conjunto assemelha-se à associação livre, em momentos que podem ser chamados de "associativos", mas, na maior parte do tempo, a presença do companheiro, justamente com quem se está em conflito, promove ocultamentos, mentiras e manejos, conscientes ou inconscientes. É, portanto, ao discurso conjunto que o clínico refere suas intervenções. Nele, o que é produzido por um dá sentido ao que é produzido pelo outro, de um modo tal que deve ser entendido como uma produção intersubjetiva.

Cabe aqui uma observação sobre a expressão *discurso conjunto* proposta por Spivacow. Ela pode dar a entender que um discurso "linear" de fato ocorra, como ocorre numa sessão individual, e a cuja escuta o analista, em atenção flutuante, dedica-se em busca da sintomatologia que ele encerra. Na realidade, os discursos que ocorrem nos atendimentos de casal ou família são permanentemente entrecortados por apartes, interrupções e gestuais do outro, que podem confundir uma escuta que se quer "linear".

Como propõe Kaës (2010/2007), falando sobre a interdiscursividade, há aí dois níveis intercorrentes: o discurso de cada sujeito e o que formam os de todos em conjunto. As enunciações e os enunciados estão determinados segundo esse duplo eixo. O discurso associativo no grupo se arma de tal forma que cada sujeito entrelaça ou desentrelaça nele suas próprias representações com as dos outros. Daí resulta um modo de funcionamento do processo associativo diferente e mais complexo que o da cura individual.

Talvez se possa usar a expressão "conjunto dos discursos" conjugais ou familiares, englobando aí todas as formas de comunicação que se associam entre si, pois uma das maiores especificidades do discurso conjunto, como Spivacow o propõe, é justamente a importância das manifestações cênicas em oposição à importância da comunicação verbal na análise individual. Nesse sentido, os registros visuais do analista adquirem todo um significado especial, ao lado da escuta. Retomaremos esse tema logo adiante, quando falarmos da escuta polifônica, proposta por Roussillon.

Spivacow fala em superfície do discurso conjunto, isto é, certas formas típicas de comunicação do casal com as quais o analista se encontra em suas primeiras aproximações do discurso conjunto. As posições que cada membro ocupa nesse discurso considerado em sua superfície são infinitas. Entre outras, ele cita as polarizações, as magnificações, as falsas complementaridades, a discordância entre forma e conteúdo, a esterilização da palavra. Nesta última, usa-se a palavra como arma, e não como instrumento para pensar o que subjaz a uma crença de que a relação conjugal equivale à relação com os pais, isto é, não há divórcio em seu horizonte. Poderíamos citar muitos outros exemplos. Ele aponta que existem muitas teorias que oferecem elementos para essa leitura de "superfície", mas que, se trabalhamos numa perspectiva psicanalítica, as formações de superfície são objeto de uma escuta cuja referência principal é o marco teórico da psicanálise.

A análise dessas formas mais superficiais de interação, no entanto, vai levando o trabalho para os diferentes sentidos libidinais do vivido e facilita o encaminhamento para os funcionamentos menos evidentes e inconscientes: as bagagens identificatórias, os conflitos edípicos, os diferentes universos valorativos e semânticos, as formas de identificação e as alianças inconscientes.

Sempre vale lembrar que todo discurso de casal é não só próprio daquele casal, como também libidinal, marcado pelo narcisismo de cada polo e pelo esforço incessante de equilibrar as requisições do princípio de realidade com os anseios primitivos de prazer.

Voltando à questão da associação livre na psicanálise de casal e família, retomemos o que Freud (1957/1915) nos indicou a respeito da função do ego no amor. Freud nos alerta que não é a pulsão sexual que ama seu objeto, mas que devemos "tomar a relação do ego com seu objeto como o caso mais apropriado para utilizar a palavra amor" (p. 138).

Como vimos anteriormente, Spivacow sintetiza esse pensamento de Freud apontando que o amor seria então resultado de um funcionamento complexo do sujeito que envolve protagonicamente o *eu*, a consciência e o princípio da realidade e em cujo núcleo básico palpita a sexualidade e o inconsciente.

Certas proposições de nossa contemporaneidade nos habituaram de tal forma à noção do amor-pulsão que pode soar estranha a formulação de que, no amor, o *eu* é o protagonista. No entanto, trata-se desse *eu* "cauteloso" que, mais frequentemente, aparece na clínica particular de casal e família, dado que, se um casal procura ajuda terapêutica, já é para evitar a ruptura impensada do vínculo ou para evitar uma deteriorização maior da relação com um filho, tratando-se de uma família. Estamos longe do âmbito do "dizer tudo o que lhe passa pela cabeça", próprio da associação livre.

A transferência e as intertransferências conjugais (ou transferências intraconjugais)

Spivacow aponta que, na forma como Freud (1905) propôs, os desejos inconscientes atualizam-se em certos objetos, e a transferência consiste na repetição de protótipos infantis vividos com fortes sentimentos de atualidade. É o terreno sobre o qual se desenvolve a cura psicanalítica, que se caracteriza pela instauração, pelo surgimento das diferentes modalidades de transferência, pela sua interpretação e resolução. A transferência designa o foco no qual se atualiza o desejo inconsciente em sua maior intensidade, constituindo-se como um fenômeno que nunca se pode ignorar na interpretação. A clínica psicanalítica é uma clínica em transferência.

Ele acrescenta, no entanto, que, no atendimento de casais, temos a necessidade do conceito de intertransferência conjugal, isto é, são transferências nas quais um parceiro investe o outro. Por meio delas, eles se modelam e se constituem tanto em virtude do intrassubjetivo do sujeito no qual se origina a transferência como das alianças inconscientes e da interdeterminação que opera nesse vínculo específico.

A intertransferência conjugal, portanto, tem uma determinação bilateral de forma tal que os investimentos transferenciais vão sendo modelados por regulações que se estabelecem *entre* ambos os polos e *em* ambos os polos. Não se trata de uma transferência do vínculo (o vínculo não transfere nada), mas de cada um dos parceiros para o outro, e está também determinada pelo outro e pelo intersubjetivo. Trata-se, aqui, de uma teorização da transferência que leva em conta as interdeterminações e as alianças inconscientes e inclui os aportes da perspectiva intersubjetiva.

É frequente, aponta Spivacow, que, nos momentos de crise conjugal, as intertransferências que antes tinham um viés positivo adquiram um viés totalmente negativo e passem da idealização para a crítica. Ao produzir *insight* sobre as intertransferências que unem ambos os parceiros, o analista atua de modo que os mecanismos próprios do princípio do prazer deem lugar a um funcionamento mais próximo ao princípio da realidade, tanto em relação a si próprio como em relação ao outro. Nesse sentido, a interpretação das intertransferências conjugais não difere significativamente da interpretação da transferência sobre o analista na cura-tipo.

A vantagem do dispositivo vincular, segundo Spivacow, é possibilitar uma expressão e uma abordagem diferentes e muitas vezes melhores do intersubjetivo e, portanto, das intratransferências conjugais. De fato, na associação livre da análise individual, ficam "amortecidas" as expressões da interação com o companheiro, ao mesmo tempo que as cisões e negações do analisante não encontram os impedimentos que se encontram no discurso conjunto.

Essa afirmação de Spivacow é especialmente confirmada nos casos relativos ao tema abordado nesta pesquisa (*a indisponibilidade sexual da mulher enquanto queixa conjugal*), pois muito raramente é ela quem traz a queixa sobre sua própria falta de desejo. É a pressão do marido na sessão que faz o tema vir à tona, em geral muito contra sua vontade. Tanto que, para se ter uma ideia dessa insatisfação masculina, é necessário que se faça a pergunta a ele, ou na presença dele. Na análise individual essa queixa é, como diz Spivacow, "amortecida". Há, muitas vezes, um ocultamento ativo, por parte da mulher, da insatisfação sexual de seu companheiro.

Naturalmente, segue Spivacow, a intertransferência não elimina a transferência com o analista, e esta nunca pode ser desconsiderada, ainda mais se recordarmos que a transferência não é unicamente uma repetição, mas também um descobrimento e uma invenção de modos de elaboração do conflito original. De fato, no atendimento de casais, a relação com o analista oferece modos de funcionamento alternativos às estereotipias (de grande utilidade clínica) que costumam desenrolar-se nas transferências intraconjugais quando em crise.

A interpretação, a intervenção vincular, a compulsão à repetição conjugal

Spivacow argumenta que, na análise individual, a associação livre do analisante permite conhecer as modalidades da transferência, e, do trabalho sobre esta, esperam-se os resultados mais significativos no sentido da mudança psíquica. O trabalho clínico no intersubjetivo (interdeterminação, alianças inconscientes, intertransferências) se dá pelas *intervenções vinculares*. Estas não se dirigem a um sujeito, mas aos dois, e tentam esclarecer, no devido tempo, as intertransferências e os funcionamentos responsáveis pelo sofrimento, considerando-os como tendo sido construídos por ambos.

Sabemos como a intervenção vincular põe em evidência o círculo vicioso que se instala quando, consciente ou inconscientemente, os parceiros provocam mutuamente reações repetitivas que vão num crescendo de insatisfação e sofrimento. Poderíamos aqui utilizar uma ampliação do conceito freudiano de compulsão à repetição, e propor que a intervenção vincular dirige-se aos elementos da compulsão à repetição conjugal (ou familiar), uma repetição construída e mantida conjuntamente pelo casal.

De fato, nada mais próximo dos aspectos mortíferos da compulsão à repetição do que a reiteração compulsiva dos mesmos discursos carregados de ressentimento e hostilidade a que os parceiros frequentemente se entregam num gozo vingativo e destrutivo. Sessão após sessão, esse processo pode desenrolar-se se não for suficientemente estancado por uma interpretação certeira do analista, visando justamente evidenciar a resistência ao trabalho de luto, inerente a toda relação amorosa. Os ataques agressivos compulsivamente reiterados configuram-se como defesas diante da dor e desilusão em face da alteridade do outro.

Como já mencionado, um cônjuge pode, inconscientemente, comportar-se de modo a obter uma alteração no comportamento do parceiro para que este se modifique na direção de seus desejos. Como isso não ocorre, o cônjuge aumenta a intensidade de suas manobras para obter o resultado desejado. Quanto mais o outro se sente pressionado a mudar seu comportamento habitual, mais se apega a eles, criando-se assim um círculo vicioso de ressentimentos e hostilidades que só aumentam o sofrimento e o afastamento emocional do casal.

Por que um casal se entregaria a esse tipo de jogo verdadeiramente demoníaco, no dizer de Freud (1964b/1919), em vez de procurar saídas negociadas para seus conflitos? Ele nos indica que

> *é possível reconhecer a dominância na mente inconsciente de uma "compulsão à repetição" procedente dos impulsos instintivos e provavelmente inerente à própria natureza dos instintos, uma compulsão suficientemente forte para suplantar o princípio do prazer, emprestando para certos aspectos da mente seu caráter demoníaco... (p. 238)*

Ou, como ele aponta em outro texto (1955d/1920): "devemos ter a coragem de assumir que realmente existe na mente uma compulsão à repetição que suplanta o princípio do prazer" (p. 22).

Se levarmos em consideração o que de fato se trata nessas situações de conflito conjugal, ou seja, os anseios de realização dos desejos mais precoces de satisfação, podemos compreender como essas situações são em grande parte dominadas pelo processo primário de funcionamento psíquico em sua busca incansável dos primeiros prazeres.

Como Freud nos ensina,

> *sabemos que o princípio do prazer é próprio ao método primário de trabalho de parte do aparato mental, mas isso, do ponto de vista da autopreservação do organismo diante das dificuldades do mundo externo, é desde o início ineficiente e mesmo altamente perigoso. Sob a influência dos instintos de autopreservação do ego, o princípio do prazer é substituído pelo princípio de realidade. Este último princípio não abandona a intenção de finalmente obter prazer, mas, no entanto, ele demanda e põe em ação o adiamento da satisfação, o abandono de um número de possibilidades de obter satisfação e tolerância temporária do desprazer como um passo no longo e indireto caminho para o prazer. O princípio do prazer, no entanto, persiste, como o método de trabalho utilizado pelos instintos sexuais, que são tão difíceis para "educar", e, partindo desses instintos, ou no próprio ego, ele frequentemente consegue vencer o princípio de realidade, para o prejuízo do organismo como um todo. (p. 10)*

Vejamos como, num exemplo simples, toda a complexidade da trama relacional conjugal se manifesta, escondendo, em conflitos aparentemente atuais, os anseios mais primitivos.

Antônio chega em casa do trabalho e Maria, também recémchegada do trabalho, está ajudando as crianças a fazerem a lição, tarefa que lhe tomará algum tempo. Antônio queria lhe contar um fato importante de seu dia, mas terá que esperar até as crianças dormirem. Sente-se sozinho e triste e lembra-se de como sua mãe esperava seu pai no portão, abraçava-o com carinho e ficavam conversando. Parece-lhe que a lição não termina nunca. Já irritado, ele cobra de forma mais impositiva por que Maria não mandou consertar a fechadura da porta. Para Maria, o tom da cobrança a remete à forma, para ela um tanto grosseira, que seu pai, às vezes, tinha com sua mãe. Na verdade, o que ela mais desejaria nessa hora seria uma palavra de compreensão de Antônio diante do fato de ela chegar em casa cansada e ainda ter que acompanhar lições de casa. Ressentida e sem olhar para ele, ela diz que não teve tempo, e permanece mergulhada nas tarefas das crianças. Ele cobra com mais veemência que ela cuide da fechadura. Ela, já exasperada, retruca que ele poderia cuidar da fechadura enquanto ela termina o que está fazendo. Irritados um com o outro, terminam, no entanto, por colocarem juntos as crianças na cama e vão se deitar. Antônio quer contar o que aconteceu no seu trabalho e, talvez, fazer amor com Maria. Ela, por estar ressentida com ele, diz que conversarão no dia seguinte, pois está muito cansada. Vira-se para o lado e dorme. Antônio está muito frustrado. Passa-lhe também pela cabeça como sua assistente tem estado mais atraente, ultimamente, e como ela é sempre atenciosa com ele.

Situações desse tipo podem ser praticamente diárias num casal. Sabemos como o conflito entre funções parentais e funções conjugais, ao dividir afetivamente a mulher, se não for suficientemente trabalhado e ajustado entre eles, contribui para um afastamento amoroso do casal. Como compatibilizar vida amorosa e funções parentais de modo que ambos os polos, os filhos e o casal, recebam sua dose necessária de atenção e carinho? Como o pai pode se implicar no cuidado com os filhos para não permanecer como terceiro excluído da relação de sua mulher com eles? É por meio da conscientização do fenômeno repetitivo que soluções criativas poderão surgir instaurando, então, um círculo virtuoso na relação de casal ou, falando de outra forma, permitindo que Eros circule mais e melhor.

A compulsão à repetição conjugal, que ocorre em vários níveis de complexidade e consciência, constitui, portanto, um dos focos ao qual se dirige a intervenção vincular. Note-se que a intervenção emerge sempre apontando o funcionamento do vínculo, o que eles se provocam entre si; os elementos intrapsíquicos da situação serão abordados quando e conforme se façam necessários para a compreensão da situação conflitiva.

No exemplo anterior, estão explicitados alguns elementos intrapsíquicos, tanto do lado de Antônio como do lado de Maria, que contribuem para a construção do desconforto entre eles. Maria associa o tom de cobrança irritado de Antônio a aspectos, para ela desagradáveis, do relacionamento de seu pai com sua mãe, quando o que ela mais desejaria naquele momento seria uma atitude protetora dele, por exemplo, sentando-se ao seu lado e dividindo a tarefa com ela. Em sua lembrança, era assim que seu pai fazia quando chegava em casa e a via fazendo seus trabalhos escolares. Antônio, por seu lado, sonha em receber de Maria uma manifestação de carinho ao chegar em casa, como sua própria mãe tinha para com seu pai e que lhe daria a certeza de ser tão desejado por ela quanto ele a desejava.

Temos aí exposta a complexidade da trama relacional conjugal, na qual elementos intrapsíquicos regressivos (o desejo amoroso pelo genitor do sexo oposto, com seus componentes de atenção protetora por parte do pai, do lado de Maria, e de uma atenção não dividida da mãe, por parte de Antônio, acrescidos do desejo também regressivo de serem compreendidos pelo outro cônjuge, sem necessidade de falarem a respeito), compõem-se com os elementos intersubjetivos do casal (por exemplo, seu projeto conjunto de construir uma família e cuidar bem dos filhos) e com os elementos da cultura (a dupla jornada de trabalho da mulher) para formar um intrincamento conflitual gerador de sofrimento para esse casal

– sem esquecer o que estamos chamando de paradoxo da vida amorosa, que é a necessidade de manter vivo, em meio às demandas da vida adulta, regidas pelo princípio da realidade, o campo da ilusão das primeiras experiências eróticas formadoras do sujeito, regidas pelo princípio do prazer. São elas as responsáveis pela estabilização do vínculo, dando o suporte para a atração mútua.

Voltando a Spivacow, ele conclui que, assim como no horizonte da interpretação freudiana opera sempre uma teoria do conflito e da defesa intrassubjetivos, no horizonte de uma intervenção vincular opera sempre uma teoria da interdeterminação, das alianças inconscientes e das intertransferências. O essencial da intervenção vincular é a consideração do intersubjetivo como o ator principal do funcionamento em jogo, *e o que se hierarquiza na formulação da intervenção do analista é o intersubjetivo*. Por outro lado, em nenhum momento se desconsidera o intrassubjetivo em seu funcionamento conjunto com o intersubjetivo. Aliás, diz ele, nem é possível se chegar a um conhecimento adequado do intersubjetivo se se perde de vista o intrassubjetivo, e vice-versa.

A escuta analítica e a escuta "polifônica"

Um tema correlato é a questão da escuta na clínica psicanalítica de casal e família. Cabe aqui lembrar o que Roussillon (2013) propõe sobre a "escuta polifônica" nas psicoterapias por mediação. Esta procura seguir a forma como se encadeiam uma postura corporal, uma inflexão de voz, um gesto, uma atividade motriz, um traço, um deslocamento no espaço, ou seja, todas as formas de expressão do sujeito. Ele diz:

> *A regra [fundamental] principal refere-se, sobretudo, ao clínico e ao seu modo de escuta; ele deve incluir os modos*

388 ALGUMAS REFLEXÕES SOBRE A CLÍNICA PSICANALÍTICA DE CASAIS

> *de associatividade da linguagem não verbal, quer se trate*
> *da linguagem do afeto, da linguagem do ato ou do gesto ou*
> *de qualquer outra forma de expressão do sujeito. (p. 62)*

Mais adiante, acrescenta:

> *O que é verdadeiramente essencial é a prescrição de escuta*
> *à qual o clínico deve se submeter: ele deve escutar o que*
> *se associa e, portanto, qualquer que seja a linguagem na*
> *qual esta associação se efetua, pois "o que se associa junto"*
> *possui, necessariamente, um laço. Ou bem esse laço é ma-*
> *nifesto e obedece a uma lógica "secundária", ou bem ele*
> *não é manifesto e deve, portanto, obedecer a uma lógica*
> *"primária", uma lógica inconsciente. Trata-se para o clí-*
> *nico de encontrar, explorar ou propor método, hipótese ou*
> *construção para tentar dar conta do que se passa. (p. 63)*

A escuta polifônica proposta por Roussillon encaixa-se perfeitamente na forma de escuta adequada ao *setting* de casal e família, e
é remarcável sua afirmação de que se deve escutar o que se associa,
no caso, como o discurso de um imbrica-se com o do outro, numa
associatividade que é, então, conjunta, intersubjetiva.

Retomando os dois níveis de articulação teórica necessários
para pensar a psicanálise de casal e família mencionados, isto é, da
psicanálise individual para a de grupo, e da de grupo para o grupo
familiar ou conjugal, vimos como essa passagem implica amplia-
ções no uso de algumas noções básicas, como a associação livre, a
escuta e a transferência.

Além desses fatores, a disjunção que ocorre entre o que se passa
dentro e fora do *setting* analítico nos casos da análise individual e

da análise de grupo não apresenta nenhuma correspondência no caso da análise de casal e família. Nesta, o dentro e o fora do *setting* se confundem, pois são indivíduos que partilham tanto a vida cotidiana quanto a análise. Dessa forma, tanto dentro como fora da análise, aplica-se, nesse caso, a noção de que estamos diante de um funcionamento muito complexo do casal ou da família que tenta manter um equilíbrio, sempre precário, entre seus impulsos mais primitivos e os ditames do princípio da realidade.

Pode-se também contrapor aqui que estamos longe de certos "ditos" lacanianos (quando superficialmente compreendidos) de que "a análise pode ser uma viagem do espírito", ou de que "o sujeito não deve ceder de seu desejo" (Lacan, 1962-1963). A clínica de casal e família não é, de modo algum, uma aventura intrapsíquica, e justamente se caracteriza por levar o sujeito a ceder muito de seu desejo. Nesse sentido, trata-se de uma clínica que retoma as vivências de castração mais primitivas, mas que, ao mesmo tempo, resgata as marcas indeléveis dos prazeres que compõem a atração.

Identidade do casal e identidade do sujeito

Tratando do vínculo conjugal, Spivacow acrescenta, ainda, uma observação sobre o que ele denomina "identidade" de casal. Diz ele que se trata de uma opinião possivelmente universal cada casal ter uma identidade singular e que, na vida de um mesmo sujeito, os casamentos sucessivos têm características diferentes e um clima emocional diferente. Esse clima depende tanto das séries complementares que cada sujeito aporta quanto da interdeterminação e das alianças inconscientes que estabelecem. Ou seja, os funcionamentos intrassubjetivos e os intersubjetivos se articulam de um modo característico em cada casal, resultando que cada relação tem uma espécie de identidade, isto é, um conjunto de traços que a definem. Citando Kaës (2010/2007), ele aponta que o acoplamento implica que algumas funções psíquicas se vejam inibidas ou reduzidas, e que outras, por sua vez, sejam eletivamente mobilizadas, manifestadas e transformadas.

A "identidade" ou modo de ser de um casal, como a de um sujeito, diz ele, não deve ser pensada como uma essência, já que se modifica ao longo do tempo e não está dada de uma vez para sempre. Cada casal tem uma "identidade" que articula elementos imaginários com o simbólico e o real. A pergunta que surge é que grau de consistência, estabilidade e autonomia pode-se atribuir à identidade de casal e aos traços que a caracterizam.

Spivacow acrescenta, ainda, que alguns autores falam da realidade psíquica do casal, mas essa denominação apresenta, segundo sua visão, o problema de estabelecer um paralelismo inadequado com o termo freudiano e dar ao identitário do casal a mesma entidade e quase materialidade do que Freud chamou de realidade psíquica.

Cabe aqui acrescentar que se deve tomar cuidado para, no esforço de enfatizar a importância do intersubjetivo no funcionamento do casal, não se anular a importância do intrapsíquico (constituição do sujeito, historização, transmissão geracional etc.). Se questionamos a exclusão do sujeito nas psicologias cognitivistas e na psiquiatria moderna, cuidemos para não acabar por incorrer na mesma exclusão ao defender a importância dos funcionamentos intersubjetivos no trabalho com casais e famílias.

Questões éticas na clínica de casais

Spivacow aponta como a complexidade da experiência amorosa faz com que, na psicanálise, coexistam diferentes posições a respeito de "como deve funcionar" um casal. Dessa forma, diferentes autores apresentam diferentes perspectivas a respeito da normalidade e da patologia nessa área. Spivacow cita tanto Kernberg, que diferencia "normalidade e patologia" na relação de casal, quanto Stoller, que propõe que na vida erótica somos todos "anormais". Para o próprio Spivacow, o casal seria sempre uma experiência "anormal" (fora da norma), dado que nele se apresentam altas doses de regressão, especialmente nas relações originadas na paixão amorosa. Tais relações, e não é de se estranhar, em sua evolução posterior, voltam a apresentar os traços das experiências regressivas e regressivantes: projeções massivas, dificuldades de simbolização etc. Com o correr dos anos, continua Spivacow, as coisas não são muito diferentes, e é habitual encontrar na vida de casal os mesmos investimentos do momento fundacional, talvez temperados, porém regressivantes, e frequentemente em oposição aos requerimentos de discriminação e individuação próprios dos funcionamentos adultos. Há também os psicanalistas que tentam eludir as questões valorativas, invocando a neutralidade como parte da posição do analista.

Spivacow descreve como o próprio Freud oscilou entre uma atitude "científica" (tornar consciente o que é inconsciente) e, por outro lado, postulou o desenvolvimento da libido na direção da organização genital adulta, caracterizada pelo ordenamento das pulsões parciais sob a primazia genital, pelo surgimento da vagina como zona erógena e pela subordinação do instinto sexual à função reprodutora. E que, além disso, o objeto sensual deveria recapturar a corrente da ternura. Dessa forma, para Freud, o esperado do desenvolvimento psicossexual é chegar a uma fase heterossexual e assumir a função reprodutora. Nesse sentido, o valorativo está, sem dúvida, presente na visão freudiana do amor.

Spivacow continua afirmando que, ainda que os valores que Freud sustentava estejam desatualizados, permanece o fato de a clínica de casais apresentar questões valorativas e éticas. O que é prazer para um sujeito pode ser sofrimento para outro e, se há filhos, o que é bom para as crianças pode não ser para os adultos, e vice-versa. Na clínica de casais, não é fácil conservar uma perspectiva que considere os diversos fatores, muitas vezes contrapostos, que estão em operação.

Por outro lado, segundo ele, a psicanálise não propõe uma clínica neutra: ela estabelece valores em alguns terrenos, enquanto em outros não o faz. Por exemplo, ela propõe que é preferível que um sujeito conheça sua realidade psíquica, ou que obtenha um certo nível de satisfações pulsionais, porque a sublimação tem seus limites. E conclui, também, que a clínica de casais nos confronta sempre com formas diferentes e singulares de relação amorosa e que confrontam nossa prática com nossa ética e que, portanto, as questões valorativas não podem ser eludidas.

Deve-se mencionar aqui que a própria orientação em psicanálise a que o analista de casal adere, por si só, já estabelece certos critérios valorativos sobre o que deve ou não ser priorizado. Como vimos no Capítulo 1 deste trabalho, e é tema desta pesquisa, a importância atribuída à expressão sexual na vida do casal varia conforme a orientação em psicanálise do analista e este, consciente ou inconscientemente, estará fazendo uma escolha de valor sobre a qual o casal atendido não terá condições de avaliar. Fatores culturais estão também aí envolvidos. "'No sex, please, we're British!' Sexuality in English and French psychoanalysis" é o título de um artigo de Budd (2012/2001) sobre o tema.

Cabe aqui uma bela passagem do livro de Greenberg e Mitchell (1983), citado por Mezan (2014), e que, além de seus outros significados, conflui também para a questão dos valores que o analista carrega para sua atuação clínica. Dizem eles:

Há um pressuposto comum a toda prática psicanalítica: esse pressuposto é que, no relato que o paciente faz na sessão daquilo que lhe acontece, falta por definição alguma coisa... Uma dimensão crucial de sentido, alguma parte de sua realidade, está ausente do relato que ele oferece de sua experiência. As teorias psicanalíticas provêm possibilidades interpretativas para preencher essas dimensões ausentes do relato do paciente sobre si mesmo. Cada teoria seleciona, da complexidade da vida, certos aspectos ou dimensões que se supõe estarem no centro das preocupações humanas, colorindo muitos aspectos aparentemente difusos e variegados da experiência do paciente. Essa dimensão proporcionaria o conteúdo para as interpretações, um reservatório de sentidos a partir dos quais se pode compreender o material clínico. Os conceitos básicos de cada teoria psicanalítica se tornam a trama e a urdidura com que se tece a complexa tapeçaria da experiência humana. (p. 15)

Da mesma forma, o clima de hostilidade verbal que o analista pode deixar correr solto na sessão, ou interdita com suas intervenções, dependerá de como ele concebe a própria relação amorosa. Se acreditamos, como dissemos, que há na conjugalidade um campo de ilusão a ser preservado, é justamente nessa corda bamba que o analista deve se equilibrar. Propomos, então, que, no atendimento do casal, nem tudo pode ser dito, pois aspectos muito destrutivos do narcisismo do outro, uma vez verbalizados, não poderão mais ser recolhidos. A contenção desse tipo de descarga pulsional e a elaboração de sua motivação constituem um dos aspectos mais sensíveis do atendimento clínico.

6. Trabalhos psíquicos na conjugalidade: entre a erótica da ligação e a negatividade radical

"O processo de ligação é tarefa fundamental de Eros, o que implica a existência de uma erótica da ligação."

Figueiredo (2014)

Seguindo o fio condutor que orientou este trabalho de reflexão – acompanhar as "associações livres teóricas" da analista no processo de atendimento de um casal com dificuldades para harmonizar entre si a expressão de sua sexualidade – foram abordadas certas noções teóricas que, na minha visão como analista e a partir do "nicho" da psicanálise no qual costumo transitar, pudessem auxiliar no esforço de uma melhor compreensão da situação clínica em questão.

Levando-se em consideração a complexidade dos elementos envolvidos em qualquer reflexão sobre a parceria amorosa, utilizei-me da noção de trabalhos psíquicos e a apliquei à conjugalidade. Como vimos anteriormente, para Fognini (2009), "a noção de trabalho psíquico em psicanálise refere-se às transformações que o aparelho psíquico poderá, ou não, colocar em funcionamento por meio de um processo de ligação, de não ligação, ou de desligamento" (p. 7). E Figueiredo (2014) acrescenta que

> *o processo de ligação é tarefa fundamental de Eros, o que implica a existência de uma erótica da ligação... Ligações são operações intrapsíquicas e intersubjetivas as quais, sendo tarefa de Eros, envolvem as pulsões, especialmente a sexualidade no sentido amplo e psicanalítico, isto é, o que procura e produz prazer por diferentes vias e em diferentes modalidades. Trata-se, aqui, não do prazer da descarga, mas do prazer da ligação.*

Com efeito, trata-se do esforço psíquico que cada parceiro é capaz de investir no sentido da manutenção do vínculo por meio de trabalhos de ligação que "envolvem as pulsões, especialmente a sexualidade no sentido amplo e psicanalítico".

Ou, retomando Freud (1955e/1930): "O amor que funda a família... continua tendo como função manter unidos considerável número de pessoas" (p. 102).

O próprio Freud apontou para o paradoxo entre a importância da vivência amorosa para o ser humano e a dificuldade para sustentá-la. Retomemos a forma como ele o expressou:

> *a descoberta do homem de que o amor sexual (genital) lhe oferecia as mais fortes experiências de satisfação, e de fato lhe provia do protótipo de toda a felicidade, pode ter-lhe sugerido que ele deveria continuar a procurar a satisfa-*

ção da felicidade em sua vida ao longo do caminho das relações sexuais e que deveria tornar o erotismo genital o ponto central de sua vida... fazendo assim, ele se faz dependente, na forma mais perigosa, de uma porção do mundo externo, isto é, seu objeto de amor e se expõe a sofrimentos extremos se for rejeitado por esse objeto ou o perde por traição ou morte. Por essa razão, os homens sábios de todas as épocas nos alertaram, da forma mais enfática, contra esse modo de vida; mas, apesar disso, ele não perdeu sua atração para um grande número de pessoas. (p. 101)

E acrescenta: "uma pequena minoria está capacitada por sua constituição a encontrar a felicidade, apesar de tudo, ao longo do caminho do amor" (p. 101).

Como diz Freud, apesar de tudo, o amor não perdeu sua atração para um grande número de pessoas e, certamente, não perdeu para os inúmeros casais que procuram atendimento no esforço de darem melhor sustentação aos seus relacionamentos. Constata-se aí uma força "de ligação que provém de Eros" e que luta contra as tentações de desligamento. O fato é que, com todas as dificuldades envolvidas, nesses casos não há o desejo de separação; esta, aliás, é objeto de intensas angústias e se traduz numa observação frequente no início do processo: "demoramos para procurar ajuda porque as pessoas dizem que fazer terapia acaba separando o casal!".

Poderá a noção de negatividade radical em Kaës nos auxiliar numa melhor compreensão do que estamos chamando de "angústias de separação conjugal"?

Retomemos a noção de negatividade radical.

Para Kaës (1989), a negatividade radical é, no espaço psíquico, aquilo que tem o estatuto "do que não é". Trata-se daquilo que surge como não vínculo, não experiência, como algo irrepresentável, nas figuras do branco, do incógnito, do vazio, da ausência, do não ser. Ela nos confronta com o impossível, com o irredutível, com a morte. A negatividade radical seria, nessa perspectiva, a relação de contato do pensamento com o que permanece refratário a toda ligação.

Kaës (2009) chega a concluir que a categoria do negativo e de suas diversas modalidades nas alianças inconscientes são estabelecidas, de fato, com o objetivo de tratar a questão insuportável da negatividade radical: não somente a falta, a castração, a separação e a perda, mas sobretudo a destruição, o impossível, o impensável, a morte.

Por outro lado, diz ele, se devemos fazer laço contra a força de atração do vazio e para lutar contra as angústias de aniquilamento individual ou coletivo que ela suscita, o fato é que a negatividade radical continua a existir para além do que é pensável e para além das alianças que ela engendra.

Kaës (1989) lembra que não podemos retornar ao lugar e ao vínculo de origem, ou seja, existiu um lugar e um vínculo que já não existem mais, e todas as separações posteriores lançarão o sujeito na direção desse vínculo, desse grupo, dessa raiz. Diz ele:

> *Nenhum vínculo, nenhum agrupamento, nenhuma formação de casal se estabelecerá sem que esteja envolvida a tentativa de restabelecer o ser-juntos das origens, de ultrapassar essa descontinuidade, de opor à experiência da angústia, a do socorro e do recurso na manutenção da não*

separação. O vínculo e o grupo são, em princípio, uma garantia contra toda expulsão, negação da negatividade do corte. (p. 146)

Há a necessidade, portanto, de um reconhecimento por parte do sujeito de que sempre permanecerá um resto, uma negatividade irredutível que o *ser-juntos* nunca será capaz de atingir.

Por outro lado, diz Kaës (2009), se as alianças inconscientes que se formam no casal repousam, em parte, sobre as escolhas de objeto (semelhantes ou antagônicos) dos parceiros e sobre os mecanismos de defesa que eles acionam contra certas implicações de suas escolhas, também é fato que essas mesmas alianças são fundadas sobre a sexualidade e seus conflitos, especialmente levando-se em consideração as exigências do narcisismo.

Dessa forma, o *ser-junto* repousa tanto na tentativa de opor, "à experiência da angústia, a do socorro" como na sexualidade, experiência pontual do *ser-junto*, e seus conflitos.

Nós nos vinculamos, conclui Kaës (1989), sobre o fundo infinito do não vínculo, do incógnito, do espaço vazio. Por um lado, o vínculo tropeça com a negatividade radical, apoia-se nela e, no que ela tem de intolerável, nega-a. O vínculo, desde a origem, mantém juntos a seus sujeitos na ilusão compartilhada e mantida de que poderiam ligar o que permanece refratário a toda ligação, do que poderiam ser, do que não podem ser, escapar a seu destino de seres mortais, sexuados, nascidos de pais sexuados e mortais; de que seria possível reduzir todo o incógnito.

Dessa forma, é o pacto sobre a negação da negatividade radical que mantém a ilusão de que o laço pode desmontar a negatividade radical e a precariedade que a acompanha.

Como vimos anteriormente, Kaës (1989) propõe que o pacto denegativo é um pacto sobre o negativo e, mais especificamente, sobre a negatividade radical. Segundo ele, trata-se de um pacto sobre a negação da negatividade radical no próprio funcionamento do vínculo. É esse pacto que mantém a ilusão de que o vínculo escapa da negatividade radical ao encobrir o impossível do vínculo e ligando as negatividades relativas, que possibilitam experiências de exploração e de criação de laços internos e externos, sustentam a esperança de uma transformação da realidade, definindo assim um campo do possível. Por outro lado, o saber sobre o pacto é aquilo do qual não se pode fazer questão entre os vinculados por ele, em seu interesse mútuo. Trata-se de um pacto cujo enunciado, como tal, nunca é formulado, mas que se deixa registrar na cadeia significante formada no vínculo pelos sujeitos do vínculo.

A partir das vinhetas e da situação clínica relatada e das considerações de Kaës sobre a negatividade radical, já temos alguns elementos para pensar o que estamos chamando de "angústias da separação conjugal".

A questão é: poderíamos pensar em um pacto denegativo de base que sustente a conjugalidade, paralelamente aos pactos denegativos específicos de cada casal organizado segundo as peculiaridades de suas histórias? O pacto denegativo de base na conjugalidade seriam as medidas necessárias para que não se coloque em risco a existência do vínculo, ficando sua sobrevivência, então, sujeita a um temor intenso de que possa deixar de existir. Um pacto denegativo de base sobre a negatividade radical.

Tanto no caso relatado como nas vinhetas, vimos como essas mulheres com dificuldade para harmonizar seus desejos sexuais com os do companheiro na vida cotidiana acabam por colocá-los num beco sem saída: elas não se dispõem a ajustar melhor seu ritmo de expressão sexual com os deles, obviamente não aceitam a infidelidade e, surpreendentemente, são muito enfáticas ao afirmar que, de forma alguma, desejam se separar de seus companheiros. É em virtude desta última afirmativa que, nesses casos, e concomitantemente com a elaboração analítica, surge um impulso no sentido de dissolver as resistências, motivando essas mulheres a sair de suas hesitações quanto a uma entrega sexual mais condizente com os desejos de seus companheiros.

Se unirmos as ideias de que é a partir das origens, inerentemente sexualizadas e por meio das quais o sujeito se institui como ser, e sendo a conjugalidade o espaço de busca do reencontro e da repetição, não só dos primitivos prazeres e ilusões como também desse sentimento inaugural de amparo contra os sentimentos do *não ser*, fica mais compreensível o fato de a negatividade radical colocar em funcionamento o pacto denegativo de base na conjugalidade e que, lá como cá, este se apoie na sexualidade.

De fato, sabemos o quanto o cônjuge, como os filhos, institui-se no psiquismo do sujeito como garantia do nada ter que saber sobre o que, de toda forma, não pode ser pensado, do que, no espaço psíquico, permanece refratário a toda ligação, no caso, especificamente, a destruição, a finitude, a morte, o não-ser.

É assim que a saída dos filhos crescidos do lar familiar dá origem ao que se convencionou chamar de síndrome do lar vazio, afetando especialmente a mulher que dedicou sua vida adulta, prioritária e exclusivamente, à função materna, e que pode levá-la a depressões (muitas vezes confundidas com sintomas de menopausa). Depressões que, de fato, evidenciam como os filhos tamponavam o terror da perda da identidade como ser, não só como função. Ou seja, há aqui um desmonte da proteção provido pelo pacto denegativo entre mãe e filhos contra a negatividade radical que ameaça, dessa forma, invadir o psiquismo materno com os terrores do não ser.

Situações como essas podem explicar a grande variedade de sintomatologias que indicam um aprisionamento dos filhos à mãe, às vezes com graves prejuízos para ambos. Esse tema foi desenvolvido por mim na tese de mestrado, sob o título *Incestualidade: um pathos familiar* (Thorstensen, 2011).

Também a perda de um cônjuge, seja por morte, por traição ou por separação, leva a um desmonte da proteção contra os perigos da invasão dos sentimentos referentes ao vazio existencial, que tentativamente se procura dissimular com a ideia do *ser-junto* que a conjugalidade propõe. Tanto com os filhos, especialmente se ainda pequenos, assim como na relação amorosa, criam-se condições para manter bem afastados os sentimentos do vazio e do nada.

Vejamos, num exemplo clínico, a opinião de uma garota de aproximadamente seis anos em resposta à pergunta de sua irmãzinha em torno dos quatro anos, numa sessão de família bem agitada na qual a mãe insegura se queixava da dificuldade para colocar limites nas meninas:

Irmã mais nova: "Mãe, por que se têm filhos?".

Irmã mais velha: "Ora, sua boba, para se ter quem amar!".

Ou seja, com filhos pequenos, a erótica da ligação está garantida!

E é aí que a instituição familiar adquire, de fato, em dobro (cônjuge e filhos), todo o seu significado e a sua importância para o psiquismo, funcionando como proteção contra os inomináveis sentimentos existenciais, fazendo-se, então, objeto de um intenso temor de que sua desaparição possa ocorrer. É com esse sentimento como pano de fundo que trabalhamos em muitos casos de atendimentos de casais, porque justamente não querem ou temem se separar.

Pode-se compreender também, inversamente, os altos níveis de agressividade e destruição a que os casais em processo de separação às vezes se entregam, no intuito, para eles inconsciente, tanto de minimizar a dor das perdas envolvidas como de obturar o intenso temor existencial que a separação suscita.

Como vimos anteriormente, o próprio Freud (1955e/1930) nos preveniu contra os perigos de se construir uma vida apoiados em bases tão precárias como o amor, e ele procura reforçar sua opinião apoiando-se nos "sábios de todas as épocas", que nos alertaram, segundo ele, da forma mais enfática, contra os riscos desse tipo de vida. Freud observa ainda que muitos homens, para escapar desses perigos, dirigem seu amor, sob a forma de libido inibida quanto à meta, para o amor da humanidade, assim como o fez São Francisco de Assis.

Podemos considerar, aqui, os posicionamentos de Green (1995), já mencionados neste trabalho, que se contrapõem frontalmente às proposições desesperançadas de Freud a respeito do amor.

Green afirma que toda estrutura de sintomas em que a sexualidade parece desempenhar um papel contingente ou pouco importante atua como se os outros aspectos, não abertamente genitais, destinassem-se a proteger e ocultar o núcleo da patologia. Segundo ele:

404 ENTRE A ERÓTICA DA LIGAÇÃO E A NEGATIVIDADE RADICAL

> *Quando o paciente age desse modo é porque, na maioria dos casos, tem alguma percepção inconsciente de que dar à sexualidade e à genitalidade sua importância verdadeira expô-lo-ia a grandes riscos, tais como a impossibilidade de aceitar a menor frustração, os tormentos da decepção, as torturas do ciúme, as tempestades de ter que admitir que o objeto é diferente da imagem projetada nele, a desorganização da destruição sem limites, seja do objeto, seja do self, em caso de conflito etc. É com a finalidade de evitar todas essas ameaças de colapso que o paciente se desobriga de uma relação total e completa, deixando campo para outras regressões que, felizmente para ele, não envolvem a existência de outro objeto nem as insatisfações que este poderia causar. (p. 220)*

Como se pode constatar, Green aponta para a importância central da vida amorosa enquanto organizadora do psiquismo e em linha direta com as experiências eróticas fundantes e com todas as suas conotações conflitantes: a diferença entre os sexos e entre as gerações, a tolerância à alteridade, o conflito entre o desejo e a identificação com o objeto, a aceitação da perda de controle no gozo sexual etc. Ele propõe que se questione a ideia de que o sexual e o genital sejam superficiais, e acrescenta:

> *O valor da vida é vinculado ao que todos os seres humanos compartilham e almejam: a necessidade de amor, de gozar a vida, ser parte de uma relação em sua expressão mais completa etc... Somos confrontados aqui com nossa ideologia sobre para que serve a psicanálise. Qual o seu objetivo? (p. 220)*

E se posiciona:

Não seria o ser capaz de sentir-se vivo e investir as muitas possibilidades oferecidas pela diversidade da vida, a despeito dos desapontamentos inevitáveis, fontes de infelicidade e de cargas de sofrimento? (p. 220)

Falando sobre a ilusão do laço, Kaës (2009) propõe que ela apresenta duas faces: em uma é uma formação defensiva idealizante contra o reconhecimento da realidade, ela costura os indivíduos em torno de uma visão imaginária transcendental unificadora, para além da tristeza, da dor, do vazio e da morte. Trata-se de uma aliança organizada sob a prevalência da negatividade radical: a ameaça de destruição unifica o grupo e os seus membros.

A outra face, segue Kaës, é a de uma formação paradoxal na qual a flexibilidade sobre os limites de dentro e de fora, o *eu* e o não *eu*, possibilitam experiências de exploração e de criação de laços internos e externos. São alianças que se organizam sob o primado da negatividade relativa: "a incerteza é explorada sem perigo graças à crença no laço, na união possível na separação, numa sobrevivência criativa à destruição, e na possibilidade de sustentar um laço aberto sobre o encontro de si e do outro, nesse momento precioso em que eles não se excluem" (p. 113).

Temos aqui a "erótica da ligação" em pleno funcionamento e, também, em consonância com o pensamento de Badiou (2013/2009), para quem o amor é uma construção de verdade, ou seja: "o que é o mundo quando experimentado a partir do dois, e não do um? O que é o mundo, examinado, praticado e vivenciado a partir da diferença, e não da identidade?" (p. 20).

Dessa forma, e em oposição ao conhecido pessimismo de Freud em relação ao vínculo amoroso, vimos como Green e Badiou, cada um a seu modo, e também Kaës apresentam caminhos alternativos, abrindo-se aí o espaço para o erotismo da ligação, campo do trabalho psíquico no qual "a incerteza é explorada sem perigo, graças à crença no laço".

É nesse sentido que as "angústias da separação conjugal" operam no esforço de anular qualquer possibilidade de perda da proteção existencial do *nós-juntos*. E sustentam o trabalho psíquico necessário para dar continuidade à existência do vínculo. É por isso que reitero que, paralelamente ao esforço interpretativo do analista diante das queixas específicas de cada casal, acredito ser sua função inerente manter Eros circulando mais e melhor a cada sessão.

Considerações finais

Constata-se, na psicanálise de casal e família contemporânea, dois "ambientes" paradoxais: de um lado, as novas configurações familiares exigem dos analistas um esforço de compreensão de suas vicissitudes e seus conflitos; por outro, constata-se também uma lacuna na reflexão sobre a sexualidade conjugal e seus desencontros na relação homem-mulher. Funciona-se como se aí não ocorressem desarmonias, frustrações e sofrimentos, não sendo necessário, portanto, dela se ocupar.

As vinhetas e a situação clínica relatadas, bem como a pesquisa a que elas deram ensejo, evidenciam que não é esse o caso, além de que a procura crescente por atendimentos de casais e famílias impõe que essa reflexão ocorra, tirando-se, inclusive, o tema da sexualidade conjugal do "ostracismo" a que foi relegado. O que ocorre é que assistimos, na atualidade, a analistas de casal que, por razões teóricas ou pessoais, não oferecem uma escuta suficiente desse aspecto central da vida amorosa, deixando de lado, como desimportantes, tanto o significado da vida sexual para o casal e a família como a metapsicologia da psicossexualidade freudiana para a psicanálise.

É assim que Clulow (2009) observa que essa lacuna é um problema para os psicanalistas que trabalham com casais, dado que a característica que define a maioria das relações de casal é a atividade sexual ou a preocupação com a ausência dessa atividade. É impossível conceber uma psicanálise de casal que não seja minimamente atenta ao componente sexual da relação.

Da mesma forma, para Kaës (2009), o que especifica o laço de casal é certamente a dimensão da sexualidade realizada nos atos sexuais entre os parceiros, enquanto ela é proibida no laço familiar. "São as condições e as consequências da sexualidade que formam a matéria psíquica das alianças que nos interessam aqui", diz ele (p. 164).

Trabalhar no sentido de trazer de volta a sexualidade para o centro da clínica de casal e família, por mais estranho que isso possa parecer, foi um dos objetivos deste trabalho de reflexão.

De uma forma mais ampla, procurou-se focalizar aspectos dos trabalhos psíquicos requeridos para a constituição de uma conjugalidade viável e na qual a sexualidade tem um papel central. Percorreram-se as contribuições teóricas de autores como Freud, Lacan e Kaës, assim como as elaborações de André e Spivacow sobre esses mesmos temas.

O foco principal direcionou-se para a complexa tarefa de considerar, concomitantemente, os efeitos no vínculo conjugal das vicissitudes do desenvolvimento psicossexual de cada parceiro, em seu entrelaçamento com os mesmos fenômenos no outro, e a construção da conjugalidade que daí resulta, dando origem a uma situação vincular específica. Esse direcionamento implica uma tomada de posição diante do equilíbrio a ser encontrado entre a ênfase no trabalho sobre a intersubjetividade do casal e a ênfase nos aspectos intrassubjetivos que afetam a relação.

Vimos como Gomel (2014) apresenta um posicionamento dicotômico, porém inclusivo, diante da questão mundo interno *versus* intersubjetividade, suportando a tensão do paradoxo entre as lógicas intrapsíquicas e as intersubjetivas e abrindo espaço para a coexistência de vínculos atuais e passados.

Spivacow (2011) retira da questão inter-intra sua conotação de dicotomia irreconciliável e os apresenta como registros organizadores do complexo e indivisível suceder psíquico, utilizando-se, para isso, da metáfora da banda de Moebius. Por outro lado, considera que, no trabalho clínico, "trata-se de ter uma captação dos dois sujeitos individualmente considerados, assim também como de seu vínculo" (p. 61).

Assumindo que somos *singulares-plurais* desde os vínculos mais primitivos, e que estes deixarão marcas indeléveis para o resto da vida, os relacionamentos amorosos futuros terão que se compor com essas marcas, que, em sua maioria, serão de difícil alteração. Muito pelo contrário, elas lutarão tenazmente para manter seu protagonismo. Nesse sentido, de forma alguma poderíamos dizer que uma relação amorosa teria o poder de anular as marcas mais primordiais. O que de fato se pode afirmar é que boa parte do trabalho clínico com casais se dá sobre a discrepância entre as constituições subjetivas de cada parceiro, mesmo quando, aparentemente, nas sessões, os temas trazidos circulem em torno das formações mais recentes, próprias da relação atual.

Penso que a questão do equilíbrio entre o trabalho sobre o intrapsíquico e o interpessoal na clínica de casais traz a marca de "crenças" pessoais de cada analista. Acredito que a "captação dos dois sujeitos individualmente considerados, assim também como de seu vínculo", propicia, em cada parceiro, um maior *insight* sobre a constituição de sua própria subjetividade, e isso não é indiferente do ponto de vista do humano. Que o sujeito adquira uma maior consciência da trama de suas identificações constituintes, das transmissões intergeracionais das quais é herdeiro inconsciente, da influência de suas relações com seus primeiros objetos na sua vida amorosa atual, assim como dos equivalentes em seu parceiro, não só lhe abre a possibilidade de maior aceitação das diferenças e peculiaridades deste como também dá sustentação a seus esforços para encontrar sentidos para aspectos de suas próprias vivências, no que estas têm de mais fundamental: a relação com o outro.

Do ponto de vista do trabalho clínico, no entanto, penso que a imagem de Gomel (2014) do analista-malabarista que vai mudando os pratos de uma varinha para a outra, conforme "a direção dos ventos" na sessão, isto é, na direção de onde o inconsciente emerge num momento dado, é a que melhor reflete a flexibilidade necessária na abordagem do material que vai surgindo.

De Kaës (2009), aproveitei a noção de negatividade radical e de pacto denegativo para fazer uma justaposição com a erótica da ligação, como proposta por Figueiredo (2014), compondo, assim, um pano de fundo sobre o qual repousa, a meu ver, e como os exemplos clínicos evidenciam, o desejo de construir e manter uma união satisfatória.

Espero que alguns questionamentos aqui propostos sirvam de trampolim para mais pesquisas e reflexões sobre o tema e, principalmente, que este texto possa suscitar nos colegas analistas mais jovens um interesse pela área da psicanálise de casal e família. Nesse caso, o objetivo maior deste trabalho terá sido alcançado.

Referências

Abraham, K. (1966). *Oeuvres completes* (Vol. II). Paris: Payot. (Petite Bibliothèque). (Obra original publicada em 1920).

André, J. (1995). *As origens femininas da sexualidade*. Rio de Janeiro: Jorge Zahar.

Andreas-Salomé, L. (1980). *L'Amour du narcissisme*. Paris: Gallimard. (Obra original publicada em 1916).

Anzieu, D. (1973). La bisexualité dans l'auto-analyse de Freud. *Nouvelle Revue depsychanalyse*, (7), 179-191.

Aulagnier, P. (1979). *A violência da interpretação*. Rio de Janeiro: Imago. (Obra original publicada em 1975).

Badiou, A. (2013). *Elogio ao amor*. São Paulo: Martins Fontes. (Obra original publicada em 2009).

Berenstein, I. (1992). *Psicoanalizar una família*. Buenos Aires: Paidós.

Bernard, M. (2006). *El trabajo psicoanalítico con pequeños grupos*. Buenos Aires: Lugar.

Bion, W. R. (1961). *Experiences in groups*. London: Tavistok.

Bion, W. R. (1963). *Experiencias en grupo*. Buenos Aires: Paidós. (Obra original publicada em 1961).

412 REFERÊNCIAS

Bleichmar, H. B. (1980). *Introducción al estudio de las perversiones*. La teoría del Édipo en Freud y Lacan. Buenos Aires: Nueva Vision.

Breen, D. (1993). *The Gender Conundrum*. London: Routledge.

Budd, S. (2012). "No sex, please, we're British!" Sexuality in English and French psychoanalysis. In Harding, C. *Sexuality*: psychoanalitic perspectives. London: Routledge. (Obra original publicada em 2001).

Clulow, C. (2009). *Sex, attachment and couple psychotherapy*. London: Karnac Books.

Couchoud, M. T. (1986). Du refoulement à la fonction dénégatrice. *Topique*, (37), 93-133.

Dylan, E. (1997). *Diccionario introductorio de psicoanálisis lacaniano*. Buenos Aires: Paidós.

Eiguer, A. (1983). *Um divã para a família*. Porto Alegre: Artes Médicas.

Figueiredo, L. C. (2013). Aula no Núcleo de Psicologia Clínica, da Pontifícia Universidade Católica de São Paulo – PUCSP (gravada em 21 de agosto de 2013).

Figueiredo, L. C. (2014). *Cuidado, saúde e cultura*. Trabalhos psíquicos e criatividade na situação analisante. São Paulo: Escuta.

Fognini, M. (2009, mars). Au Carrefour des transformations et du travail psychique. Editorial. *Le Coq-héron*, (198), 7-13.

Fonagy, P. (2006). Psychosexuality and psychoanalysis: an overview. In Fonagy, P., Krause, R., & Leuzinger-Bohleber, M. (Eds.). *Identity, gender and sexuality 150 years after Freud*. Controversies in Psychoanalysis: 1. London: International Psychoanalytical Association.

Fonagy, P. (2008). A genuinely developmental theory of sexual enjoyment and its implications for psychoanalytic technique. *Journal of the American Psychoanalytic Association*, 56(1), 11-36.

Foulkes, S. H. (1948). *Introduction to group-analytic psychotherapy*. London: Heinemann.

Foulkes, S. H. (1964). *Therapeutic group analysis*. London: George Allen and Unwin.

Freud, S. (1897). Manuscrito L. 2 de maio de 1897. Em cartas a Wilhelm Fliess.

Freud, S. (1955a). Analysis of a phobia in a five-year-old boy. In *The Standard Edition of the Complete Psychological Works of Sigmund Freud* (Vol. X). London: The Hogarth Press. (Obra original publicada em 1909).

Freud, S. (1955b). An example of psycho-analytic work. In *The Standard Edition of the Complete Psychological Works of Sigmund Freud* (Vol. XXIII). London: The Hogarth Press. (Obra original publicada em 1940).

Freud, S. (1955c). A special type of choice of object made by men. In *The Standard Edition of the Complete Psychological Works of Sigmund Freud* (Vol. XI). London: The Hogarth Press. (Obra original publicada em 1910).

Freud, S. (1955d). Beyond the pleasure principle. In *The Standard Edition of the Complete Psychological Works of Sigmund Freud* (Vol. XVIII). London: The Hogarth Press. (Obra original publicada em 1920).

Freud, S. (1955e). Civilization and its discontents. In *The Standard Edition of the Complete Psychological Works of Sigmund Freud* (Vol. XXI). London: The Hogarth Press. (Obra original publicada em 1930).

Freud, S. (1955f). Delusions and dreams in Jensen's Gradiva. In *The Standard Edition of the Complete Psychological Works of Sigmund Freud* (Vol. IX). London: The Hogarth Press. (Obra original publicada em 1906).

Freud, S. (1955g). Group psychology and the analysis of the ego. In *The Standard Edition of the Complete Psychological Works of Sigmund Freud* (Vol. XVIII). London: The Hogarth Press. (Obra original publicada em 1921).

Freud, S. (1955h). Introductory lectures on psycho-analysis. In *The Standard Edition of the Complete Psychological Works of Sigmund Freud* (Vol. XVI). London: The Hogarth Press. (Obra original publicada em 1916-1917).

414 REFERÊNCIAS

Freud, S. (1955i). Mourning and melancholia. In *The Standard Edition of the Complete Psychological Works of Sigmund Freud* (Vol. XIV). London: The Hogarth Press. (Obra original publicada em 1917[1915]).

Freud, S. (1955j). On Narcissism: an introduction. In *The Standard Edition of the Complete Psychological Works of Sigmund Freud* (Vol. XIV). London: The Hogarth Press. (Obra original publicada em 1914).

Freud, S. (1955k). On the universal tendency to debasement in the sphere of love. In *The Standard Edition of the Complete Psychological Works of Sigmund Freud* (Vol. XI). London: The Hogarth Press. (Obra original publicada em 1912).

Freud, S. (1955l). Some neurotic mechanisms in jealousy, paranoia and homosexuality. In *The Standard Edition of the Complete Psychological Works of Sigmund Freud* (Vol. XVIII). London: The Hogarth Press. (Obra original publicada em 1922).

Freud, S. (1955m). The dissolution of the Oedipus. In *The Standard Edition of the Complete Psychological Works of Sigmund Freud* (Vol. XIX). London: The Hogarth Press. (Obra original publicada em 1924).

Freud, S. (1955n). The ego and the id. In *The Standard Edition of the Complete Psychological Works of Sigmund Freud* (Vol. XIX). London: The Hogarth Press. (Obra original publicada em 1923).

Freud, S. (1955o). The interpretation of dreams. In *The Standard Edition of the Complete Psychological Works of Sigmund Freud* (Vol. V e VI). London: The Hogarth Press. (Obra original publicada em 1900).

Freud, S. (1955p). The psychical apparatus. In *The Standard Edition of the Complete Psychological Works of Sigmund Freud* (Vol. XXIII). London: The Hogarth Press. (Obra original publicada em 1940).

Freud, S. (1955q). The technique of psycho-analysis. In *The Standard Edition of the Complete Psychological Works of Sigmund Freud* (Vol. XXIII). London: The Hogarth Press. (Obra original publicada em 1940).

Freud, S. (1955r). The theory of the instincts. In *The Standard Edition of the Complete Psychological Works of Sigmund Freud* (Vol. XXIII). London: The Hogarth Press. (Obra original publicada em 1940).

Freud, S. (1955s). The uncanny. In *The Standard Edition of the Complete Psychological Works of Sigmund Freud* (Vol. XVII). London: The Hogarth Press. (Obra original publicada em 1919).

Freud, S. (1955t). Three essays on the theory of sexuality. In *The Standard Edition of the Complete Psychological Works of Sigmund Freud* (Vol. VII). London: The Hogarth Press. (Obra original publicada em 1905).

Freud, S. (1955u). Totem and taboo. In *The Standard Edition of the Complete Psychological Works of Sigmund Freud* (Vol. XIII). London: The Hogarth Press. (Obra original publicada em 1913-1914).

Freud, S. (1957). Instincts and their vicissitudes. In *The Standard Edition of the Complete Psychological Works of Sigmund Freud* (Vol. XIV). London: The Hogarth Press. (Obra original publicada em 1915).

Freud, S. (1959). Inhibitions, symptoms and anxiety. In *The Standard Edition of the Complete Psychological Works of Sigmund Freud* (Vol. XX). London: The Hogarth Press. (Obra original publicada em 1926[1925]).

Freud, S. (1964a). A childhood recollection from Dichtung und Wahrheit [Uma recordação de infância em Poesia e verdade, de Goethe]. In *The Standard Edition of the Complete Psychological Works of Sigmund Freud* (Vol. XVII). London: The Hogarth Press. (Obra original publicada em 1917).

Freud, S. (1964b). A child is being beaten: A contribution to the study of the origin of sexual perversions. In *The Standard Edition of the Complete Psychological Works of Sigmund Freud* (Vol. XVII). London: The Hogarth Press. (Obra original publicada em 1919).

Freud, S. (1964c). Dissection of the personality. In *The Standard Edition of the Complete Psychological Works of Sigmund Freud* (Vol. XXII). New Introductory Lectures on Psycho-Analysis. Lecture XXXI. London, The Hogarth Press. (Obra original publicada em 1932).

Freud, S. (1964d). Female sexuality. In *The Standard Edition of the Complete Psychological Works of Sigmund Freud* (Vol. XXI). London: The Hogarth Press. (Obra original publicada em 1931).

416 REFERÊNCIAS

Freud, S. (1964e). Femininity. In *The Standard Edition of the Complete Psychological Works of Sigmund Freud* (Vol. XXII). New Introductory Lectures on Psycho-Analysis. Lecture XXXIII. London, The Hogarth Press. (Obra original publicada em 1932).

Freud, S. (1964f). Findings, ideas, problems. Shorter writings. In *The Standard Edition of the Complete Psychological Works of Sigmund Freud* (Vol. XXIII). London: The Hogarth Press. (Obra original publicada em 1938).

Freud, S. (1964g). Fragment of an analysis of a case of hysteria. In *The Standard Edition of the Complete Psychological Works of Sigmund Freud* (Vol. VII). London: The Hogarth Press. (Obra original publicada em 1905).

Freud, S. (1964h). From the history of an infantile neuroses. In *The Standard Edition of the Complete Psychological Works of Sigmund Freud* (Vol. XVII). London: The Hogarth Press. (Obra original publicada em 1918).

Freud, S. (1964i). On the sexual theories of children. In *The Standard Edition of the Complete Psychological Works of Sigmund Freud* (Vol. IX). London: The Hogarth Press. (Obra original publicada em 1908).

Freud, S. (1964j). On transformation of instinct as exemplified in anal erotism. In *The Standard Edition of the Complete Psychological Works of Sigmund Freud* (Vol. XVII). London: The Hogarth Press. (Obra original publicada em 1917).

Freud, S. (1964k). Some psychical consequences of the anatomical distinction between the sexes. In *The Standard Edition of the Complete Psychological Works of Sigmund Freud* (Vol. XIX). London: The Hogarth Press. (Obra original publicada em 1925).

Freud, S. (1964l) The infantile genital organization: An interpolation into the theory of sexuality. In *The Standard Edition of the Complete Psychological Works of Sigmund Freud* (Vol. XIX). London: The Hogarth Press. (Obra original publicada em 1923).

Giddens, A. (1992). *The transformation of intimacy*: sexuality, love and eroticism in modern societies. Stanford: Stanford University Press.

Godfrind, J. (1994). Le pacte noir. *Revue française de psychanalyse*, *LVIII*(1), 135-146.

Gomel, S. (2014). Transmisión entre generaciones: volviendo a pensar. *Psicoanálisis de las configuraciones vinculares*, *XXXVII*(1/2), 105-125.

Green, A. (1973). Le genre neutre. *Nouvelle Revue de psychanalyse*, (7), 251-262, 1973.

Green, A. (1995). Sexualidade tem algo a ver com psicanálise? *Livro Anual de Psicanálise*, São Paulo, *XI*, 217-229, 1995.

Green, A. (1997). Opening remarks to a discussion of sexuality in contemporary psychoanalysis. *International Journal of Psycho-Analysis*, *78*(2), 345-350.

Green, A. (2002). *Orientações para uma psicanálise contemporânea*. Rio de Janeiro: Imago.

Greenberg, J. R. & Mitchell, S. A. (1983) *Object Relations in Psychoanalytic Theory*. Cambridge: Harvard University Press.

Hanly, C. M. T. (1983). Ideal del Yo y Yo ideal. *Revista de Psicoanálisis*, *XL*(1), 191-203.

Harding, C. (2001). *Sexuality*: psychoanalytic perspectives. London: Routledge.

Horney, K. (1971). *La psychology de la femme*. Paris: Payot.

Kaës, R. (1976). *L'appareil psychique groupal*: constructions du groupe (2a ed.). Paris: Dunod.

Kaës, R. (1989). El pacto denegativo en los conjuntos trans-subjetivos. In Missenard, A., Rosolato, G., Guillaumin, J., Kristeva, J., Gutierrez, Y., Baranes, J., Kaës, R., Roussillon, R., & Moury, R. *Lo negativo*. Figuras y modalidades. Buenos Aires: Amorrortu.

Kaës, R. (1994). *La parole et le lien*. Les processus associatifs dans les groupes. Paris: Dunod.

Kaës, R. (1995). *O grupo e o sujeito do grupo*. São Paulo: Casa do Psicólogo. (Obra original publicada em 1993).

Kaës, R. (1999). *Teorias psicoanalíticas del grupo*. Buenos Aires: Amorrortu.

418 REFERÊNCIAS

Kaës, R. (2002). *La polyphonie du rêve*. L'espace onirique commun et partagé. Paris: Dunod.

Kaës, R. (2008). *Le complexe fraternel*. Paris: Dunod.

Kaës, R. (2009a). *Les aliances inconscientes*. Paris: Dunod.

Kaës, R. (2009b). Lógicas inconscientes e intersubjetividade: Traçado de uma problemática. *Rev. Psicanálise das Configurações Vinculares*, Buenos Aires, XXXII(2).

Kaës, R. (2010). *Un singular plural*. El psicoanálisis ante la prueba del grupo. Buenos Aires: Amorrortu. (Obra original publicada em 2007).

Kaës, R. (2011a). A realidade psíquica do vínculo. *Rev. Brasileira de Psicanálise*, 45(4), 155-160.

Kaës, R. (2011b). Prólogo. In Spivacow, M. *La pareja en conflict*. Buenos Aires: Paidós.

Kaës, R. (2012). Levantamento feito para o congresso da Associação Internacional de Psicanálise de Casal e Família, em Pádua, em 2012.

Kancyper, L. (2002, abril). O complexo fraterno e suas quatro funções. *Revista de Psicanálise*, IX(1), 9-38.

Klein, M. (1968). *Envie et gratitude et autres essais*. Paris: Gallimard. (Obra original publicada em 1957).

Klein, M. (1969). *Psicanálise da criança*. São Paulo: Mestre Jou. (Obra original publicada em 1932).

Lacan, J. (1973). L' Étourdit. *Scilicet 4*. Paris: Seuil.

Lacan, J. (1976). El estádio del espejo. In *Escritos I*. Mexico: Siglo Veintiuno.

Lacan, J. (1977). *La família*. Buenos Aires: Homo Sapiens, 1977. (Obra original publicada em 1938).

Lacan, J. (1981). *Ideal del Yo y Yo ideal* – Seminário I. Barcelona: Paidós, 1981.

Lacan, J. (1991). *O seminário. Livro 7. A ética da psicanálise*. Rio de Janeiro: Jorge Zahar. (Obra original publicada em 1962-1963).

Lacan, J. (1992). *O seminário. Livro 10. A angústia.* Rio de Janeiro: Jorge Zahar, 1992. (Obra original publicada em 1962-1963).

Lacan, J. (1992). *O seminário. Livro 17. O avesso da psicanálise.* Rio de Janeiro: Jorge Zahar. (Obra original publicada em 1969-1970).

Lacan, J. (1995). *O seminário. Livro 4. A relação de objeto.* Rio de Janeiro: Jorge Zahar. (Obra original publicada em 1956-1957).

Lacan, J. (1998). A significação do falo. In *Escritos.* Rio de Janeiro: Jorge Zahar. (Obra original publicada em 1958).

Lacan, J. (1998). Diretrizes para um Congresso sobre a sexualidade feminina. In *Escritos.* Rio de Janeiro: Jorge Zahar. (Obra original publicada em 1962).

Lacan, J. (1999). *O seminário. Livro 5. As formações do inconsciente.* Rio de Janeiro: Jorge Zahar. (Obra original publicada em 1957-1958).

Lacan, J. (2001). Deux notes sur l'enfant. In *Autres écrits.* Paris: Seuil.

Laplanche, J. (1980). *Problematiques II*: Castration, Symbolizations. Paris: Presses Universitaires de France.

Laplanche, J. (1988). *Teoria da sedução generalizada.* Porto Alegre: Artes Médicas.

Leclaire, S. (1992). *O corpo erógeno.* São Paulo: Escuta. (Obra original publicada em 1979).

Melo, N. V. (2003). *A ética da alteridade em Emmanuel Levinas.* Porto Alegre: EDIPUCRS.

Mezan, R. (2004). *A vingança da esfinge.* São Paulo: Casa do Psicólogo.

Mezan, R. (2014). *O tronco e os ramos.* São Paulo: Companhia das Letras.

Minolli, M. & Coin, R. (2007). *Amarsi, amando.* Per una picoanalisi della relazione di coppia. Roma: Borla.

Nominé, B. (2007, novembro). O sintoma e a estrutura familiar. *Stylus Revista de Psicanálise*, (15), 45-56.

Panksepp, J. (1998). *Affective Neuroscience*: The foundations of human and animal emotions. New York: Oxford University Press.

420 REFERÊNCIAS

Pichon-Rivière, E. (1980). *El processo grupal*. Del psicoanálisis a la psicologia social. Buenos Aires: Nueva Visión. (Obra original publicada em 1965).

Puget, J. & Berenstein, I. (1988). *Psicoanalisis de la pareja matrimonial*. Buenos Aires: Paidós.

Racamier, P-C. (2010). *L'inceste et l'incestuel*. Paris: Dunod. (Obra original publicada em 1995).

Ramos, M. & Fuks, M. (2015). *Atendimento psicanalítico da anorexia e bulimia*. São Paulo: Zagodoni.

Redler, P. (1986). *Abuelidad*: más allá de la paternidad. Buenos Aires: Editorial Legasa.

Roudinesco, E. & Derrida, J. (2004). *De que amanhã...* Rio de Janeiro: Jorge Zahar. (Obra original publicada em 2001).

Roussillon, R. (2013). Une métapsychology de la médiation et du médium malléable. In Brun, A., Chouvier, B., & Roussillon, R. *Manuel des médiations thérapeutiques*. Paris: Dunod.

Soler, C. (1998). *A psicanálise na civilização*. Rio de Janeiro: Contra Capa.

Spivacow, M. (2011). *La pareja en conflicto*. Buenos Aires: Paidós.

Ternynck, C. (2000). *L´Épreuve du féminin à l'adolescence*. Paris: Dunod.

Thorstensen, S. (2011). *Incestualidade*: um *pathos* familiar. Dissertação de mestrado em psicologia clínica, Pontifícia Universidade Católica de São Paulo, São Paulo, Brasil.

Wrong, D. H. (1961). The oversocialised conception of man in modern sociology. *American Sociological Review, 26*(2), 83-93.